일본유학시험 대비 개념서

하 이 레 벨

수학

코스 1

다나베 리쓰코 지음

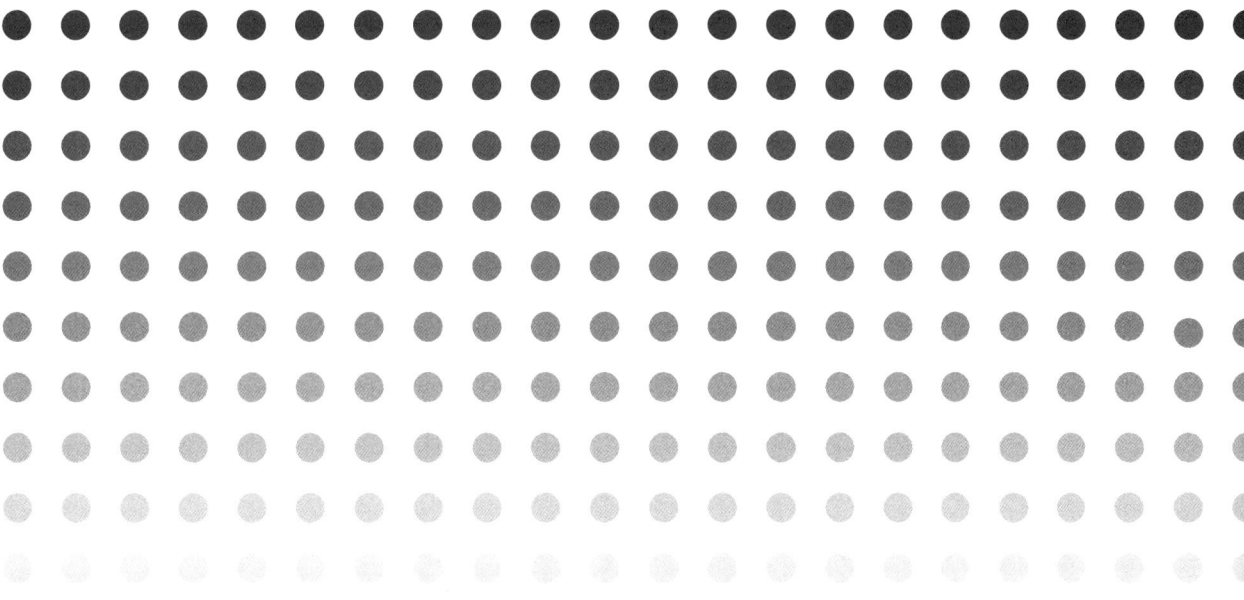

HED 글로벌 인재육성, 1984년설립
(주)해외교육사업단

일본유학시험 수학과목에서 좋은 점수를 받으려면 어떻게 해야 할까요 ?

여러분은 그렇게 생각하면서 이 책을 손에 들고 있다고 생각합니다 .

그렇다면 답을 드리겠습니다 . 답은 간단합니다 .

「고민하기 보다 익숙해져라」 입니다 .

「코스 1」 은 기본적인 분야로 어려운 문제는 나오지 않습니다 . 문제를 많이 풀어 수학의 문제에 익숙해지고, 해법의 기본 패턴을 이해하면 됩니다 .

「그렇다고 해도 시간이 부족해요 . 일본어와 종합과목도 공부해야하고 ...」

그런 학생을 위해 효율적으로 공부할 수 있도록 정리한 것이 이 책입니다 .

1. 「요점정리」 의 공부 방법

문제를 풀기 위해서는 도구가 되는 지식이 필요합니다 . 이 책에서는 각 장 앞에 **「요점정리」** 를 수록했습니다 . 우선 , 이 곳을 읽어 주십시오 . 그림을 많이 사용하여 짧은 문장으로 정리하였으므로 효율적으로 이해할 수 있습니다 . 간단한 문제도 제시되어 있으므로 문제를 풀고 이해한 내용을 확인하면서 읽어 주십시오 .

한국에서 공부하지 않은 내용이 있다면 차분히 읽고 이해합시다 . 색이 있는 볼펜이나 형광펜으로 자유롭게 선을 긋거나 색을 칠하여 자신만의 참고서로 만들어 주십시오 . **「요점정리」** 는 별책에 한국어로 번역되어 있으므로 이 책을 이해하는데에 도움이 될 것입니다 . 또한 「주요 용어」 에는 한국어 번역이 있으므로 활용해 주십시오 .

2. 「기본문제」「실전문제」「기출문제」 의 공부 방법

문제는「기본문제」, **「실전문제」** 그리고 **「기출문제」** 로 구분되어 있습니다 .

「기본문제」 는 문제를 풀기 위한 기본적인 힘을 착실히 쌓기 위한 문제입니다 . 각 장의 흐름을 체계적으로 이해할 수 있도록 문제를 배치해 놓았으므로 풀어 나가면 자연스럽게 해법이 익혀지고 힘이 붙습니다 .

풀 수 없는 문제가 있다면, 별책 한국어 번역본의 **「해답해설」** 을 꼼꼼히 읽어 주십시오 . 해설은 간단한 계산도 생략하지 않고 기술하고 있습니다 . 실제 시험에서 비슷한 문제가 나오면 풀 수 있도록 확실히 읽어 주십시오 . **「해법의 포인트」** 에서는 푸는 방법의 착안점이 제시되어 있기 때문에 문제를 푼 사람도 반드시 읽고 정리해 두십시오 .

「해답해설」 을 한국어로 번역해 놓았으므로 일본어 실력이 부족한 분 , 일본어 실력이 있어도 수학에 자신감이 없는 분은 쉽게 이해될 것으로 생각합니다 .

「**실전문제**」는 실제 시험과 같은 레벨의 문제를 다루고 있습니다 . 「**기본문제**」를 다 풀었다면 풀어보십시오 . 단원마다 「**기본문제**」「**실전문제**」의 순서대로 풀어도 좋으며 「**기본문제**」만을 1 권 전부 푼 후에 「**실전문제**」에 도전하는 것도 괜찮습니다 .

「**기본문제**」와 「**실전문제**」 모두 해답 방식은 실제 시험과 같은 마크시트 방식으로 되어 있으므로 마크시트 방식의 해답 방법에도 익숙해 집시다 .

「**기출문제**」는 각 단원마다 2 문제씩 , 총 14 문제를 본문의 마지막 부분에 수록하고 있습니다 . 「**실전문제**」를 푼 다음 해당하는 단원의 「**기출문제**」2 문제를 풀어 보는 방식 , 또는 이 책의 모든 단원을 공부하고 총정리하는 의미로 「**기출문제**」를 처음부터 끝까지 풀어보는 방식도 좋습니다 . 다만 , 「**기출문제**」는 해답만 있고 해설이 없는 점은 양해 바랍니다 .

3. 공부 순서에 대하여

공부 순서는 「제 1 장　수와 식」「제 2 장　이차함수」만큼은 처음에 반드시 공부해 주십시오 . 이 두 장의 내용은 다른 장에서도 사용합니다 .

그 다음은 책의 순서에 상관없이 어디서부터 공부하여도 괜찮습니다 . 서투른 분야 , 학교에서 별로 공부하지 않은 분야 등 , 자신이 공부하고 싶은 곳부터 시작해 주십시오 .

4. 반드시 실력이 늘어나는 이 책의 사용법

① 「**요점정리**」는 작은 문제를 풀고 확인하면서 읽읍시다 .

② 「**기본문제**」를 꼼꼼히 생각하면서 풉시다 . 모르겠다면 「**요점정리**」로 돌아가 복습합시다 . 시간이 걸려도 스스로 생각하는 것이 중요합니다 . 계산은 책에 적지말고 노트에 적어 주십시오 . 실제 시험에서 계산 실수를 피하기 위해 평소부터 깨끗한 글씨로 쓰도록 유의해 주십시오 .

③ 문제를 다 풀고 나면 「**해답해설**」을 읽읍시다 . 문제를 푼 사람도 해설을 읽고 자신의 풀이 방법과 비교해 보십시오 .

풀지 못한 문제나 틀린 문제는 해설을 노트에 옮겨 적읍시다 .

④ 풀지 못한 문제나 틀린 문제는 2, 3 일 후에 다시 한번 도전해 주십시오 .

이것으로 확실하게 수학 실력을 기를 수 있습니다 .

일본유학시험의 수험에는 괴로운 일이 많다고 생각합니다 . 하지만 그것을 뛰어 넘으면 자신의 꿈에 가까워질 수 있습니다 . 힘내시기 바랍니다 .

독자 여러분의 건투를 진심으로 응원하고 있습니다 .

2020 년 9 월

(주)해외교육사업단

目　次 목차

出題内容の分析と対策 출제 내용의 분석과 대책 ································ 6

シラバス（出題範囲）실러버스 (출제범위) ····················· 8

解答に関する注意点 해답에 관한 주의점 ···························· 10

第 1 章　数と式 수와 식
　　　　重要用語 주요 용어 ································· 11
　　　　要点のまとめ 요점정리 ··························· 12
　　　　基本問題 기본문제 ······························· 14
　　　　実戦問題 실전문제 ······························· 19

第 2 章　2次関数 이차함수
　　　　重要用語 주요 용어 ······························· 23
　　　　要点のまとめ 요점정리 ··························· 24
　　　　基本問題 기본문제 ······························· 26
　　　　実戦問題 실전문제 ······························· 31

第 3 章　集合と論理 집합과 논리
　　　　重要用語 주요 용어 ······························· 35
　　　　要点のまとめ 요점정리 ························· 36
　　　　基本問題 기본문제 ······························· 38
　　　　実戦問題 실전문제 ······························· 41

第 4 章　場合の数と確率 경우의 수와 확률
　　　　重要用語 주요 용어 ······························· 45
　　　　要点のまとめ 요점정리 ························· 46
　　　　基本問題 기본문제 ······························· 48
　　　　実戦問題 실전문제 ······························· 56

第 5 章　整数の性質 정수의 성질

重要用語 주요 용어 ·· 59

要点のまとめ 요점정리 ·· 60

基本問題 기본문제 ·· 63

実戦問題 실전문제 ·· 67

第 6 章　図形と計量 도형과 계량

重要用語 주요 용어 ·· 71

要点のまとめ 요점정리 ·· 72

基本問題 기본문제 ·· 75

実戦問題 실전문제 ·· 80

第 7 章　図形の性質 도형의 성질

重要用語 주요 용어 ·· 85

要点のまとめ 요점정리 ·· 86

基本問題 기본문제 ·· 90

実戦問題 실전문제 ·· 95

부록　기출문제 ··· 97

　　　(2012 년 ~2019 년 사이의 14 문제 : 이 책 각 단원 별로 2 문제씩)

별책　解答解説（基本問題・実戦問題）해답해설 (기본문제 ・실전문제)

　　요점정리 ···9〜29

　　해답해설 ···36〜115

出題内容の分析と対策

1. 全般的な出題内容の分析と対策

(1) 問題数と出題分野の分析

　大問数は，毎年 Ⅰ ～ Ⅳ の 4 題です。ここ，数回は次のような形で出題されています。

- ・Ⅰ と Ⅱ は，異なる分野の問 1，問 2 を組み合わせた問題で，「数と式」「2 次関数」「集合と論理」「場合の数と確率」「整数の性質」から出題されます。毎回，必ず，出題されているのが「2 次関数」で，回によっては，Ⅰ，Ⅱ の両方で出題されることもあります。
- ・Ⅲ は，「2 次関数」が出題されることが多く，「数と式」や「整数の性質」の内容が加わることがあります。
- ・Ⅳ は，「図形」であることが多く，「図形の計量」と「図形の性質」を組み合わせた問題が多く出題されています。空間図形が出題されることもあります。

　次の表は，2015 年度から実施された新シラバスでの試験の出題範囲をまとめたものです。上にあるものが最近のもので，Ⅰ ～ Ⅳ の数字は大問番号を表します。これから以下の特徴がわかります。

　① どの分野からも広く出題されている

　② 「2 次関数」が，毎回 2 題と，他の分野にくらべて多く出題されている

[新シラバスでの出題内容一覧]

数と式	2 次関数	集合と論理	場合の数と確率	整数の性質	図形と計量	図形の性質	
						平面図形	空間図形
Ⅱ	Ⅰ, Ⅱ	Ⅲ	Ⅰ	Ⅲ	Ⅳ	Ⅳ	
Ⅱ	Ⅰ, Ⅱ		Ⅰ	Ⅲ	Ⅳ		Ⅳ
Ⅱ	Ⅰ, Ⅱ		Ⅰ	Ⅲ	Ⅳ	Ⅳ	
Ⅰ	Ⅱ, Ⅲ		Ⅰ	Ⅲ	Ⅳ	Ⅳ	

(2) 全般的な対策

　どの分野からも広く出題されているので，出題範囲はすべて勉強しておく必要があります。数学は，基礎的な力を確実につけていれば，応用問題も解けるようになります。基本的な問題を中心に，全範囲を勉強しておきましょう。特に，計算力をつけるために「数と式」，多く出題される「2 次関数」，図形で必ず問われる「図形と計量」はしっかり，勉強しておきましょう。

　留学試験の数学は，問題が長く，いろいろな分野が組み合わされて出題されるために，難しいと感じるかもしれませんが，ほとんどが基本的な問題なので，基礎的なことを確実に勉強しておけば，十分に対応できます。それに，問題文中に解き方のヒントが示されているので，文をよく読み，それに従って，解き進めればかならず解答できます。この問題集を使って，答えや計算を次にどのように使うのかを考えながら，問題を解く練習をしておきましょう。

また，留学試験の特徴として，前の問いの答えを使って，次の問いの答えを出すという問題が多いことがあげられます。はじめに答えを間違えると，次の問題から全部不正解になってしまいます。正確に速く計算できるように十分に練習をしておくことと，うっかりミスをしないように，数字をきれいに書くようにこころがけましょう。

2. 各分野の対策

(1) 数と式

「展開・因数分解の公式」は確実に覚えて使いこなせるようにしましょう。因数分解ができないと，「2次関数」の問題が解けません。しっかり勉強しておきましょう。

(2) 2次関数

出題が最も多く，毎回「グラフの移動」「最大・最小」「2次不等式」などを中心に，さまざまな問題が出されています。ほとんどが基本的なレベルの問題なので，しっかり勉強しておけば，確実に得点できます。

(3) 集合と論理

「必要条件か，十分条件か」を問う問題が多く出題されています。集合の要素の個数を計算する問題では，「∪，∩，∋，∈」などの記号の意味も覚えましょう。場合の数や確率と組み合わされて出題されることもあるので，この本で練習しておきましょう。

(4) 場合の数と確率

「場合の数と確率」は苦手だという留学生が多いのですが，いくつかの解法のパターンがあり，それさえマスターすれば，どんな問題も解けます。この本では問題に合わせた解法のパターンを紹介しています。問題を解きながら解法を身につけましょう。

(5) 整数の性質

2015（平成 27）年度から，新たに加わった分野なので，これから出題が増えていくと思われます。思考力を必要とする問題も出されているので，問題を数多く解いて思考力をつけておきましょう。

(6) 図形と計量・図形の性質

毎回，この2つの分野を組み合わせた問題が必ず出題されています。

「図形と計量」は，「正弦定理」「余弦定理」を使って，角の大きさ，辺の長さ，三角形の面積を求める問題が中心となるので，「正弦定理」「余弦定理」はしっかり使いこなせるようにしておきましょう。

「図形の性質」は，高校の数学の内容だけでなく，「三角形の相似」「接弦定理」など，中学で勉強したことが多く出題されています。この本では，「平面図形の基本的性質」としてまとめているので，しっかり復習しておきましょう。

シラバス（出題範囲）

（かっこ内に高校数学の科目との対照を示した）

シラバス	本書の対応する章

1. 数と式（数学Ⅰ）

（1）数と集合

① 実数 ➡ 第1章 数と式

② 集合と命題 ➡ 第3章 集合と論理

（2）式の計算

① 式の展開と因数分解

② 1次不等式

③ 絶対値と方程式・不等式

➡ 第1章 数と式

2. 2次関数（数学Ⅰ）

（1）2次関数とそのグラフ

① 2次関数の値の変化

② 2次関数の最大・最小

③ 2次関数の決定

（2）2次方程式・2次不等式

① 2次方程式の解

② 2次関数のグラフと2次方程式

③ 2次関数のグラフと2次不等式

➡ 第2章 2次関数

3. 図形と計量（数学Ⅰ）

（1）三角比

① 正弦，余弦，正接

② 三角比の相互関係

（2）三角比と図形

① 正弦定理，余弦定理

② 図形の計量
（空間図形への応用を含む）

➡ 第6章 図形と計量

4. 場合の数と確率（数学 A）

(1) 場合の数
　① 数え上げの原則
　　（集合の要素の個数，和の法則，
　　積の法則を含む）
　② 順列・組合せ
(2) 確率とその基本的な性質
(3) 独立な試行と確率
(4) 条件付き確率

➡ 第4章　場合の数と確率

5. 整数の性質（数学 A）

(1) 約数と倍数
(2) ユークリッドの互除法
(3) 整数の性質の応用

➡ 第5章　整数の性質

6. 図形の性質（数学 A）

(1) 平面図形
　① 三角形の性質
　② 円の性質
(2) 空間図形
　① 直線と平面
　② 多面体

➡ 第7章　図形の性質

※小学校・中学校で学ぶ範囲については学習したものとし，出題範囲に含まれているものとする。

解答に関する注意点

基本問題・実戦問題は，解答欄が実際の試験と同じ形式になっています。解答の際には次の点に注意しましょう。

---

(1)　問題文中の A，B，C，……には，それぞれ－（マイナス記号），または 0 から 9 までの数が 1 つずつ入ります。

　　例　$\boxed{AB}$ に「－1」と答える場合は，A は「－」，B は「1」，と答える。

(2)　同一の問題文中に $\boxed{AB}$ などが繰り返して現れる場合，2 度目以降は $\boxed{AB}$ のように表しています。

(3)　根号（$\sqrt{}$）の中に現れる自然数が最小となる形で答えてください。

　　例　$\sqrt{12}$ のときは $2\sqrt{3}$ と答える。

(4)　分数の場合，符号は分子につけ，分子・分母は既約分数にして答えてください。

　　例　$\dfrac{3}{6}$ は既約分数にして $\dfrac{1}{2}$ と答える。

　　　　$-\dfrac{3}{\sqrt{6}}$ は，$-\dfrac{3\sqrt{6}}{6}$ と有理化して，さらに既約分数にして $\dfrac{-\sqrt{6}}{2}$ と答える。

　　　　$\dfrac{\boxed{A}\sqrt{\boxed{B}}}{\boxed{C}}$ に $\dfrac{-\sqrt{6}}{2}$ と答える場合は，A は「－」，B は「6」，

　　　　C は「2」，と答える。

第1章 数と式

重要用語

日本語	韓国語	英語
項	항	term
次数	차수	degree
係数	계수	coefficient
加法	덧셈	addition
減法	뺄셈	subtraction
乗法	곱셈	multiplication
除法	나눗셈	division
指数	지수	exponent
累乗	거듭제곱	power
実数	실수	real number
因数	인수	factor
因数分解	인수분해	factorization
正の数	양수	positive number
負の数	음수	negative number
有理数	유리수	rational number
無理数	무리수	irrational number
有理化	유리화	rationalization
絶対値	절댓값	absolute value
平方根	제곱근	square root
根号	루트	radical sign
不等式	부등식	inequality
等号	등호	equality sign
不等号	부등호	inequality sign
方程式	방정식	equation
移項	이항	transposition
解	해 , 근	solution

要点のまとめ

1 単項式の乗法

> **指数法則（m, n は自然数）**
> ① $a^m a^n = a^{m+n}$　　　② $(a^m)^n = a^{mn}$　　　③ $(ab)^m = a^m b^m$

問1　(1)　$x \times x^3 =$　　　　(2)　$a^2 b \times ab^3 =$　　　　(3)　$(-a^2 b)^3 =$

2 式の展開

積の形の式を，和の形にすることを「**展開する**」という。　　例　$\underset{\text{積の形}}{\underline{a(x+y)}} = \underset{\text{和の形}}{\underline{ax+ay}}$

> **展開の公式**
> ①　$(a+b)^2 = a^2 + 2ab + b^2$　　　　$(a-b)^2 = a^2 - 2ab + b^2$
> ②　$(a+b)(a-b) = a^2 - b^2$
> ③　$(x+a)(x+b) = x^2 + (a+b)x + ab$
> ④　$(ax+b)(cx+d) = acx^2 + (ad+bc)x + bd$
> ⑤　$(a+b+c)^2 = a^2 + b^2 + c^2 + 2ab + 2bc + 2ca$
> ⑥　$(a+b)^3 = a^3 + 3a^2 b + 3ab^2 + b^3$　　　　$(a-b)^3 = a^3 - 3a^2 b + 3ab^2 - b^3$
> ⑦　$(a+b)(a^2 - ab + b^2) = a^3 + b^3$　　　$(a-b)(a^2 + ab + b^2) = a^3 - b^3$

問2　展開しなさい。

(1)　$(2x-y)^2 =$　　　　　　　　　　　　(2)　$(x-2)(x+3) =$

3 式の因数分解

整式を積の形にすることを**因数分解**という。展開と逆の操作。

展開：$(x+1)^2 = x^2 + 2x + 1$　　　因数分解：$x^2 + 2x + 1 = (x+1)^2$

> **因数分解の公式**
> ①　$a^2 + 2ab + b^2 = (a+b)^2$　　　$a^2 - 2ab + b^2 = (a-b)^2$
> ②　$a^2 - b^2 = (a+b)(a-b)$
> ③　$x^2 + (a+b)x + ab = (x+a)(x+b)$
> ④　$acx^2 + (ad+bc)x + bd = (ax+b)(cx+d)$
> ⑤　$a^3 + 3a^2 b + 3ab^2 + b^3 = (a+b)^3$
> 　　$a^3 - 3a^2 b + 3ab^2 - b^3 = (a-b)^3$
> ⑥　$a^3 + b^3 = (a+b)(a^2 - ab + b^2)$
> ⑦　$a^3 - b^3 = (a-b)(a^2 + ab + b^2)$
>
>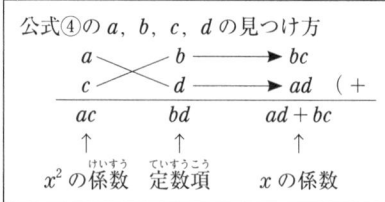

問3　因数分解しなさい。

(1)　$a^2 + 8a + 16 =$　　　　　　　　　　(2)　$6x^2 - x - 5 =$

実数

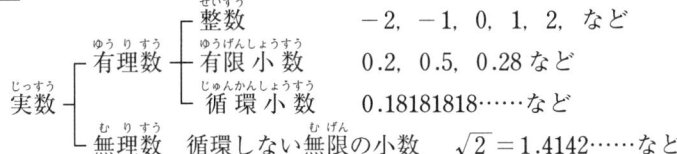

実数
- 有理数
  - 整数　　　−2，−1，0，1，2，など
  - 有限小数　0.2，0.5，0.28 など
  - 循環小数　0.18181818……など
- 無理数　循環しない無限の小数　$\sqrt{2}=1.4142$……など

5 絶対値

数直線上で，原点 0 から点 a までの距離を**絶対値**といい，$|a|$ と表す。

$$|a|=\begin{cases} a & (a\geqq 0\text{のとき}) \\ -a & (a<0\text{のとき}) \end{cases}$$

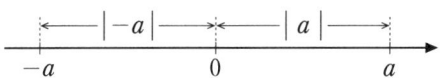

問 4　$a=-2$ のとき，$|a-1|=$　ア　，
　　　　　$a=2$ のとき，$|a-1|=$　イ

6 平方根

平方（2乗）すると，a になる数を a の**平方根**という。正の数 a の平方根には，$\sqrt{a}$ と $-\sqrt{a}$ の 2 つがある。

▶ 平方根の計算　（$a>0$，$b>0$，$k>0$ のとき）
① $(\sqrt{a})^2=a$　　　　② $\sqrt{a^2}=a$
③ $\sqrt{k^2 a}=k\sqrt{a}$　　④ $\sqrt{a}\sqrt{b}=\sqrt{ab}$

問 5　25 の平方根は　ア　と　イ　である。

7 1次不等式

▶ **不等式の性質**
① $A<B$ ならば，$A+C<B+C$　　　$A-C<B-C$
② $A<B$，$C>0$ ならば，$AC<BC$
③ $A<B$，$C<0$ ならば，$AC>BC$　◀── 負の数をかけると，不等号の向きが変わる

・絶対値と方程式・不等式
　C を正の定数とすると，
① $|x|=C$ の解は，$x=\pm C$
② $|x|<C$ の解は，$-C<x<C$
③ $|x|>C$ の解は，$x<-C$，$C<x$

問 6　$|x|\leqq 4$ の解は，　ア　であり，$|x|\geqq 4$ の解は，　イ　である。

答え：問4 ア 3　イ 1　　問5 ア 5　イ −5（順不同）　　問6 ア $-4\leqq x\leqq 4$　イ $x\leqq -4,\ 4\leqq x$

▶答えは別冊 p.36 〜 46

基本問題

1 指数法則

次の式を計算しなさい。

(1)　$-x^2 \times (-2x)^3 = \boxed{A}\, x^{\boxed{B}}$

(2)　$2a^2 b \times 3ab^3 = \boxed{C}\, a^{\boxed{D}} b^{\boxed{E}}$

(3)　$(-2a^2 b^3)^2 = \boxed{F}\, a^{\boxed{G}} b^{\boxed{H}}$

(4)　$\dfrac{1}{3} a^2 b^3 \times (-3a^2 b)^3 = \boxed{IJ}\, a^{\boxed{K}} b^{\boxed{L}}$

(5)　$a^2 b \times (2ab)^3 \times (-2a^3 b^2)^2 = \boxed{MN}\, a^{\boxed{OP}} b^{\boxed{Q}}$

2 展開の公式

次の式を展開しなさい。

(1)　$(5x-2y)^2 = \boxed{AB}\, x^2 - \boxed{CD}\, xy + \boxed{E}\, y^2$

(2)　$(3x-4)(2x+3) = \boxed{F}\, x^2 + x - \boxed{GH}$

(3)　$(2a-5)(2a+5) = \boxed{I}\, a^2 - \boxed{JK}$

(4)　$(x+5)^3 = x^3 + \boxed{LM}\, x^2 + \boxed{NO}\, x + \boxed{PQR}$

(5)　$(2x-3)(4x^2+6x+9) = \boxed{S}\, x^3 - \boxed{TU}$

3 整式の展開

問1　次の式を，工夫をして展開しなさい。

(1)　$(a^2+3a+2)(a^2-a+2) = a^4 + \boxed{A}\, a^3 + a^2 + \boxed{B}\, a + \boxed{C}$

(2)　$(a-2b)(a+2b)(a^2+4b^2) = a^4 - \boxed{DE}\, b^4$

(3)　$(x+2)(x+4)(x-3)(x-1)$
　　　$= x^4 + \boxed{F}\, x^3 - \boxed{GH}\, x^2 - \boxed{IJ}\, x + \boxed{KL}$

問2　$P = x^4 + 6x^3 + ax^2 + 6x + b$ が，ある2次式 Q の平方となり，$P = Q^2$ と表せるとき，$a = \boxed{MN}$，$b = \boxed{O}$ である。

また，$Q = x^2 + \boxed{P}\, x + \boxed{Q}$ である。

4 因数分解

次の式を因数分解しなさい。

(1) $x^5 - 8x^2 = x^{\boxed{A}}(x - \boxed{B})(x^2 + \boxed{C}x + \boxed{D})$

(2) $(x - 2y - 1)(x - 2y + 2) - 4 = (x - 2y + \boxed{E})(x - 2y - \boxed{F})$

(3) $a^2 + 3ab + 3a - 3b - 4 = (a - \boxed{G})(a + \boxed{H}b + \boxed{I})$

(4) $4x^4 + 7x^2 + 16 = (4x^4 + \boxed{JK}x^2 + 16) - \boxed{L}x^2$

$= (\boxed{M}x^2 - \boxed{N}x + \boxed{O})(\boxed{P}x^2 + \boxed{Q}x + \boxed{R})$

5 因数分解の応用

問1 $x,\ y$ の式 $P = 15x^2 + 2xy - y^2 + 8y - 15$ を考える。

(1) P を因数分解すると，

$$P = (\boxed{A}x - y + \boxed{B})(\boxed{C}x + y - \boxed{D})$$

である。

(2) $x,\ y$ を正の整数とする。

$15x^2 + 2xy - y^2 + 8y - 84 = 0$ を満たす $x,\ y$ を求めると，

$$x = \boxed{E}\ ,\ y = \boxed{FG}$$

である。

問2 x の整式 $P = (x - 2)(x - 1)(x + 3)(x + 4) + 4$ を考える。

(1) P を因数分解すると，

$$P = (x^2 + \boxed{H}x - \boxed{I})(x^2 + \boxed{H}x - \boxed{J})$$

である。（ただし，$\boxed{I} < \boxed{J}$ ）

(2) $x = -1 + \sqrt{3}$ のとき，

$$P = \boxed{KL}$$

である。

6 実　　数

問 1　次の数は下の⓪～③の中のどれにあてはまるか。

(1)　-2 は，　A　である。

(2)　8 は，　B　である。

(3)　0.25 は，　C　である。

(4)　$\pi + 2$ は，　D　である。

(5)　$\sqrt{3}$ は，　E　である。

(6)　$\sqrt{(-2)^2}$ は，　F　である。

⓪　自然数

①　自然数ではない整数

②　整数ではない有理数

③　無理数

問 2　次の(1)(2)の問いに答えなさい。

(1)　$0.\overset{..}{3}\overset{.}{4}\,(0.343434\cdots\cdots)$ を分数で表すと，$\dfrac{\text{GH}}{\text{IJ}}$ である。

(2)　$1.1\overset{.}{6}\overset{.}{2}\,(1.162162162\cdots\cdots)$ を分数で表すと，$\dfrac{\text{KL}}{\text{MN}}$ である。

7 絶対値記号

$P = |x - 3| + |x + 2|$　とする。

(1)　P を絶対値の記号を使わないで表すと，

ⅰ）　$x <$ AB　のとき，$P =$ CD $x +$ E

ⅱ）　AB $\leqq x <$ F　のとき，$P =$ G

ⅲ）　F $\leqq x$ のとき　$P =$ H $x -$ I

(2)　$P = |x - 3| + |x + 2| = 19$　であるとき，

$x =$ JK ， LM （ただし， JK $<$ LM ）

8 根号の計算

問 1　次の式を簡単にしなさい。

(1)　$3\sqrt{18} + \sqrt{50} - \sqrt{8} =$ AB $\sqrt{\;\text{C}\;}$

(2)　$(3\sqrt{2} - 2\sqrt{3})^2 =$ DE $-$ FG $\sqrt{\;\text{H}\;}$

(3)　$(3\sqrt{2} - \sqrt{15})(3\sqrt{2} + \sqrt{15}) =$ I

問2 次の式の分母を有理化しなさい。

(1) $\dfrac{2}{\sqrt{5}} = \dfrac{\boxed{}\sqrt{\boxed{}}}{\boxed{}}$

(2) $\dfrac{2}{3-\sqrt{5}} = \dfrac{\boxed{}+\sqrt{\boxed{}}}{\boxed{}}$

(3) $\dfrac{\sqrt{7}+\sqrt{5}}{\sqrt{7}-\sqrt{5}} = \boxed{}+\sqrt{\boxed{}}$

問3 次の式の，中の根号をとって簡単にしなさい。

(1) $\sqrt{3+2\sqrt{2}} = \boxed{}+\sqrt{\boxed{}}$

(2) $\sqrt{4+\sqrt{12}}+\sqrt{4-\sqrt{12}} = \boxed{}\sqrt{\boxed{}}$

⑨ 式の値（1）

問1 $1+\sqrt{3}$ の整数部分を a，小数部分を b とすると，

(1) $a = \boxed{}$

(2) $\dfrac{1}{b} = \dfrac{\sqrt{\boxed{}}+\boxed{}}{\boxed{}}$

$\dfrac{1}{b^2}+b^2 = \dfrac{\boxed{}-\boxed{}\sqrt{\boxed{}}}{\boxed{}}$

問2 $x = \dfrac{1-\sqrt{3}}{1+\sqrt{3}}$，$y = \dfrac{1+\sqrt{3}}{1-\sqrt{3}}$ であるとき，

(1) $xy = \boxed{}$ $\qquad$ $x+y = \boxed{}$

(2) $x^2+y^2 = \boxed{}$ $\qquad$ $x^2-y^2 = \boxed{}\sqrt{\boxed{}}$

$x^3+y^3 = \boxed{}$

⑩ 式の値（2）

$x=1-\sqrt{5}$ であるときに，$P=x^4-3x^3+x^2-2x-3$ の値を求めよう。

$(x-1)^2 = \boxed{}$ より，$x^2 = \boxed{}x+\boxed{}$

$x^3 = \boxed{}x+\boxed{}$ $\qquad$ $x^4 = \boxed{}x+\boxed{}$

これより，$P=x^4-3x^3+x^2-2x-3 = \boxed{}$

11 平方数の根号

a が実数のとき，$P = \sqrt{a^2 + 2a + 1} + \sqrt{a^2 - 6a + 9}$ を考える。

$P = \sqrt{(a + \boxed{\text{A}}\,)^2} + \sqrt{(a - \boxed{\text{B}}\,)^2}$ と変形できる。

(1)　$a < \boxed{\text{CD}}$ のとき，$P = \boxed{\text{EF}}\ a + \boxed{\text{G}}$

　　$\boxed{\text{CD}} \leqq a < \boxed{\text{H}}$ のとき，$P = \boxed{\text{I}}$

　　$\boxed{\text{H}} \leqq a$ のとき，$P = \boxed{\text{J}}\ a - \boxed{\text{K}}$

(2)　$a = -6$ のとき，$P = \boxed{\text{LM}}$

12 連立不等式，絶対値を含む不等式

問1　次の連立不等式を解きなさい。

(1)　$\begin{cases} x - 2 \leqq 7 - 2x \\ 2x - 2 > x - 5 \end{cases}$　　　　これを解くと，$\boxed{\text{AB}} < x \leqq \boxed{\text{C}}$

(2)　$\begin{cases} 3(x + 2) \geqq 18 \\ 2(10 - x) > 6 \end{cases}$　　　　これを解くと，$\boxed{\text{D}} \leqq x < \boxed{\text{E}}$

問2　次の不等式を解きなさい。

(1)　$|x + 1| - 5 \leqq 2$　　　　これを解くと，$\boxed{\text{FG}} \leqq x \leqq \boxed{\text{H}}$

(2)　$|2x - 4| \leqq x + 7$　　　　これを解くと，$\boxed{\text{IJ}} \leqq x \leqq \boxed{\text{KL}}$

13 1次不等式を満たす範囲

次の連立不等式を同時に満たす x について考える。

$\begin{cases} 3x - 5 < x + 7 & \cdots\cdots\text{①} \\ 2x + 3 \geqq x + a & \cdots\cdots\text{②} \end{cases}$

①を解くと，$x < \boxed{\text{A}}$

①，②を同時に満たす整数 x がちょうど 3 個になる a の範囲は，

$\boxed{\text{B}} < a \leqq \boxed{\text{C}}$

である。

実戦問題

▶答えは別冊 p.46 ～ 50

$\boxed{1}$ 定数 a, b, c は，$a+b+c=2$，$ab+bc+ca=-1$，$abc=-2$ を満たすものとする。

$$a^2+b^2+c^2 = \boxed{\text{A}},$$

$$\frac{1}{a}+\frac{1}{b}+\frac{1}{c} = \frac{\boxed{\text{B}}}{\boxed{\text{C}}}$$

である。

次に，$\dfrac{1}{a}+\dfrac{1}{b}+\dfrac{1}{c} = \dfrac{\boxed{\text{B}}}{\boxed{\text{C}}}$ の両辺を 2 乗することで，

$$\frac{1}{a^2}+\frac{1}{b^2}+\frac{1}{c^2} = \frac{\boxed{\text{D}}}{\boxed{\text{E}}}$$

であることがわかる。

$\boxed{2}$ 2 つの数式 $\quad P=x^2+2x+1 \qquad Q=x^2-x+2$
に対して
$$E=P^2-Q^2-2P+6Q-8$$
を考える。

(1) E の右辺を因数分解して
$$E=(P+Q-\boxed{\text{A}})(P-Q+\boxed{\text{B}})$$
を得る。

(2) E を，x の式で表すと
$$E=(x+\boxed{\text{C}})(\boxed{\text{D}}\,x-\boxed{\text{E}})(\boxed{\text{F}}\,x+\boxed{\text{G}})$$

(3) $x=\dfrac{1}{\sqrt{2}-1}$ のとき，E の値は，$\boxed{\text{H I}}+\boxed{\text{J K}}\sqrt{2}$

3　$5-\sqrt{3}$ の整数部分を a，小数部分を b とする。

このとき，

$$a = \boxed{\text{A}}$$

$$b + \frac{1}{b} = \boxed{\text{B}}$$

である。

また，$b^3 + \left(\dfrac{1}{b}\right)^3 = \left(b + \dfrac{1}{b}\right)^{\boxed{\text{C}}} - \boxed{\text{DE}}$

であるから，

$$a^3 - \left\{ b^3 + \left(\frac{1}{b}\right)^3 \right\} = \boxed{\text{FGH}}$$

4　a を実数とする x の関数

$$f(x) = (1-2a)(1+x) + (2-a)(x-1)$$

を考える。

(1)　$f(x) = (-\boxed{\text{A}}\,a + \boxed{\text{B}}\,)x - (a + \boxed{\text{C}}\,)$

$-1 \leqq x \leqq 1$ において，$f(x)$ の最小値は

$a \leqq \boxed{\text{D}}$ のとき，$\boxed{\text{E}}\,a - \boxed{\text{F}}$ であり，

$a > \boxed{\text{D}}$ のとき，$\boxed{\text{GH}}\,a + \boxed{\text{I}}$ である。

(2)　$-1 \leqq x \leqq 1$ において，常に $f(x) > a - 8$ となる a の範囲は

$$\boxed{\text{JK}} < a < \boxed{\text{L}}$$

5 2つの実数 a, b が,

$$a^3 = \frac{1}{5\sqrt{2}-7} \qquad\qquad b^3 = 7-5\sqrt{2}$$

を満たすときの $a+b$ を求めよう。

$a+b=x$ とおくと,
$$x^3 = a^3 + b^3 + \boxed{}\ ab(a+b)$$
となる。

また, $ab = \boxed{\text{BC}}$ であることから,
$$x^3 + \boxed{}\,x = a^3 + b^3$$
であり, この x は,
$$x^3 + \boxed{}\,x - \boxed{\text{EF}} = 0$$
を満たす。

この方程式の左辺は
$$x^3 + \boxed{}\,x - \boxed{\text{EF}} = \left(x^3 - \boxed{}^3\right) + \boxed{}\ \left(x - \boxed{}\right)$$
$$= \left(x - \boxed{}\right)\left(x^2 + \boxed{}\,x + \boxed{}\right)$$
と因数分解できる。

ここで,
$$x^2 + \boxed{}\,x + \boxed{} = \left(x + \boxed{}\right)^2 + \boxed{} > 0$$
であるから,
$$a+b = \boxed{}$$

6　a を整数の定数として，次の連立方程式について考える。

$$\begin{cases} x-(a+2)y=1 & \cdots\cdots① \\ ax-(a+6)y=2 & \cdots\cdots② \end{cases}$$

(1)　①を変形すると，$x=(a+2)y+1$

これを②式に入れて，x を消去すると

$$y(a+\boxed{\text{ A }})(a-\boxed{\text{ B }})=-(a-\boxed{\text{ C }})\ \ \cdots\cdots③$$

となる。

(2)　③より，$a=\boxed{\text{ DE }}$ のときには，解は存在しない。

また，$a=\boxed{\text{ F }}$ のときには，解は無数に存在する。

(3)　解が1つ存在し，その解が x，y ともに整数となるのは，

$$a=\boxed{\text{ GH }},\ \boxed{\text{ I J }}\ \text{のときである。}（\text{ただし，}\boxed{\text{ GH }}<\boxed{\text{ I J }}）$$

$a=\boxed{\text{ GH }}$ のとき，$x=\boxed{\text{ KL }}$，$y=\boxed{\text{ M }}$ である。

$a=\boxed{\text{ I J }}$ のとき，$x=\boxed{\text{ N }}$，$y=\boxed{\text{ OP }}$ である。

7　以下，a を自然数とする。

(1)　不等式 $|3x+2|<9$ の解は，$\dfrac{\boxed{\text{ ABC }}}{\boxed{\text{ D }}}<x<\dfrac{\boxed{\text{ E }}}{\boxed{\text{ F }}}$ である。

(2)　不等式 $|3x+2|<a$ の解は

$$\dfrac{-\boxed{\text{ G }}-a}{\boxed{\text{ H }}}<x<\dfrac{-\boxed{\text{ G }}+a}{\boxed{\text{ H }}}\ \ \cdots\cdots①\ \text{である。}$$

(3)　$a=9$ のとき，不等式①を満たす整数 x の個数は，$\boxed{\text{ I }}$ である。

　a が 10，11，12，$\cdots\cdots$ と増加するとき，不等式①を満たす整数 x の個数が，

はじめて $\boxed{\text{ I }}$ よりも大きくなるのは，

$$a=\boxed{\text{ JK }}$$

のときである。

第2章 2次関数 にじかんすう

重要用語

日本語	韓国語	英語
関数 かんすう	함수	function
2次関数 にじかんすう	이차함수	quadratic function
頂点 ちょうてん	꼭짓점	vertex
軸 じく	축	axis (pl. axes)
座標 ざひょう	좌표	coordinate
x軸, y軸 じくじく	x축, y축	x-axis, y-axis
原点 げんてん	원점	origin
放物線 ほうぶつせん	포물선	parabola
平行移動 へいこういどう	평행이동	parallel displacement
対称移動 たいしょういどう	대칭이동	symmetric displacement
対称軸 たいしょうじく	대칭축	symmetry axis
接する せっ	접하다	touch
接点 せってん	접점	point of contact
定義域 ていぎいき	정의역	domain
値域 ちいき	치역	range
最大値 さいだいち	최댓값	maximum
最小値 さいしょうち	최솟값	minimum
判別式 はんべつしき	판별식	discriminant
共有点 きょうゆうてん	공유점	common point
重解 じゅうかい	중근	multiple root
2次方程式 にじほうていしき	이차방정식	quadratic equation
2次不等式 にじふとうしき	이차부등식	quadratic inequality

要点のまとめ

1 2次関数 $y = ax^2 + bx + c$ のグラフ

① 形 ➡ $a > 0$ のとき下に凸，$a < 0$ のとき上に凸

② $y = ax^2 + bx + c = a\left(x + \dfrac{b}{2a}\right)^2 - \dfrac{b^2 - 4ac}{4a}$ と変形できる。

　　頂点の座標は $\left(-\dfrac{b}{2a},\ -\dfrac{b^2 - 4ac}{4a}\right)$　軸は $x = -\dfrac{b}{2a}$

③ $y = ax^2$ のグラフを，次のように平行移動したもの。

　　x 軸方向に $-\dfrac{b}{2a}$　　　　y 軸方向に $-\dfrac{b^2 - 4ac}{4a}$

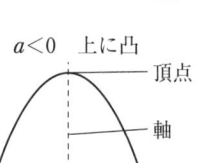

$a > 0$　下に凸

軸

頂点

$a < 0$　上に凸

頂点

軸

問1 次の2次関数の頂点の座標を答えなさい。

(1) $y = (x - 3)^2 + 1$ 　　　　　　　(2) $y = 2x^2 + 4x + 6$

2 2次関数のグラフの移動

▶ 平行移動

① 頂点を平行移動する。

　　頂点 $(a,\ b)$ を

　x 軸方向に p，y 軸方向に q だけ平行移動する。

　　頂点 $(a,\ b)$ ➡ $(a + p,\ b + q)$

② グラフを平行移動する。

　　$y = f(x)$ を

　x 軸方向に p，y 軸方向に q だけ平行移動する。

　　$y = f(x)$ ➡ $y - q = f(x - p)$ ◀ x を $x - p$，y を $y - q$ に変える

頂点の平行移動

$(a + p,\ b + q)$

q

p

頂点 $(a,\ b)$

問2 2次関数 $y = x^2 + 1$ のグラフを x 軸方向に 2，y 軸方向に -1 だけ平行移動したグラフの2次関数の式を求めなさい。

▶ 対称移動

① x 軸に関して対称移動する　$y = f(x)$ ➡ $y = -f(x)$

② y 軸に関して対称移動する　$y = f(x)$ ➡ $y = f(-x)$

③ 原点 $(0,\ 0)$ に関して対称移動する　$y = f(x)$ ➡ $y = -f(-x)$

①

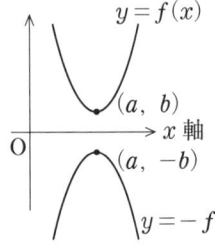

$y = f(x)$

$(a,\ b)$

x 軸

O

$(a,\ -b)$

$y = -f(x)$

②

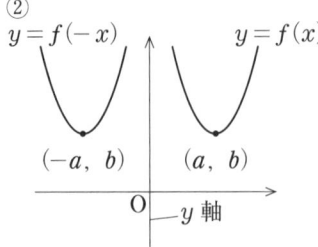

$y = f(-x)$

$y = f(x)$

$(-a,\ b)$

$(a,\ b)$

O

y 軸

③

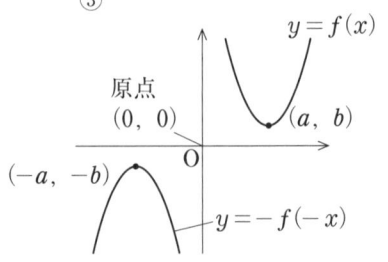

$y = f(x)$

原点
$(0,\ 0)$

$(a,\ b)$

O

$(-a,\ -b)$

$y = -f(-x)$

答え：問1 (1) $(3,\ 1)$　　(2) $(-1,\ 4)$　　問2 $y = (x - 2)^2$

3 2次関数 $y = a(x-p)^2 + q$ の最大・最小

① $a > 0$ ならば，$x = p$ で最小となり，最小値は q。
最大値はない。

② $a < 0$ ならば，$x = p$ で最大となり，最大値は q。
最小値はない。

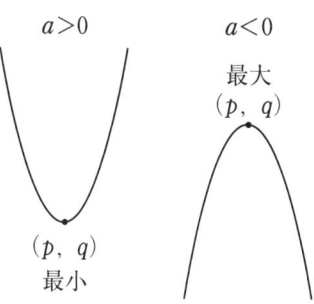

問3　次の関数の最大値または最小値を求めなさい。

(1)　$y = x^2 - 4x + 5$　　　(2)　$y = -2x^2 - 4x + 2$

4 2次方程式と2次関数のグラフ

▶2次方程式の解の公式

> 2次方程式 $ax^2 + bx + c = 0$ の解は，$b^2 - 4ac > 0$ のとき，
>
> $$x = \frac{-b \pm \sqrt{b^2 - 4ac}}{2a}$$

▶2次関数 $y = ax^2 + bx + c$ のグラフと x 軸との共有点の個数と位置関係
2次方程式 $ax^2 + bx + c = 0$ の解の個数

$D = b^2 - 4ac$ の符号	$D > 0$	$D = 0$	$D < 0$
$y = ax^2 + bx + c$ のグラフと x 軸との共有点の個数	**2個**（2点で交わる）	**1個**（1点で交わる）	**0個**（交わらない）
$y = ax^2 + bx + c$ のグラフと x 軸との位置関係（$a > 0$ のとき）			
2次方程式 $ax^2 + bx + c = 0$ の解	異なる**2つの実数解**（$x = \alpha$，β）	**重解（1つ）**（$x = \alpha$）	**実数解はない**

問4　次の2次関数のグラフと x 軸との共有点の個数を答えなさい。

(1)　$y = x^2 - 3x + 1$　　　　(2)　$y = x^2 - 6x + 9$　　　　(3)　$y = x^2 - 2x + 3$

5 2次不等式と2次関数のグラフ

$D = b^2 - 4ac$ の符号	$D > 0$	$D = 0$	$D < 0$
$y = ax^2 + bx + c$ のグラフ（$a > 0$ のとき）			
$ax^2 + bx + c \geqq 0$ の解	$x \leqq \alpha$，$\beta \leqq x$	すべての実数	すべての実数
$ax^2 + bx + c \leqq 0$ の解	$\alpha \leqq x \leqq \beta$	$x = \alpha$	解はない

答え：問3　(1)　$x = 2$ のとき最小値1，最大値なし　　(2)　$x = -1$ のとき最大値4　最小値なし
　　　問4　(1)　2個　　(2)　1個　　(3)　0個

▶答えは別冊 p.51 ～ 61

$\boxed{1}$ 2次関数のグラフの頂点

問1　2次関数 $y = \dfrac{1}{2}x^2 + 3x + 1$ のグラフについて考える。

軸は $x = \boxed{\text{AB}}$

頂点の座標は $\left(\boxed{\text{CD}}, \ \dfrac{\boxed{\text{EF}}}{\boxed{\text{G}}} \right)$ である。

問2　2次関数 $y = 2x^2 + 8x + 3$ のグラフは，2次関数 $y = 2x^2$ のグラフを x 軸方向に $\boxed{\text{HI}}$，y 軸方向に $\boxed{\text{JK}}$ だけ，平行移動したものである。

問3　2次関数 $y = -4x^2 - 4x - 1 - 4a(x+1) - a^2$ のグラフの，

頂点の座標は $\left(-\dfrac{a + \boxed{\text{L}}}{\boxed{\text{M}}}, \ \boxed{\text{NO}}\,a \right)$ である。

$\boxed{2}$ 2次関数の決定

2次関数 $y = ax^2 + bx + c$ について，次の問いに答えよ。

(1)　グラフの頂点が $(-3, -3)$ で，グラフが $(0, 15)$ を通るとき，

$a = \boxed{\text{A}}$，$b = \boxed{\text{BC}}$，$c = \boxed{\text{DE}}$ である。

(2)　グラフの軸が $x = 1$ で，グラフが2点 $(-1, 12)(2, 6)$ を通るとき，

$a = \boxed{\text{F}}$，$b = \boxed{\text{GH}}$，$c = \boxed{\text{I}}$ である。

(3)　グラフが3点 $(1, 3)(3, -1)(6, 8)$ を通るとき，

$a = \boxed{\text{J}}$，$b = \boxed{\text{KL}}$，$c = \boxed{\text{M}}$ である。

(4)　グラフが x 軸に接していて，点 $(0, 4)(3, 1)$ を通るとき，

$a = \boxed{\text{N}}$，　$b = \boxed{\text{OP}}$，$c = \boxed{\text{Q}}$，

または $a = \dfrac{\boxed{\text{R}}}{\boxed{\text{S}}}$，$b = -\dfrac{\boxed{\text{T}}}{\boxed{\text{U}}}$，　$c = \boxed{\text{V}}$ である。

(5)　グラフの頂点が $y = x + 2$ 上にあり，グラフが2点 $(-2, 4)(0, 4)$ を通るとき，

$a = \boxed{\text{W}}$，$b = \boxed{\text{X}}$，$c = \boxed{\text{Y}}$ である。

3 2次関数の移動

問1 2次関数 $y=-x^2+6x-7$ のグラフを x 軸方向に 6，y 軸方向に 2 だけ平行移動した放物線の方程式は，

$$y=-(x-\boxed{\text{A}}\,)^2+\boxed{\text{B}}=-x^2+\boxed{\text{CD}}\,x-\boxed{\text{EF}}\ \text{である。}$$

問2 2次関数 $y=x^2+4x+5$ のグラフを

x 軸方向に $\boxed{\text{G}}$，y 軸方向に $\boxed{\text{H}}$ だけ平行移動したグラフの2次関数は，

$y=x^2-2x+5$ である。

問3 放物線 $y=2x^2$ を，x 軸方向に $\boxed{\text{I}}$，y 軸方向に $\boxed{\text{JK}}$ だけ平行移動したグラフは，2点 $(6,\ -1)$，$(3,\ 5)$ を通る。

問4 放物線 $y=ax^2+bx+c$ を x 軸方向に 2，y 軸方向に 3 だけ平行移動させ，さらに y 軸に関して対称移動させると，$y=2x^2-4x+3$ となった。

このとき $a=\boxed{\text{L}}$，$b=\boxed{\text{MN}}$，$c=\boxed{\text{OP}}$ である。

4 2次関数の最大・最小 (1)

問1 2次関数 $y=ax^2+bx+4$ が，$x=1$ で最大値 12 をとるとき，

$a=\boxed{\text{AB}}$，$b=\boxed{\text{CD}}$ である。

問2 2次関数 $y=ax^2-4ax+a+b$ の $1\leqq x\leqq 4$ における最大値が 4，最小値が -20 であるときの，a，b を求めよう。

$y=ax^2-4ax+a+b$ は，

$y=a(x-\boxed{\text{E}}\,)^2-\boxed{\text{F}}\,a+b$ と変形できる。

$a=\boxed{\text{G}}$ のとき，$y=$ 一定で，最大値，最小値はもたない。

i) $a>\boxed{\text{G}}$ のとき，$y=ax^2-4ax+a+b$ は

$x=\boxed{\text{H}}$ で最大値をとり，$x=\boxed{\text{I}}$ で最小値をとる。

したがって，$a=\boxed{\text{J}}$，$b=\boxed{\text{KL}}$ である。

ii) $a<\boxed{\text{G}}$ のとき，$y=ax^2-4ax+a+b$ は

$x=\boxed{\text{M}}$ で最大値をとり，$x=\boxed{\text{N}}$ で最小値をとる。

したがって，$a=\boxed{\text{OP}}$，$b=\boxed{\text{QRS}}$ である。

5　2次関数の最大・最小(2)

2次関数 $f(x) = x^2 - 2x + 5$ について，$a \leqq x \leqq a+2$ のときの，最小値を求める。次の文の　F　～　L　には，下の選択肢から適当な式を選びなさい。

⓪　a　　　①　$a+2$　　　②　a^2+2a+5　　　③　$-a^2-2a-5$

④　a^2-2a+5　　　　⑤　$-a^2+2a-5$　　　⑥　1

⑦　-1　　　⑧　4　　　⑨　8

$f(x) = (x - \boxed{\text{A}})^2 + \boxed{\text{B}}$ と変形でき，軸は $x = \boxed{\text{C}}$ である。

ⅰ)　$a < \boxed{\text{DE}}$ のとき

　　$x = \boxed{\text{F}}$ で最小となり，最小値は $\boxed{\text{G}}$ である。

ⅱ)　$\boxed{\text{DE}} \leqq a \leqq \boxed{\text{H}}$ のとき，

　　$x = \boxed{\text{I}}$ で最小となり，最小値は $\boxed{\text{J}}$ である。

ⅲ)　$\boxed{\text{H}} < a$ のとき

　　$x = \boxed{\text{K}}$ で最小となり，最小値は $\boxed{\text{L}}$ である。

6　2次関数の最大・最小(3)

問1　$0 \leqq x \leqq 4$ のとき，2次関数 $y = (x^2-2x)^2 + 4(x^2-2x) - 10$ の最大値，最小値を求める。

　　$t = x^2 - 2x$ とおくと，$-\boxed{\text{A}} \leqq t \leqq \boxed{\text{B}}$

　　これより，$x = \boxed{\text{C}}$ のときに，y は最大値 $= \boxed{\text{DE}}$ をとり，

　　　　　　$x = \boxed{\text{F}}$ のときに，最小値 $= \boxed{\text{GHI}}$ をとる。

問2　$x,\ y$ の関数 $z = x^2 - xy + y^2 + x + y$ の最小値を求める。

　　$z = \left(x - \dfrac{y-1}{\boxed{\text{J}}}\right)^2 + \dfrac{\boxed{\text{K}}}{\boxed{\text{L}}}\left(y + \boxed{\text{M}}\right)^2 - 1$ と変形できるので

　　z は，$x = \boxed{\text{NO}}$，$y = \boxed{\text{PQ}}$ のとき，最小値 $= \boxed{\text{RS}}$ をとる。

問3　$x + y = 4$　$x \geqq 0,\ y \geqq 0$ のとき，

　　$3x^2 + y^2$ は，$x = \boxed{\text{T}}$，$y = \boxed{\text{U}}$ のとき最大値 $= \boxed{\text{VW}}$

　　　　　　　　$x = \boxed{\text{X}}$，$y = \boxed{\text{Y}}$ のとき最小値 $= \boxed{\text{Za}}$ となる。

7 2次方程式

問1 2次方程式 $x^2 + 2ax + a^2 - 16 = 0$ の1つの解が -1 であるとき,

$a = \boxed{AB}$ または, $a = \boxed{C}$,

$a = \boxed{AB}$ のとき, 他の解は $\boxed{D}$ である。

また, $a = \boxed{C}$ のとき, 他の解は $\boxed{EF}$ である。

問2 2次方程式 $(a^2 - 1)x^2 + 2(a - 1)x + 3 = 0$ が重解をもつとき,

$a = \boxed{GH}$ であり, 重解は $x = \boxed{I}$ である。

8 2次不等式

問1 次の2次不等式を解きなさい。

(1) $x^2 - 2x - 15 < 0$ $\boxed{AB} < x < \boxed{C}$

(2) $-x^2 + 3(x - 1) + 7 \leqq 0$ $x \leqq \boxed{DE}$, $x \geqq \boxed{F}$

(3) $|x^2 - 6x| \geqq 5$

$x \leqq \boxed{G} - \sqrt{\boxed{HI}}$ $\boxed{J} \leqq x \leqq \boxed{K}$

$\boxed{G} + \sqrt{\boxed{HI}} \leqq x$

問2 2次不等式 $ax^2 + bx + 12 > 0$ の解が $-\dfrac{3}{2} < x < 4$ のとき,

$a = \boxed{LM}$, $b = \boxed{N}$

9 方程式・不等式と2次関数のグラフ

問1 すべての実数に対し, 2次不等式 $(a + 1)x^2 - 2ax + 2a - 1 > 0$ が成り立つ

a の範囲は, $a > \dfrac{\boxed{AB} + \sqrt{\boxed{C}}}{\boxed{D}}$ である。

問2 2次方程式 $x^2 + 3x - 4 = 0$ の解は, $x = \boxed{EF}$, $x = \boxed{G}$ なので, 2次
関数 $y = x^2 + 3x - 4$ のグラフが, x 軸から切り取る線分の長さは $\boxed{H}$ である。

問3 方程式 $x^2 - 2ax + 2a + 3 = 0$ が, 異なる2つの正の解をもつときの, a の範囲
は, $a > \boxed{I}$ である。

$\boxed{10}$　2次関数のグラフと接線，定点通過

問1　2次関数　$y=x^2+2(k-2)x+k^2$ のグラフについて考える。

(1) このグラフが x 軸と接するとき，$k=\boxed{}$ である。

(2) このグラフが，$y=2x+1$ と接するとき，$k=\dfrac{\boxed{}}{\boxed{}}$ である。

(3) このグラフが2点 A，B で x 軸と交わり，AB の線分の長さ $\geqq 2$ となる k の範囲は，

$$k \leqq \dfrac{\boxed{}}{\boxed{}} \text{ である。}$$

問2　放物線 $C:y=x^2+ax+2a-1$ は a の値にかかわらず，

点（$\boxed{}$，$\boxed{}$）を通る。

C の頂点は放物線 $y=-x^2-\boxed{}x-\boxed{}$ 上にある。

実戦問題

▶答えは別冊 p.61 〜 65

1 a, b を定数とし，$a > 0$ とする。次の 2 次関数

$$y = 2x^2 + 4ax + b$$

のグラフを x 軸方向に $2a$，y 軸方向に $1 - 2a$ だけ平行移動する。

平行移動したグラフが点 $(0, 8)$ を通るとき，

$$b = \boxed{\text{A}}\ a + \boxed{\text{B}}$$

であり，そのグラフを表す 2 次関数は，

$$y = \boxed{\text{C}}\ x^2 - \boxed{\text{D}}\ ax + \boxed{\text{E}} \quad \cdots\cdots ①$$

である。

2 次関数①が x 軸に接するとき，$a = \boxed{\text{F}}$ であり，

そのときの接点は $(\boxed{\text{G}},\ \boxed{\text{H}})$ である。

2 $a \neq 0$ とする，次の 2 次関数

$$y = ax^2 - 2x - 9a$$

のグラフ G について考える。

(1) $\boxed{\text{A}} \sim \boxed{\text{C}}$ にあてはまる式を，下の選択肢から選びなさい。

G を，x 軸に関して対称に移動した放物線の式は，$\boxed{\text{A}}$ である。

G を，y 軸に関して対称に移動した放物線の式は，$\boxed{\text{B}}$ である。

G を，原点 $(0, 0)$ に関して対称に移動した放物線の式は，$\boxed{\text{C}}$ である。

⓪ $y = ax^2 + 2x + 9a$　　　　① $y = ax^2 + 2x - 9a$

② $y = ax^2 - 2x + 9a$　　　　③ $y = -ax^2 + 2x + 9a$

④ $y = -ax^2 - 2x + 9a$　　　　⑤ $y = -ax^2 - 2x - 9a$

(2) G は，G を原点に関して対称に移動した曲線と 2 点

$$(\boxed{\text{DE}},\ \boxed{\text{F}})\ (\boxed{\text{G}},\ \boxed{\text{HI}})$$

で交わる。

(3) a を 1 とするとき，$-3 \leqq x \leqq 3$ における G の最大値は $\boxed{\text{J}}$，

最小値は $\boxed{\text{KLM}}$ である。

3 整数 x と実数 y が等式

$$2(y+1) = x(x-4) \quad \cdots\cdots①$$

と不等式

$$x - 4y + 1 \geqq 0 \quad \cdots\cdots②$$

を満たしている。このとき，y の最大値と最小値を求めよう。

等式①を変形すると，$y = \dfrac{\boxed{\text{A}}}{\boxed{\text{B}}}\left(x - \boxed{\text{C}}\right)^2 - \boxed{\text{D}}$ を得る。

また，②を x についての不等式に直すと，

$$\boxed{\text{EF}}\,x^2 + \boxed{\text{G}}\,x + \boxed{\text{H}} \geqq 0 \quad \cdots\cdots③$$

よって，整数 x が③を満たすときの，y のとり得る範囲を考えると，

y の値は，$x = \boxed{\text{I}}$ のときに最大となり，最大値は $\dfrac{\boxed{\text{J}}}{\boxed{\text{K}}}$ である。

また，$x = \boxed{\text{L}}$ のときに最小となり，最小値は $\boxed{\text{MN}}$ である。

4 a を定数とし，

$$C : y = -x^2 + 4ax + 4a^2 - 2a - 1 \quad \cdots\cdots ①$$

のグラフについて考える。

(1) C の頂点の座標は，

$$\left(\boxed{\text{A}}\, a, \quad \boxed{\text{B}}\, a^2 - \boxed{\text{C}}\, a - \boxed{\text{D}} \right)$$

であるから，

頂点は，曲線 $y = \boxed{\text{E}}\, x^2 - x - \boxed{\text{F}}$ 上にある。

(2) C が x 軸と共有点をもつときの a の範囲は，

$$a \leqq \frac{\boxed{\text{GH}}}{\boxed{\text{I}}} \qquad \frac{\boxed{\text{J}}}{\boxed{\text{K}}} \leqq a$$

であり，$a = \dfrac{\boxed{\text{J}}}{\boxed{\text{K}}}$ のときの共有点の座標は $\left(\boxed{\text{L}}, \, 0 \right)$ である。

また，C が x 軸の $x > 0$ の部分で共有点をもつための a の範囲は，

$$a < \frac{\boxed{\text{M}} - \sqrt{\boxed{\text{N}}}}{\boxed{\text{O}}} \qquad \frac{\boxed{\text{P}}}{\boxed{\text{Q}}} \leqq a$$

である。

(3) $a < 0$ とする。

2次関数①の $0 \leqq x \leqq 1$ における，最大値と最小値の差が5のとき，

$$a = \boxed{\text{RS}}$$

である。

5　a は $1 \leqq a$ を満たす定数とする。x についての次の連立不等式①，②

$$x^2 + (10 - a^2)x - 10a^2 \leqq 0 \quad \cdots\cdots ①$$
$$x^2 + 5ax \geqq 0 \quad \cdots\cdots ②$$

を考える。

不等式①の解は，$\boxed{\text{ABC}} \leqq x \leqq a^2$　である。

不等式②の解は，$x \leqq \boxed{\text{DE}}\,a,\ \boxed{\text{F}} \leqq x$　である。

この連立不等式を満たす負の実数が存在するとき，a の範囲は

$$\boxed{\text{G}} \leqq a \leqq \boxed{\text{H}}$$

である。

6　不等式　$y \leqq -3x^2 + 7x + 5 \quad \cdots\cdots ①$

を考える。

(1)　この不等式を満たす2つの整数 x，y の組を考える。

$y = -1$ のとき，この不等式を満たす x の範囲は，

$$\frac{\boxed{\text{AB}}}{\boxed{\text{C}}} \leqq x \leqq \boxed{\text{D}}$$

である。

したがって，①の不等式を満たす2組の整数の組 $(x,\ y)$ の中で $y = -1$ であるものは $\boxed{\text{E}}$ 個ある。

(2)　①の不等式を満たす2つの整数の組 $(x,\ y)$ の中で，y が最も大きくなる組は

$$(\ \boxed{\text{F}}\ ,\ \boxed{\text{G}}\ )$$

である。

(3)　$-2 \leqq x \leqq 4$ を満たす，すべての実数に対し，①の不等式が成り立つような y を考える。

このような y の中で，最も大きいものは $\boxed{\text{HIJ}}$ である。

第**3**章　集合と論理

しゅうごう　ろんり

重要用語

日本語	韓国語	英語
論理	논리	logic
集合	집합	set
要素	원소	element
属する	속하다	belong to
空集合	공집합	empty set
包含関係	포함관계	inclusion relation
奇数	홀수	odd number
偶数	짝수	even number
部分集合	부분집합	subset
共通部分	공통부분	intersection
交わり	교집합	intersection
結び	합집합	join
和集合	합집합	union
または	또는	or
かつ	그리고	and
全体集合	전체집합	universal set
補集合	여집합	complementary set, complement
命題	명제	proposition
仮定	가정	assumption
結論	결론	conclusion
真	참	truth
偽	거짓	falsity
否定	부정	negation
逆	역	converse
裏	이	reverse
対偶	대우	contraposition
必要条件	필요조건	necessary condition
十分条件	충분조건	sufficient condition
必要十分条件	필요충분조건	necessary and sufficient condition
有限集合	유한집합	finite set

要点のまとめ

1 集合とその表し方

▶ 集合とは

　ある条件を満たすものの集まりを**集合**，集合に属する 1 つ 1 つのものを**要素**という。

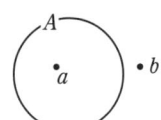

- ・a は集合 A の要素である。　　$a \in A$
- ・b は集合 A の要素ではない。　$b \notin A$

　要素が 1 つもない集合を**空集合**といい，記号 ϕ で表す。

▶ 集合の表し方

① 要素を書き並べる方法　$A = \{\, 1,\ 2,\ 3,\ 4 \,\}$

② 条件を示す方法　　　$A = \{\, x \mid 1 < x < 6,\ x は整数 \,\}$

問 1　次の集合を，要素を書き並べる方法で表しなさい。

(1)　$A = \{\, x \mid -1 \leqq 2x \leqq 5,\ x は整数 \,\}$

(2)　$A = \{\, x \mid 1 から 10 までの奇数 \,\}$

▶ 集合の包含関係

① A の要素がすべて B の要素であるとき，A は B の部分集合である。

$A \subset B$

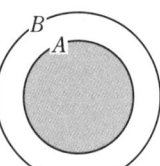

② A と B のすべての要素が一致する。

$A = B$

$A \subset B$ かつ $A \supset B$

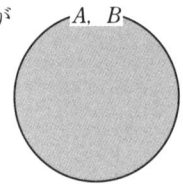

▶ 共通部分，和集合

① **共通部分**➡集合 A と集合 B のどちらにも共通する要素の集合を，A と B の**共通部分**，または A と B の**交わり**といい，$\boldsymbol{A \cap B}$ と表す。

$A \cap B = \{\, x \mid x \in A\ \ かつ\ x \in B \,\}$

② **和集合**➡集合 A と集合 B の，少なくともどちらか一方に属する要素の集合を A と B の**和集合**，または A と B の**結び**といい，$\boldsymbol{A \cup B}$ と表す。

$A \cup B = \{\, x \mid x \in A\ \ または\ \ x \in B \,\}$

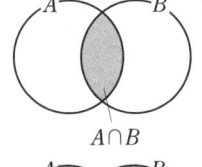
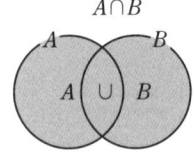

▶ 全体集合，補集合

　全体集合（= 全体の集合）を U と表し，U の部分集合 A に属さない要素の集合を，A の**補集合**といい記号 $\overline{A}$ と表す。

$\overline{A} = \{\, x \mid x \in U\ \ x \notin A \,\}$

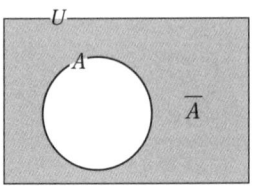

答え：問 1　(1)　$A = \{\, 0,\ 1,\ 2 \,\}$　　(2)　$A = \{\, 1,\ 3,\ 5,\ 7,\ 9 \,\}$

問2 $U=\{1,\ 2,\ 3,\ 4,\ 5,\ 6,\ 7\}$　$A=\{1,\ 5\}$　$B=\{2,\ 4,\ 5,\ 6\}$ のとき，次の集合を求めなさい。

(1)　$A \cap B$　　　　　(2)　$A \cup B$　　　　　(3)　$\overline{A \cup B}$

2 集合の個数

集合 P の要素の個数は　$n(P)$ と表す。

> ①　和集合の要素の個数　　$n(A \cup B)=n(A)+n(B)-n(A \cap B)$
> ②　補集合の要素の個数　　$n(\overline{A})=n(U)-n(A)$
>
> ド・モルガンの法則より，　　$n(\overline{A \cup B})=n(\overline{A} \cap \overline{B})$
> 　　　　　　　　　　　　　　$n(\overline{A \cap B})=n(\overline{A} \cup \overline{B})$

3 集合と論理

▶ 命題

命題「p ならば q である」を記号 $p \Rightarrow q$ と表し，p を仮定，q を結論という。

命題「$p \Rightarrow q$ が正しい」とき，その命題は真であるといい，条件 p の真理集合を P，条件 q の真理集合を Q とするとき，$P \subset Q$

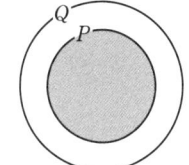

> 命題 $p \Rightarrow q$ に対し，命題 $q \Rightarrow p$ を逆
> 　命題 $\overline{p} \Rightarrow \overline{q}$ を裏，命題 $\overline{q} \Rightarrow \overline{p}$ を対偶という

▶ 必要条件と十分条件

命題 $p \Rightarrow q$ が真
命題 $q \Rightarrow p$ が偽

・p は q であるための
　十分条件

・q は p であるための
　必要条件

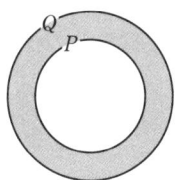

命題 $p \Rightarrow q$ が真
命題 $q \Rightarrow p$ が真

・p は q であるための
　必要十分条件

・q は p であるための
　必要十分条件

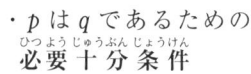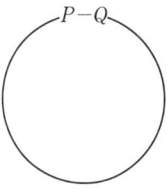

問3　□ にあてはまる言葉を書きなさい。

(1)　$x^2=4$ は，$x=2$ であるための □ 条件である。

(2)　$x=4$ は，$x>2$ であるための □ 条件である。

(3)　$x=1$ は，$x^2-2x+1=0$ であるための □ 条件である。

基本問題

▶答えは別冊 p.66 〜 69

1 集合（共通部分・和集合，全体集合・補集合）

問1　整数の集合

$$A = \{1,\ 2,\ 5,\ 9\}$$
$$B = \{4,\ 5,\ 7,\ 8,\ 9\}$$
$$C = \{3,\ 6,\ 7\}$$

について，次の　A　〜　E　にあてはまる集合を，下の⓪〜⑥のうちから1つずつ選びなさい。ただし，同じものを何度使ってもよい。

(1)　$A \cap B =$ A 　　　$A \cup B =$ B 　　　$B \cap C =$ C

(2)　$(A \cap B) \cup C =$ D 　　　$(A \cup B) \cap C =$ E

⓪　$\{1,\ 2,\ 3,\ 4,\ 5,\ 6,\ 7,\ 8,\ 9\}$

①　$\{3,\ 5,\ 6,\ 7,\ 9\}$

②　$\{1,\ 2,\ 4,\ 5,\ 7,\ 8,\ 9\}$

③　$\{1,\ 2,\ 4,\ 5,\ 8,\ 9\}$

④　$\{5,\ 7,\ 9\}$

⑤　$\{5,\ 9\}$

⑥　$\{7\}$

問2　全体集合 $U = \{x \mid 1 \leqq x \leqq 10,\ x は整数\}$ の部分集合 $A,\ B$ に対して

$A \cap B = \{3,\ 6\}$ 　　　$\overline{A} \cap B = \{2,\ 5,\ 9\}$

$\overline{A} \cap \overline{B} = \{4,\ 7,\ 8\}$ であるとき，

$\overline{A} =$ F 　　　$A \cap \overline{B} =$ G 　　　$\overline{A} \cup \overline{B} =$ H

F 〜 H にあてはまる集合を，次の⓪〜⑨のうちから1つずつ選びなさい。

⓪　$\{1,\ 10\}$　　　　　　　　　① $\{3,\ 6\}$

②　$\{1,\ 3,\ 6,\ 10\}$　　　　　③ $\{2,\ 5,\ 9\}$

④　$\{2,\ 3,\ 5,\ 9\}$　　　　　⑤ $\{4,\ 7,\ 8\}$

⑥　$\{1,\ 2,\ 3,\ 5,\ 6,\ 9\}$　　⑦ $\{2,\ 4,\ 5,\ 7,\ 8,\ 9\}$

⑧　$\{1,\ 2,\ 4,\ 5,\ 7,\ 8,\ 9,\ 10\}$　⑨ $\{2,\ 3,\ 4,\ 5,\ 6,\ 7,\ 8,\ 9,\ 10\}$

2 集合の個数

問1　1から100までの自然数を考える。

(1)　2でも3でも割り切れる数の個数は $\boxed{\text{AB}}$ である。

(2)　2または3で割り切れる数の個数は $\boxed{\text{CD}}$ である。

(3)　3で割り切れない数の個数は $\boxed{\text{EF}}$ である。

(4)　2でも3でも割り切れるが，5では割り切れない数の個数は $\boxed{\text{GH}}$ である。

問2　全体集合 U と，その2つの部分集合 A，B の要素の個数について，

$$n(U) = 46 \qquad n(A) = 17$$
$$n(B) = 28 \qquad n(A \cup B) = 36$$

が成り立っているとき

(1)　$n(A \cap B) = \boxed{\text{I}}$

(2)　$n(\overline{A} \cap B) = \boxed{\text{JK}}$

(3)　$n(\overline{A \cup B}) = \boxed{\text{LM}}$

(4)　$n(A \cup \overline{B}) = \boxed{\text{NO}}$

3 命題

命題について，次の問いに答えなさい。

問1　$p : x > a$ または $x > b$ の否定 $\overline{p}$ は，$\boxed{\text{A}}$ である。

$\boxed{\text{A}}$ にあてはまるものを，次の⓪〜③のうちから1つ選びなさい。

⓪　$x \geqq a$ または $x \geqq b$ 　　　　① 　$x \geqq a$ かつ $x \geqq b$

②　$x \leqq a$ または $x \leqq b$ 　　　　③ 　$x \leqq a$ かつ $x \leqq b$

問2　命題の真偽を調べて，真ならば⓪，偽ならば①と答えなさい。

(1)　「$|x| = 3$ ならば，$x^2 - 6x + 9 = 0$ である。」は $\boxed{\text{B}}$ である。

(2)　「$|x-1|<1$ ならば，$x<4$」は $\boxed{C}$ である。

(3)　「$a+b>2$, $ab>1$ ならば $a>1$, $b>1$」は $\boxed{D}$ である。

4 必要条件・十分条件

問1　$\boxed{A}$ 〜 $\boxed{C}$ にあてはまる式を，下の⓪〜②のうちから1つずつ選びなさい。

(1)　$x=y=0$ の必要十分条件は $\boxed{A}$ である。

(2)　$x=0$ または $y=0$ の必要十分条件は $\boxed{B}$ である。

(3)　$x>0$ かつ $y>0$ の必要十分条件は $\boxed{C}$ である。

⓪　$xy=0$ 　　　　　　　　①　$x^2+y^2=0$

②　$x+y>0$ かつ $xy>0$

問2　$\boxed{D}$ 〜 $\boxed{G}$ にあてはまる文を，下の⓪〜③のうちから1つずつ選びなさい。

(1)　$a+b=0$ は，$a=0$ かつ $b=0$ であるための $\boxed{D}$。

(2)　$a\geqq 0$ は，$\sqrt{a^2}=a$ であるための $\boxed{E}$。

(3)　$a>b$ は，$ac>bc$ であるための $\boxed{F}$。

(4)　$a>0$ かつ $b>0$ は，$a+b>0$ であるための $\boxed{G}$。

⓪　必要十分条件である

①　必要条件であるが，十分条件ではない

②　十分条件であるが，必要条件ではない

③　必要条件でも，十分条件でもない

実戦問題

▶答えは別冊 p.69 ～ 71

1　a, x を実数として，次の集合

$$A = \left\{ 1,\ 3,\ x^2 + 2x + 3 \right\}$$
$$B = \left\{ 3,\ x^2 + 2ax + a \right\}$$
$$C = \left\{ 4,\ x^2 + (2a+1)x - 3 \right\}$$

を考える。

(1)　$A = \left\{ 1,\ 3,\ 6 \right\}$ となる x の値は

$$x = \boxed{\text{A}},\ \boxed{\text{BC}}\ \text{である。}$$

(2)　$2 \in B$　$B \subset A$ となるような a, x の値は

$$a = \boxed{\text{DE}},\ x = \boxed{\text{FG}}\ \text{である。}$$

(3)　$B = C$ となるときの a, x の値の組は

$$(a,\ x) = (\boxed{\text{H}},\ \boxed{\text{I}}),\ (\boxed{\text{JK}},\ \boxed{\text{LM}})$$

2　1 から 100 までの自然数の集合を，全体集合 U とし，その部分集合 A, B, C を次のように定義する。

$$A = \left\{ x \mid x \text{ は 2 で割り切れる自然数} \right\}$$
$$B = \left\{ x \mid x \text{ は 4 で割り切れる自然数} \right\}$$
$$C = \left\{ x \mid x \text{ は 5 で割り切れる自然数} \right\}$$

(1)　A, B, C の関係を表す図は，次の ⓪〜③ のうちの ┌ A ┐ である。

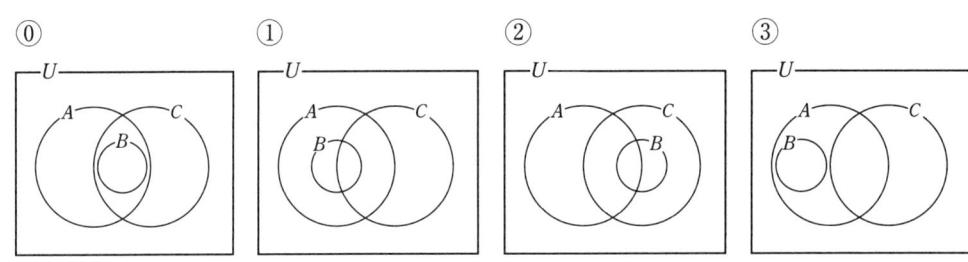

(2)　┌ B ┐ 〜 ┌ E ┐ にあてはまる文を，下の ⓪〜③ のうちから 1 つずつ選びなさい。

$x \in A$ は，$x \in B \cup C$ であるための ┌ B ┐。

$x \in A \cap \overline{B}$ は，$x \in A$ であるための ┌ C ┐。

$x \in A$ は，$x \in B \cap C$ であるための ┌ D ┐。

$x \in B$ は，$x \in A \cap B$ であるための ┌ E ┐。

⓪　必要十分条件である

①　必要条件であるが，十分条件ではない

②　十分条件であるが，必要条件ではない

③　必要条件でも，十分条件でもない

(3)　集合の要素の個数を考える。

$n(A \cap C) = $ ┌ FG ┐ であり，$n(A \cap \overline{C}) = $ ┌ HI ┐ である。

$n(\overline{B} \cap \overline{C}) = $ ┌ JK ┐ である。

3 自然数全体の集合を全体集合とし，集合 A, B を
$$A = \{ n \mid n \text{ は 8 で割り切れる自然数} \}$$
$$B = \{ n \mid n \text{ は 12 で割り切れる自然数} \}$$
とする。

(1) 次の A ， B にあてはまる文を，それぞれ下の⓪〜③のうちから 1 つずつ選びなさい。

自然数 n が A に属することは，n が 2 で割り切れるための A 。

自然数 n が B に属することは，n が 24 で割り切れるための B 。

⓪ 必要十分条件である

① 必要条件であるが，十分条件ではない

② 十分条件ではあるが，必要条件ではない

③ 必要条件でも，十分条件でもない

(2) C 〜 E にあてはまる式を，それぞれ下の⓪〜⑦のうちから 1 つずつ選びなさい。

$$C = \{ n \mid n \text{ は，8 と 12 のどちらでも割り切れる自然数} \}$$
$$D = \{ n \mid n \text{ は，8 でも 12 でも割り切れない自然数} \}$$
$$E = \{ n \mid n \text{ は，24 で割り切れない自然数} \}$$
とするとき，

$$C = \boxed{\text{C}} \qquad D = \boxed{\text{D}} \qquad E = \boxed{\text{E}}$$

⓪ $A \cup B$ ① $A \cup \overline{B}$ ② $\overline{A} \cup B$ ③ $\overline{A \cup B}$

④ $A \cap B$ ⑤ $A \cap \overline{B}$ ⑥ $\overline{A} \cap B$ ⑦ $\overline{A \cap B}$

4　全体集合 U が有限集合で，空集合ではない U の 2 つの部分集合 A, B に対して，

$\dfrac{n(A \cap \overline{B})}{n(A)} = \dfrac{1}{3}$ が成り立つ。

このとき，自然数 a, b を用いて，$n(A) = a$, $n(B) = b$ とおくと，

$$n(A \cap B) = \frac{\boxed{\text{A}}}{\boxed{\text{B}}}\, a$$

$$n(A \cup B) = \frac{\boxed{\text{C}}}{\boxed{\text{D}}}\, a + b$$

と表すことができる。

さらに，$n(U) = 14$，$a > b > n(A \cap B)$，$n(U) > a + b$ が成り立つとき，

$a = \boxed{\quad \text{E} \quad}$　　　　$b = \boxed{\quad \text{F} \quad}$

$n(\overline{A} \cap B) = \boxed{\quad \text{G} \quad}$

$n(\overline{A \cup B}) = \boxed{\quad \text{H} \quad}$

である。

重要用語

日本語	韓国語	英語
場合の数	경우의 수	number of cases
確率	확률	probability
和の法則	합의 법칙	sum law
積の法則	곱의 법칙	multiplication law
和集合	합집합	union
樹形図	수형도	tree diagram
さいころ	주사위	dice
じゃんけん	가위바위보	rock, paper, scissors
くじ	제비	lot
一の位	일의 자리	one's place
十の位	십의 자리	ten's place
順列	순열	permutation
階乗	계승	factorial
円順列	원순열	circular permutation
重複順列	중복순열	repeated permutation
組合せ	조합	combination
試行	시행	trial
事象	사건	event
全事象	전사건	whole event
余事象	여사건	complementary event
積事象	곱사건	product event
和事象	합사건	sum event
排反事象	배반사건	exclusive event
反復試行	반복시행	repeated trial
独立試行	독립시행	independent trial
空集合	공집합	empty set

要点のまとめ

1 場合の数

▶ **積の法則・和の法則**

A の起こる場合が a 通り，B の起こる場合が b 通りであるとき

① 積の法則…A，B がともに起こる場合は，$a \times b$ 通り。

P から Q を通って R に行く行き方は，$2 \times 3 = 6$（通り）

② 和の法則…A，B が同時に起こらない場合は $a + b$ 通り。

P から R に行く行き方は，$6 + 1 = 7$（通り）

問1　(1)　5種類のケーキと3種類の飲み物をそれぞれ1種類ずつ選ぶ方法は何通りか。
(2)　大小2つのさいころを投げて，目の数の和が4になるのは何通りか。

2 順列

▶ **順列…n 個の異なるものから r 個取って，順序をつけて並べる場合の数**

・n 個のものから r 個取る順列

$$_nP_r = \frac{n!}{(n-r)!} \quad (n! \text{ は，} n \text{ から1までの自然数の積。} n \text{ の階乗という})$$

・n 個のものを並べる順列

$$_nP_n = n!$$

問2　(1)　$_6P_2$　(2)　$_3P_3$　(3)　$_4P_3$

問3　1，2，3，4，5の数字からいくつか取って次の整数をつくる。それぞれいくつできるか。
(1)　3桁の整数　　　　　　(2)　4桁の整数

▶ **円順列**

n 個のものを，円形に並べる円順列は，A を固定して B〜E の並べ方を考える。

$(n-1)!$

▶ **重複順列**

異なる n 個のものを何度もくり返して使い，r 個取る順列。

n^r

▶ **同じものを含む順列**

n 個のものの中で，p 個の a，q 個の b，r 個の c，……が，それぞれ同じものであるとき，これら n 個のものを1列に並べる順列。

$$\frac{n!}{p!\,q!\,r!\,\cdots} \quad (\text{ただし，} p+q+r+\cdots = n)$$

3 組合せ

▶ **組合せ…n 個の異なるものから，r 個を取り出す場合の数**

$$_nC_r = \frac{_nP_r}{r!} = \frac{n!}{r!(n-r)!}$$

問4　(1)　$_6C_2$　　(2)　$_5C_3$　　(3)　$_4C_3$　　(4)　$_4C_4$

問5　(1)　6人の人を，3人ずつのA，Bのグループに分ける方法は何通りか。

　　　(2)　6人の人を，3人ずつのグループに分ける方法は何通りか。

4　確率

事象Aの起こる確率　$P(A) = \dfrac{\text{事象}A\text{の起こる場合の数}}{\text{起こりうるすべての場合の数}}$　　$0 \leqq P(A) \leqq 1$

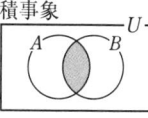

空事象ϕの起こる確率　$P(\phi) = 0$
全事象Uの起こる確率　$P(U) = 1$

①　積事象　事象Aと事象Bがともに起こる。$A \cap B$と表す。

②　和事象　事象Aまたは事象Bが起こる。$A \cup B$と表す。

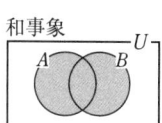

③　排反事象　事象A, Bは同時に起こらない。$A \cap B = \phi$

　・確率の加法定理

　　　$P(A \cup B) = P(A) + P(B) - P(A \cap B)$

　　特にA, Bが排反事象であるとき

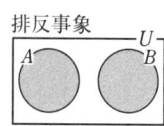

　　　$P(A \cup B) = P(A) + P(B)$

④　余事象　Aが起こらないという事象。$\overline{A}$と表す。

　・余事象の確率

　　　$P(A) + P(\overline{A}) = 1 \iff P(\overline{A}) = 1 - P(A)$

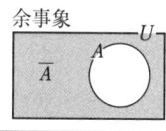

▶ いろいろな確率

①　**独立な試行の確率**

　　さいころを2つ投げるときのように，たがいの結果に影響を及ぼさない試行を独立な試行という。2つの独立試行において，事象A, Bが同時に起こる確率Pは

　　　$P = P(A) \times P(B)$

②　**反復試行の確率**

　　さいころをくり返し投げるときのように，同じ条件のもとで1つの試行をくり返すことを反復試行という。1回の試行でAが起こる確率がpであるとき，試行をn回行って，r回Aが起こる確率P_rは

　　　$P_r = {}_nC_r\, p^r(1-p)^{n-r}$

③　**条件付き確率**

　　事象Aが起こるもとでのBの起こる確率を条件付き確率といい，$P_A(B)$と表す。

　　　$P_A(B) = \dfrac{P(A \cap B)}{P(A)}$

問6　2つのさいころを同時に投げるとき次の事象の確率を求めなさい。

　　　(1)　両方とも1の目が出る　　　　　　(2)　両方とも奇数の目が出る

答え：問4　(1)　15　　(2)　10　　(3)　4　　(4)　1

　　　問5　(1)　$_6C_3 = 20$(通り)　　(2)　$_6C_3 \div 2 = 10$(通り)　　　問6　(1)　$\dfrac{1}{36}$　　(2)　$\dfrac{1}{4}$

基本問題　　　　　　　　　　　　　　▶答えは別冊 p.72 ～ 81

1 和の法則・積の法則

問1　大，中，小3個のさいころを投げるときの，目の出方について考える。

(1) 起こりうるすべての目の出方は，[ABC]通りである。

(2) 3個とも，異なる数になるのは，[DEF]通りである。

(3) 3個の目の数の和が6になるのは，[GH]通りである。

(4) 3個の目の数の和が6の倍数になるのは，[IJ]通りである。

(5) 3個の目の数の積が偶数になるのは，[KLM]通りである。

問2　0，1，2，3の4個の数字を並べ替えて，4桁の整数をつくることを考える。

(1) 4桁の整数は，全部で[NO]個できる。

(2) 一の位が1となる整数は，[P]個できる。

(3) 偶数は，[QR]個できる。

2 順列

問1　1，2，3，4，5，6の6個の数字を用いて，4桁の整数をつくる。

(1) 同じ数字を何度も用いてよい場合には，[ABCD]個できる。

(2) 同じ数字を一度しか用いてはいけない場合には，[EFG]個できる。
その中で，一の位と千の位の数字が奇数であるものは[HI]個である。

(3) 同じ数字を一度しか用いてはいけない場合には，3000以下の偶数は[JK]個できる。

問2　男子 4 人と女子 3 人の並び方について考える。

(1) 両端に男子 2 人が並ぶ並び方は，LMNO 通りである。

(2) 女子 3 人が隣り合う並び方は，PQR 通りである。

(3) 女子どうしが隣り合わない並び方は，STUV 通りである。

3 円順列，同じものを含む順列

問1　男子，女子，父，母，祖父，祖母の 6 人が，円形テーブルのまわりに座る。

(1) 6 人が自由に座るとき，座り方は，ABC 通りになる。

(2) 父と母が，隣り合って座るとき，6 人の座り方は，DE 通りになる。

(3) 父と母が向き合って座るとき，6 人の座り方は，FG 通りになる。

(4) 男性どうし，女性どうしが隣り合わない座り方は，HI 通りになる。

(5) 祖父の席を 1 番として残りの席に 2 番から 6 番までの番号を順にふる。父が 3 番の席に座るとき，祖父，祖母のそれぞれの隣に必ず男子または女子が座る座り方は，全部で JK 通りになる。

問2　A，A，A，B，B，C，D の 7 個の文字を，1 列に並べる。

(1) 異なる並べ方は，LMN 通りである。

(2) 2 つの文字 B が隣り合わない並べ方は，OPQ 通りである。

(3) 2 つの文字 B が両端にくる並べ方は，RS 通りである。

(4) 文字 A が先頭にきて，A どうしが隣り合わない並べ方は，TU 通りである。

4 組合せ

問1　男子6人，女子4人の10人から4人の代表を選ぶ。

(1)　男女の区別なく，自由に4人を選ぶ選び方は， ABC 通りである。

(2)　男子2人，女子2人を選ぶ選び方は， DE 通りである。

(3)　(2)のとき，特定の男子Aと女子Bの2人を必ず選ぶ選び方は， FG 通りである。

(4)　それぞれ少なくとも男子1人と，女子1人が入るように選ぶ選び方は， HIJ 通りである。

問2　1から7までの数字を1つずつ書いた，カードが7枚あり，ここから3枚のカードを取り出す。

(1)　3枚のカードを取り出す場合の数は， KL 通りである。

(2)　このとき，奇数のカードを2枚，偶数のカードを1枚取り出す場合の数は， MN 通りである。

(3)　少なくとも1枚が偶数である場合の数は， OP 通りである。

5 順列・組合せと確率

問1 男子 2 人，女子 3 人の 5 人が並ぶときの並び方の確率を考える。

(1) 男子 2 人，女子 3 人の 5 人が 1 列に並ぶとき，

男子 2 人が，隣り合って並ぶ確率は $\dfrac{\boxed{A}}{\boxed{B}}$ で，

男子 2 人が両端にくる確率は $\dfrac{\boxed{C}}{\boxed{DE}}$ である。

(2) 男子 2 人，女子 3 人の 5 人が円形に並ぶとき，

男子 2 人が，隣り合って並ぶ確率は $\dfrac{\boxed{F}}{\boxed{G}}$ である。

問2 袋の中に，赤球 3 個，白球 4 個，青球 2 個が入っている。

(1) 球を 1 個取り出すときに，それが白球である確率は $\dfrac{\boxed{H}}{\boxed{I}}$ である。

(2) 同時に球を 2 個取り出すときに，

赤球 1 個と白球 1 個である確率は $\dfrac{\boxed{J}}{\boxed{K}}$ で，

2 個とも白球である確率は $\dfrac{\boxed{L}}{\boxed{M}}$ である。

(3) 同時に球を 3 個取り出すときに，

3 個とも色が異なる確率は $\dfrac{\boxed{N}}{\boxed{O}}$ で，

3 個の中に赤球がない確率は $\dfrac{\boxed{P}}{\boxed{QR}}$ である。

6 排反事象と確率の加法定理

問1 　1から9までの数字が書かれた9枚のカードがある。この中からカードを1枚ひく。

事象 A：3の倍数のカードが出る。

事象 B：4の倍数のカードが出る。

事象 $A \cap B$ の起こる確率は $\boxed{\text{A}}$ で，

事象 $A \cup B$ の起こる確率は $\dfrac{\boxed{\text{B}}}{\boxed{\text{C}}}$ である。

問2 　1から100までの数字が書かれた100枚のカードがある。この中からカードを1枚ひく。

事象 A：6の倍数のカードが出る。

事象 B：4の倍数のカードが出る。

(1)　事象 A の起こる確率は $\dfrac{\boxed{\text{D}}}{\boxed{\text{EF}}}$ で，

事象 B の起こる確率は $\dfrac{\boxed{\text{G}}}{\boxed{\text{H}}}$ である。

(2)　事象 $A \cap B$ の起こる確率は $\dfrac{\boxed{\text{I}}}{\boxed{\text{JK}}}$ で，

事象 $A \cup B$ の起こる確率は $\dfrac{\boxed{\text{LM}}}{\boxed{\text{NOP}}}$ ある。

(3)　事象 $A \cap \overline{B}$ の起こる確率は $\dfrac{\boxed{\text{Q}}}{\boxed{\text{RS}}}$ で，

事象 $\overline{A} \cap \overline{B}$ の起こる確率は $\dfrac{\boxed{\text{TU}}}{\boxed{\text{VWX}}}$ である。

7 独立な試行の確率

問1 2本の当たりくじを含む10本のくじがある。このくじを，Aが1本ひき，それをもどしてから，Bがひく。

このとき，AもBも当たりである確率は $\dfrac{A}{BC}$ で，

Aがはずれてが当たる確率は $\dfrac{D}{EF}$ である。

問2 A，Bの2人がそれぞれ袋をもっている。Aの袋には赤球が7個，白球が3個，Bの袋には赤球が3個，白球が5個入っている。

(1) A，Bがそれぞれ自分の袋から球を，1個ずつ取り出す。

このとき，同じ色になる確率は $\dfrac{G}{HI}$ である。

(2) A，Bがそれぞれ自分の袋から，球を2個ずつ同時に取り出す。

このとき4個とも赤球である確率は $\dfrac{J}{KL}$ である。

8 反復試行の確率

問1　1つのさいころを5回投げるとき，

(1)　6の目が3回出る確率は，$\dfrac{\boxed{ABC}}{\boxed{DEFG}}$ である。

(2)　偶数の目が4回，奇数の目が1回出る確率は，$\dfrac{\boxed{H}}{\boxed{IJ}}$ である。

(3)　3の倍数の目が少なくとも1回は出る確率は，$\dfrac{\boxed{KLM}}{\boxed{NOP}}$ である。

問2　硬貨を6回投げる。

(1)　表が1回だけ出る確率は $\dfrac{\boxed{Q}}{\boxed{RS}}$ ，

表が少なくとも1回出る確率は $\dfrac{\boxed{TU}}{\boxed{VW}}$ である。

(2)　表が続けて4回以上出る確率は $\dfrac{\boxed{X}}{\boxed{Y}}$ である。

9 条件付き確率

問1 1から100までの数字を書いたカードがある。この中から1枚取る試行において,

カードに書かれた数字が，2の倍数である事象を A

カードに書かれた数字が，9の倍数である事象を B

とする。

このとき，取り出したカードが2の倍数であった場合に，それが9の倍数である確率は

$$P_A(B) = \frac{\boxed{A}}{\boxed{BC}},$$

取り出したカードが9の倍数であった場合に，それが2の倍数である確率は

$$P_B(A) = \frac{\boxed{D}}{\boxed{EF}} \text{である。}$$

問2 3つの袋A，B，Cがあり，次のような色の球が入っている。

A　赤球5個　白球3個

B　赤球2個　白球4個

C　赤球6個　白球3個

さいころを投げて，出た目が1，2であれば袋Aから，出た目が3，4であれば袋Bから，出た目が5，6であれば袋Cから，球を1個取り出す。

(1) このとき，取り出した球が赤球である確率は，$\frac{\boxed{GH}}{\boxed{IJ}}$ である。

取り出した球が赤球であった場合に，

さいころの出た目が1か2であった確率は $\frac{\boxed{K}}{\boxed{LM}}$ であり，

さいころの出た目が3か4であった確率は $\frac{\boxed{N}}{\boxed{OP}}$ である。

(2) 取り出した球が白球であった場合に，

さいころの出た目が1か2であった確率は $\frac{\boxed{Q}}{\boxed{RS}}$ である。

実戦問題

▶答えは別冊 p.81 ～ 84

1　単語の PRIORITY を構成する 8 文字を横一列に並べ替えることを考える。

(1)　8 文字を自由に並べる並べ方は，$\boxed{\text{ABCDE}}$ 通りある。

(2)　P は必ず O の左側，かつ O は必ず T の左側にある並べ方は，$\boxed{\text{FGHI}}$ 通りある。

(3)　2 つの R が隣り合い，かつ 2 つの I も隣り合う並べ方は，$\boxed{\text{JKL}}$ 通りある。

(4)　2 つの R が，それぞれ，左右の両端に位置する並べ方は，$\boxed{\text{MNO}}$ 通りある。

(5)　R，R，I，I の 4 文字を横一列に並べる並べ方は，$\boxed{\text{P}}$ 通りある。

　　また，P，O，T，Y の 4 文字を横一列に並べる並べ方は，$\boxed{\text{QR}}$ 通りある。

　　したがって，R，R，I，I の 4 文字のうちのどの 2 文字も隣り合わない，かつ P，O，T，Y の 4 文字のうちのどの 2 文字も隣り合わない並べ方は，$\boxed{\text{STU}}$ 通りある。

2 大, 中, 小3個のさいころを同時に投げて, 出た目の数をそれぞれ x, y, z とし,

x, y, z のすべてが奇数である事象を A

$x=y=z$ である事象を B

$x+y+z=9$ である事象を C

とする。

(1) 事象 A, B, C の起こる場合の数は, それぞれ

A が $\boxed{\text{AB}}$,

B が $\boxed{\text{C}}$,

C が $\boxed{\text{DE}}$ である。

(2) 事象 $A \cap B$, $B \cap C$, $C \cap A$ の起こる場合の数は, それぞれ

$A \cap B$ が $\boxed{\text{F}}$,

$B \cap C$ が $\boxed{\text{G}}$,

$C \cap A$ が $\boxed{\text{H}}$ である。

(3) 事象 $A \cup C$ の起こる確率 $P(A \cup C)$ は,

$$P(A \cup C) = \frac{\boxed{\text{I}}}{\boxed{\text{JK}}}$$

3 次のようなゲームを行った。

① 赤球3個, 白球1個が入っている袋から球を1個取り出す。

② その球が赤球なら A に2点, 白球なら B に3点与える試行をくり返す。

③ 取り出した球はすぐに袋にもどすものとし, 先に6点得点したほうを勝ちとしてゲームは終了する。

(1) A が勝つ確率は $\dfrac{\boxed{\text{ABC}}}{\boxed{\text{DEF}}}$ である。

(2) 3回目の試行でゲームが終了する確率は $\dfrac{\boxed{\text{GH}}}{\boxed{\text{IJ}}}$ である。また, 3回目の試行でゲームが終了したとき, A が勝つ確率は $\dfrac{\boxed{\text{K}}}{\boxed{\text{LM}}}$ である。

4 1から5までの番号をつけた5つの箱と，赤，青，白，黒の色の異なる4個の球がある。5つの箱に4個の球を入れる入れ方を考える。

(1) 球の入れ方は全部で $\boxed{\text{ABC}}$ 通りある。

(2) 4個の球を1個ずつ別々の4つの箱に入れる入れ方は，$\boxed{\text{DEF}}$ 通りある。

(3) 4個の球のうちの1個を1つの箱に入れ，残りの3個を別の1つの箱に入れる入れ方は，$\boxed{\text{GH}}$ 通りある。

(4) 1番の箱に少なくとも1個の球を入れる入れ方は，$\boxed{\text{IJK}}$ 通りある。

5 2つの箱A，Bがあり，箱A，Bには次のように，数字を書いたカードが入っている。

箱 A	箱 B
0と書いたカード3枚	2と書いたカード2枚
2と書いたカード4枚	3と書いたカード3枚
3と書いたカード2枚	5と書いたカード1枚

いま，Aの箱から同時に2枚，Bの箱から1枚取り出し，取り出された3枚のカードに書かれた数字の積を X とする。

X のとりうる値は全部で $\boxed{\text{A}}$ 個あり，X の最大値は $\boxed{\text{BC}}$，最小値は $\boxed{\text{D}}$ である。

また，$X = \boxed{\text{BC}}$ となる確率は $\dfrac{\boxed{\text{E}}}{\boxed{\text{FGH}}}$ で，

$X = \boxed{\text{D}}$ となる確率は $\dfrac{\boxed{\text{I}}}{\boxed{\text{JK}}}$ である。

第5章 整数の性質

せいすう　　せいしつ

重要用語

日本語	韓国語	英語
約数 やくすう	약수	divisor
倍数 ばいすう	배수	multiple
素数 そすう	소수	prime number
合成数 こうせいすう	합성수	composite number
素因数分解 そいんすうぶんかい	소인수분해	factorization into prime factors
素因数 そいんすう	소인수	prime factor
公約数 こうやくすう	공약수	common divisor
公倍数 こうばいすう	공배수	common multiple
最大公約数 さいだいこうやくすう	최대공약수	greatest common divisor
最小公倍数 さいしょうこうばいすう	최소공배수	least common multiple
たがいに素 そ	서로소	relatively prime, mutually prime
余り あま	나머지	remainder
ユークリッドの 互除法 ごじょほう	유클리드 호제법	Euclidean algorithm
1次不定方程式 いちじ ふ ていほうていしき	일차부정방정식	linear indeterminate equation
整数解 せいすうかい	정수해	integer solution
位取り記数法 くらい ど き すうほう	위치 기수법	positional notation
底 てい	밑	base
10進法 じっ しんほう	십진법	decimal system
n進法 しんほう	n진법	the base-n system

要点のまとめ

◼ 1 約数と倍数

2 つの整数 a, b について，$a = bk$（k は整数）と表されるとき，b は a の約数，a は b の倍数である。

▶ 倍数の判定法

2 の倍数……一の位が 0，2，4，6，8 のどれかである。

3 の倍数……各位の数の和が 3 の倍数である。

4 の倍数……下 2 桁が 00，または 4 の倍数である。

5 の倍数……一の位の数が 0，または 5 である。

8 の倍数……下 3 桁が 000，または 8 の倍数である。

9 の倍数……各位の数の和が 9 の倍数である。

問 1 次の数が，2 の倍数でも，3 の倍数でもあるように，□に入る一の位の数を求めなさい。

(1) 25□　　　　　(2) 132□　　　　　(3) 284□

▶ 素因数分解と約数

① **素数**…2 以上の自然数で，1 とその数以外に約数をもたない数　例　2，3，5，7
　　　　2 以上の自然数で素数ではない数を合成数という。

② **素因数分解**…自然数を素数だけの積の形で表すこと　　例　$20 = 2^2 \times 5$

③ 素因数分解と約数

自然数 N を素因数分解して，$N = p^a \times q^b \times r^c$ となるとき

N の任意の正の約数は，$p^k \times q^l \times r^m$（$0 \le k \le a$, $0 \le l \le b$, $0 \le m \le c$）

N の正の約数の個数は，$(a+1)(b+1)(c+1)$ 個

問 2 次の数の正の約数の個数を求めなさい。

(1) 24　　　　　(2) 252　　　　　(3) 392

◼ 2 最大公約数と最小公倍数

① 2 つ以上の整数について，共通な約数を**公約数**，共通な倍数を**公倍数**という。

② 公約数のうち最大のものを**最大公約数**，公倍数のうち最小のものを**最小公倍数**という。

・2 つの整数 a, b の最大公約数が 1 であるとき，a, b はたがいに**素**であるという。

　例　3 と 7　　8 と 15

▶ 最大公約数，最小公倍数の性質

2 つの自然数 a, b の最大公約数を g，最小公倍数を l として

$a = ga'$, $b = gb'$ とすると，次の関係が成り立つ

① a' と b' はたがいに素である。

② $l = ga'b'$

③ $ab = gl$

答え：問 1　(1) 2，8　(2) 0，6　(3) 4　　問 2　(1) $4 \times 2 = 8$　(2) $3 \times 3 \times 2 = 18$　(3) $4 \times 3 = 12$

問3　次の数の組の最大公約数と最小公倍数を求めなさい。

　　(1)　16　24　　　　　　　　　　(2)　48　132　　　　　　　　(3)　120　168　252

③ 整数の割り算と商・余り

整数 a と正の整数 b に対し，$a = bq + r$，$0 \leqq r < b$ となるとき，
整数 q を**商**，整数 r を**余り**という。

> ▶ **割り算の余りの性質**
>
> 　　整数 a，b を正の整数 m で割った余りを，それぞれ r，r' とする
> 　　① 　$a + b$ を m で割った余りは，$r + r'$ を m で割った余りに等しい
> 　　② 　$a - b$ を m で割った余りは，$r - r'$ を m で割った余りに等しい
> 　　③ 　ab を m で割った余りは，rr' を m で割った余りに等しい
> 　　④ 　a^k を m で割った余りは，r^k を m で割った余りに等しい

問4　整数 a を7で割ると3余り，整数 b を7で割ると5余る。次の数を7で割ったとき
の余りを求めなさい。

　　(1)　$a + b$　　　　　(2)　$2a - b$　　　　　(3)　ab　　　　　(4)　a^3

④ ユークリッドの互除法

▶ **割り算と最大公約数**

　　自然数 a を，自然数 b で割ったときの商を q，余りを r とすると，
　　a と b の最大公約数は，b と r の最大公約数に等しい。

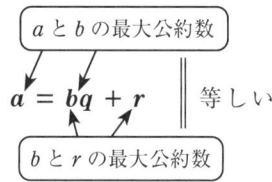

$a = bq + r$　∥等しい

> **ユークリッドの互除法**　　上の定理をくり返し用いて，最大公約数を求める。
>
> 　例　609，232 の最大公約数を求める。
>
> 　　　　　　　　　　　　　　　　609 と 232 の最大公約数
> 　　　　$609 = 232 \times 2 + 145$　　　　　$= 232$ と 145 の最大公約数
> 　　　　$232 = 145 \times 1 + 87$　　　　　$= 145$ と 87 の最大公約数
> 　　　　$145 = 87 \times 1 + 58$　　　　　$= 87$ と 58 の最大公約数
> 　　　　$87 = 58 \times 1 + 29$　　　　　$= 58$ と 29 の最大公約数
> 　　　　$58 = 29 \times 2$　　　　　　　　**$= 29$**

5 1次不定方程式

x, y の１次方程式　$ax+by=c$ を成り立たせる整数 x, y の組を，この方程式の整数解という。

▶1次不定方程式の解法

$3x-5y=1$　……①　◀── 整数解の１つを見つける

$x=2$, $y=1$ は整数解の１つである。

$3\cdot2-5\cdot1=1$　……②

①−②より　$3(x-2)-5(y-1)=0$　$\iff$　$3(x-2)=5(y-1)$

３と５はたがいに素であるから，$(x-2)$ は５の倍数，$(y-1)$ は３の倍数である。

よって，$x-2=5k$　$y-1=3k$（k は整数）

整数解は　$x=5k+2$　$y=3k+1$（k は整数）

問5　次の１次不定方程式の整数解をすべて求めなさい。

$2x+3y=0$

6 n 進法

① 各位の数を上の位から，並べて表す方法を位取り記数法という。位取りのもとになる数を底という。

例　10 進法では底が 10 なので，　$1234=1\times10^3+2\times10^2+3\times10+4$

② 底を n として，数を表す方法を，n 進法といい，その数を右下に $_{(n)}$ と小さく書く。

例　$1234_{(5)}=1\times5^3+2\times5^2+3\times5+4$

▶底の変換

① n 進法 → 10 進法

例　$21102_{(3)}=2\cdot3^4+1\cdot3^3+1\cdot3^2+2\cdot3^0=200$

② 10 進法 → n 進法

例　15 を２進法にする。

$$
\begin{array}{r|l}
2)\underline{15} & 余り \\
2)\underline{7} & \cdots\cdots1 \\
2)\underline{3} & \cdots\cdots1 \\
2)\underline{1} & \cdots\cdots1 \\
0 & \cdots\cdots1
\end{array}
$$

$15=1111_{(2)}$

▶n 進法の小数

n 進法の小数点以下の位は，$\dfrac{1}{n}$ の位，$\dfrac{1}{n^2}$ の位，$\dfrac{1}{n^3}$ の位，……となる。

例　$0.123_{(6)}=1\cdot\dfrac{1}{6}+2\cdot\dfrac{1}{6^2}+3\cdot\dfrac{1}{6^3}$

▶2進法の計算

たし算　$0+0=0$	$1+0=1$	$0+1=1$	$1+1=10$
かけ算　$0\times0=0$	$1\times0=0$	$0\times1=0$	$1\times1=1$

答え：問5　$x=3k$　$y=-2k$（k は整数）

基本問題

▶答えは別冊 p.85 〜 91

1 約数と倍数

問1 　A 　〜　C 　にあてはまる数を下の⓪〜⑤から1つずつ選びなさい。

(1) 　A 　は，3の倍数だが，9の倍数ではない。

(2) 　B 　は，3の倍数であり，5の倍数でもある。

(3) 　C 　は，4の倍数であり，5の倍数でもある。

⓪ 27135	① 38125	② 10664
③ 62481	④ 32463	⑤ 50180

問2

(1) 12の正の約数を，小さいほうから順に並べると，

　D 　,　E 　,　F 　,　G 　,　H 　,　IJ

である。

(2) 120の正の約数は，全部で　KL 　個ある。

2 素因数分解，約数の利用(1)

(1) m，n は自然数であるとする。

$a = \sqrt{84m}$ が自然数になる，最小の m は　AB 　で，

そのとき，$a =$ 　CD 　である。

(2) $b = \sqrt{n^2 + 20}$ が自然数になるのは，

$n =$ 　E 　で，そのとき　$b =$ 　F 　である。

3 約数の利用(2)

問1 次の(1)(2)の問いに答えなさい。

(1) $xy - 4x - 3y + 5 = 0$ を満たす，整数 x，y の組を求める。

与式は，$(x - \boxed{\text{A}})(y - \boxed{\text{B}}) = \boxed{\text{C}}$ ……① と変形できる。

これより，$(x - 3)$，$(y - 4)$ は，ともに $\boxed{\text{C}}$ の約数である。

①を満たす $(x - 3)$，$(y - 4)$ の組は，$\boxed{\text{D}}$ 組あり，x，y の整数の組も $\boxed{\text{D}}$ 組ある。その中で，x の絶対値が最も小さい組は，

$x = \boxed{\text{E}}$，$y = \boxed{\text{FG}}$ である。

(2) $xy - 3x + 2y - 1 = 0$ を満たす，自然数 x，y の組は，

$x = \boxed{\text{H}}$，$y = \boxed{\text{I}}$ である。

問2 30! について考える。

(1) 30! を計算すると，末尾には 0 が $\boxed{\text{J}}$ 個並ぶ。

(2) 30! が 6^n で割り切れるときの，最大の n は $\boxed{\text{KL}}$ である。

4 最大公約数，最小公倍数(1)

504 と 540 の最大公約数と最小公倍数を考える。それぞれ，素因数分解すると，

$504 = 2^{\boxed{\text{A}}} \times 3^{\boxed{\text{B}}} \times \boxed{\text{C}}$

$540 = 2^{\boxed{\text{D}}} \times 3^{\boxed{\text{E}}} \times \boxed{\text{F}}$

となり，最大公約数は，$2^{\boxed{\text{G}}} \times 3^{\boxed{\text{H}}} = \boxed{\text{IJ}}$

最小公倍数は，$2^{\boxed{\text{K}}} \times 3^{\boxed{\text{L}}} \times 5^{\boxed{\text{M}}} \times 7^{\boxed{\text{N}}} = \boxed{\text{OPQR}}$

5 最大公約数，最小公倍数(2)

$a < b$ で，次の条件を満たす自然数 a，b の組について考える。

(1) a，b の最大公約数が 12 で，最小公倍数が 180 であるとき，

$(a, b) = (\boxed{\text{AB}}, \boxed{\text{CDE}})(\boxed{\text{FG}}, \boxed{\text{HI}})$ である。

(2) a，b の積が 864 で，最小公倍数が 144 であるとき，a，b の組を a の小さいほうから並べると，

$(a, b) = (\boxed{\text{J}}, \boxed{\text{KLM}})(\boxed{\text{NO}}, \boxed{\text{PQ}})$ である。

6 整数の割り算の 商 ・余り

問1 a を5で割ると，余りが3になり，a^2-b を5で割ると，割り切れる。

b を5で割ると，余りは $\boxed{A}$ になる。

問2 n を6で割った余りが2のとき，

n^2+n+2 を6で割ると，余りは $\boxed{B}$ になる。

問3

(1) 7^{10} を6で割ると，余りは $\boxed{C}$ になる。

(2) 3^{10} を8で割ると，余りは $\boxed{D}$ になる。

(3) 4^{10} を7で割ると，余りは $\boxed{E}$ になる。

7 ユークリッドの互除法と不定方程式

問1 ユークリッドの互除法を用いて，3961 と 1615 の最大公約数を求めると，

$\boxed{AB}$ になる。

問2

(1) ユークリッドの互除法を利用して，$11x+19y=1$ を満たす整数 x，y の組を1つ求めると，$x=\boxed{C}$，$y=\boxed{DE}$ である。

(2) 整数 k を用いて，$11x+19y=1$ を満たす整数 x，y の組をすべて求めると，$x=\boxed{FGH}k+\boxed{I}$，$y=\boxed{JK}k-\boxed{L}$ である。

(3) 不定方程式 $3x-4y=1$ を満たす解の1つの組は，$x=3$ のとき，$y=\boxed{M}$ である。これを用いて不定方程式を解くと，整数解は
$x=\boxed{N}k+\boxed{O}$，$y=\boxed{P}k+\boxed{Q}$

8 不定方程式の応用

(1)　11 で割ると 2 余り，5 で割ると 3 余るような 100 以下の自然数は，
　　 AB ， CD である。（ただし， AB ＜ CD ）

(2)　7 で割ると 4 余り，8 で割ると 5 余るような自然数のうち，
　　最小のものは EF ，3 桁で最小のものは GHI ，
　　4 桁で最小のものは JKLM である。

9 底の変換

(1)　$11011_{(2)}$ を 10 進法で表すと， AB である。

(2)　$4320_{(5)}$ を 10 進法で表すと， CDE である。

(3)　$5413_{(6)}$ を 10 進法で表すと， FGHI である。

(4)　10 進数 31 を 2 進法で表すと， $JKLMN_{(2)}$ である。

(5)　10 進数 262 を 5 進法で表すと， $OPQR_{(5)}$ である。

(6)　10 進数 1352 を 7 進法で表すと， $STUV_{(7)}$ である。

10 n 進法の小数

(1)　$0.1011_{(2)}$ を 10 進法の小数で表すと，0. ABCD である。

(2)　$0.212_{(5)}$ を 10 進法の小数で表すと，0. EFG である。

(3)　$0.12_{(3)}$ を 10 進法の分数で表すと，$\dfrac{H}{I}$ である。

11 2 進法の計算

(1)　$1010_{(2)} + 1101_{(2)} = ABCDE_{(2)}$

(2)　$1101_{(2)} \times 101_{(2)} = FGHIJKL_{(2)}$

▶答えは別冊 p.91 ～ 94

実戦問題

1. $3a+2$ が，$2a^2+3$ の約数となるような，自然数 a を求めよう。

$3a+2=b$ とすると，

$$2a^2+3=\frac{\boxed{A}\,b^2-\boxed{B}\,b+\boxed{CD}}{\boxed{E}} \quad \cdots\cdots①$$

である。

また，b は $2a^2+3$ の約数なので，$2a^2+3$ は，自然数 c を用いて，

$$2a^2+3=bc \quad \cdots\cdots②$$

と表される。

①と②から，

$$b(\boxed{F}\,c-\boxed{G}\,b+\boxed{H})=\boxed{IJ}$$

を得る。

したがって，b は $\boxed{IJ}$ の約数である。その中で，a が自然数となるものを求めると，

$$a=\boxed{K}\,,\ b=\boxed{L} \quad または \quad a=\boxed{MN}\,,\ b=\boxed{OP}$$

となる。

2　自然数 a, b の最大公約数は 6 である。

　　a, b の最小公倍数を l とおくとき，

$$4a-b=l-6 \quad \cdots\cdots①$$

が成り立つような自然数 a, b を求めよう。

　　$a=6p$, $b=6q$ とおくと，p, q はたがいに素であるから，

$$l=\boxed{\quad A \quad}pq$$

である。

　　したがって　等式①は，pq を用いて，

$$pq-\boxed{\quad B \quad}p+q-\boxed{\quad C \quad}=0$$

と表され，これを変形して

$$\left(p+\boxed{\quad D \quad}\right)\left(q-\boxed{\quad E \quad}\right)=\boxed{\quad FG \quad}$$

を得る。この等式を満たす p, q の中で，a, b が自然数となるのは，

$$p=\boxed{\quad H \quad}, \quad q=\boxed{\quad I \quad}$$

のときであり，

$$a=\boxed{\quad JK \quad}, \quad b=\boxed{\quad LM \quad}$$

である。

3 $a = 792$ である。

(1) a を素因数分解すると,

$$a = 2^{\boxed{A}} \times 3^{\boxed{B}} \times \boxed{\text{CD}}$$

となるから,a の正の約数の個数は $\boxed{\text{EF}}$ 個である。

(2) $\sqrt{am}$ が自然数となる最小の自然数 m は $\boxed{\text{GH}}$ である。

$\sqrt{am}$ が自然数となるとき,m はある自然数 k により,

$$m = \boxed{\text{GH}} k^2$$ と表される数であり,

そのとき $\sqrt{am} = \boxed{\text{IJK}} k$ である。

(3) 自然数 k により,$\boxed{\text{IJK}} k$ と表される数で 7 で割った余りが 1 となる最小の k を求めよう。

1 次不定方程式

$$\boxed{\text{IJK}} k - 7l = 1$$

を解くと,$k > 0$ となる整数解 $(k,\ l)$ のうち,k が最小のものは

$$k = \boxed{\text{L}}, \quad l = \boxed{\text{MNO}}$$

である。

(4) $\sqrt{am}$ が 7 で割ると 1 余る自然数となるとき,そのような自然数 m の中で最小のものは $\boxed{\text{PQR}}$ である。

4

(1) 不定方程式

$$85x - 66y = 1$$

を満たす整数 x, y の組の中で，x の絶対値が最小のものは，

$$x = \boxed{} ,\quad y = \boxed{}$$

である。

(2) 不定方程式

$$85x - 66y = 10$$

を満たす整数 x, y の組の中で，x の絶対値が最小のものは，

$$x = \boxed{} ,\quad y = \boxed{}$$

である。

5

(1) 2 進法で，$10101_{(2)}$ と表される数を 10 進法で表すと $\boxed{\text{AB}}$ である。また，4 進法で表すと $\boxed{\text{CDE}}_{(4)}$ である。

(2) 次の 6 進法の小数のうち，10 進法で表すと有限小数として表せるのは，$\boxed{\text{F}}$, $\boxed{\text{G}}$, $\boxed{\text{H}}$ である。

⑈ $0.1_{(6)}$　　　⑉ $0.3_{(6)}$　　　⑊ $0.4_{(6)}$

⑋ $0.13_{(6)}$　　　⑌ $0.33_{(6)}$　　　⑍ $0.43_{(6)}$

$\boxed{\text{F}}$ ～ $\boxed{\text{H}}$ にはあてはまるものを，それぞれ上の⑈～⑍のうちから 1 つずつ選びなさい。

第6章 図形と計量

重要用語

日本語	韓国語	英語
三角比	삼각비	trigonometric ratio
正弦	사인	sine
余弦	코사인	cosine
正接	탄젠트	tangent
対辺	대변	subtense, opposite side
斜辺	빗변	hypotenuse
底辺	밑변	base
直角	직각	right angle
鈍角	둔각	obtuse angle
鋭角	예각	acute angle
直角三角形	직각삼각형	right triangle
鈍角三角形	둔각삼각형	obtuse triangle
鋭角三角形	예각삼각형	acute triangle
二等辺三角形	이등변삼각형	isosceles triangle
正三角形	정삼각형	regular triangle
内角	내각	interior angle
外角	외각	exterior angle
三平方の定理	피타고라스의 정리	Pythagorean theorem
単位円	단위원	unit circle
外接	외접	circumscription
内接	내접	inscription
外接円	외접원	circumscribed circle
内接円	내접원	inscribed circle
円周角	원주각	angle of circumference
弧	호	arc
二等分線	이등분선	bisector
相似	닮음	similarity

要点のまとめ

1 三角比

①	正弦	$\sin A = \dfrac{a}{c}$	$= \dfrac{\text{対辺}}{\text{斜辺}}$
②	余弦	$\cos A = \dfrac{b}{c}$	$= \dfrac{\text{底辺}}{\text{斜辺}}$
③	正接	$\tan A = \dfrac{a}{b}$	$= \dfrac{\text{対辺}}{\text{底辺}}$

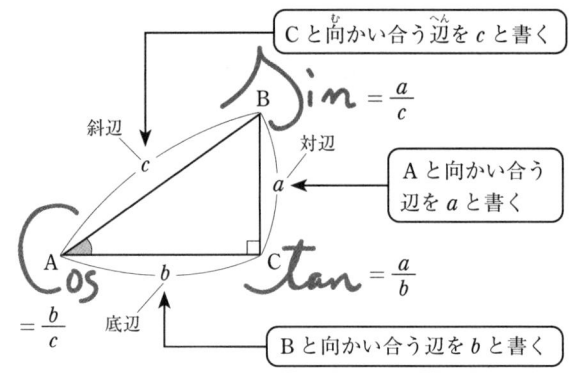

C と向かい合う辺を c と書く

A と向かい合う辺を a と書く

B と向かい合う辺を b と書く

斜辺　対辺　底辺

問1 右の三角形では，$b = \boxed{\text{ア}}$ なので，
$\sin A = \boxed{\text{イ}}$，$\cos A = \boxed{\text{ウ}}$，$\tan A = \boxed{\text{エ}}$ である。

2 拡張された三角比の定義

原点 O を中心とする半径 r の円周上に点 P(x, y) をとる。
$0 \leq \theta \leq 180°$ である角 θ の三角比は

$$\sin \theta = \dfrac{y}{r} \qquad \cos \theta = \dfrac{x}{r} \qquad \tan \theta = \dfrac{y}{x}$$

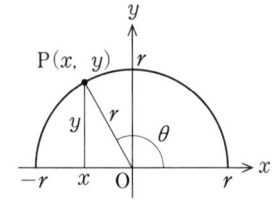

▶ **特別な角の三角比**

問2 ア～ケに数値を書いて，覚えておこう。

θ	0°	30°	45°	60°	90°	120°	135°	150°	180°
$\sin\theta$	0	$\dfrac{1}{2}$	$\dfrac{\sqrt{2}}{2}$	ア	イ	$\dfrac{\sqrt{3}}{2}$	$\dfrac{\sqrt{2}}{2}$	$\dfrac{1}{2}$	ウ
$\cos\theta$	エ	$\dfrac{\sqrt{3}}{2}$	$\dfrac{\sqrt{2}}{2}$	$\dfrac{1}{2}$	0	オ	$-\dfrac{\sqrt{2}}{2}$	カ	キ
$\tan\theta$	0	$\dfrac{\sqrt{3}}{3}$	ク	$\sqrt{3}$		$-\sqrt{3}$	ケ	$-\dfrac{\sqrt{3}}{3}$	0

▶ **$180°-\theta$，$90°+\theta$，$90°-\theta$ の三角比**

$$\begin{cases} \sin(180°-\theta) = \sin\theta \\ \cos(180°-\theta) = -\cos\theta \\ \tan(180°-\theta) = -\tan\theta \end{cases}$$

$$\begin{cases} \sin(90°+\theta) = \cos\theta \\ \cos(90°+\theta) = -\sin\theta \\ \tan(90°+\theta) = -\dfrac{1}{\tan\theta} \end{cases}$$

$$\begin{cases} \sin(90°-\theta) = \cos\theta \\ \cos(90°-\theta) = \sin\theta \\ \tan(90°-\theta) = \dfrac{1}{\tan\theta} \end{cases}$$

3 三角比の相互関係

$$\tan\theta = \dfrac{\sin\theta}{\cos\theta} \qquad \sin^2\theta + \cos^2\theta = 1$$

$$1 + \tan^2\theta = \dfrac{1}{\cos^2\theta}$$

答え：問1　ア　5　　イ　$\dfrac{3}{5}$　　ウ　$\dfrac{4}{5}$　　エ　$\dfrac{3}{4}$

　問2　ア　$\dfrac{\sqrt{3}}{2}$　　イ　1　　ウ　0　　エ　1　　オ　$-\dfrac{1}{2}$　　カ　$-\dfrac{\sqrt{3}}{2}$　　キ　-1　　ク　1　　ケ　-1

問3 $0 \leqq \theta \leqq 180°$ で，$\sin\theta = \dfrac{2}{3}$ のとき，$\cos\theta = \boxed{\quad ア \quad}$，$\tan\theta = \boxed{\quad イ \quad}$

④ 正弦定理と余弦定理

① **正弦定理**

△ABC の外接円の半径を R とすると，

$\angle DCB = 90°$，$BD = 2R$，$\angle D = \angle A$ より，

$$\sin D = \sin A = \frac{a}{2R} \quad \text{よって，} \quad \frac{a}{\sin A} = 2R$$

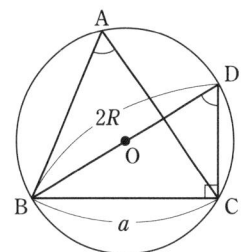

▶ **正弦定理**

$$\frac{a}{\sin A} = \frac{b}{\sin B} = \frac{c}{\sin C} = 2R$$

② **余弦定理**

右の図で $CD = b\sin A$，

$AD = b\cos A$ より，$BD = c - b\cos A$

$\angle D = 90°$ なので，$BC^2 = BD^2 + CD^2$

$$a^2 = BC^2 = (c - b\cos A)^2 + b^2\sin^2 A$$
$$= c^2 - 2bc\cos A + \underline{b^2\cos^2 A + b^2\sin^2 A}$$
$$= b^2 + c^2 - 2bc\cos A \qquad \boxed{b^2}$$

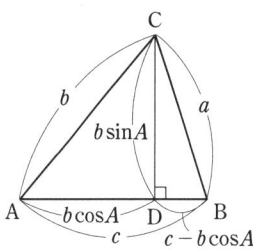

▶ **余弦定理**

$$a^2 = b^2 + c^2 - 2bc\cos A \qquad\qquad b^2 = c^2 + a^2 - 2ca\cos B$$
$$c^2 = a^2 + b^2 - 2ab\cos C$$

問4 (1) △ABC において，$a = 6$，$A = 45°$，$B = 60°$ のとき，$b = \boxed{\quad ア \quad}$

(2) △ABC において，$a = 4$，$c = 8$，$B = 120°$ のとき，$b = \boxed{\quad イ \quad}$

⑤ 三角形の面積

▶ **三角比を使った公式**

$$\triangle ABC \text{ の面積 } S = \frac{1}{2}ah = \frac{1}{2}ab\sin C$$
$$= \frac{1}{2}bc\sin A = \frac{1}{2}ca\sin B$$

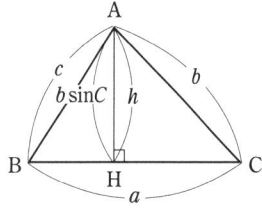

▶ **内接円の半径 r を使った公式**

$$S = \triangle IAB + \triangle IBC + \triangle ICA$$
$$= \frac{1}{2}cr + \frac{1}{2}ar + \frac{1}{2}br = \frac{1}{2}r(a + b + c)$$

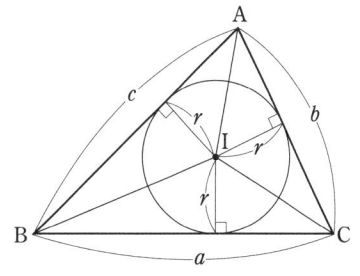

6 円に内接する四角形

・向かい合う内角の和は $180°$

$∠A + ∠C = 180°$

$$\cos A = \cos(180° - C) = -\cos C$$
$$\sin A = \sin(180° - C) = \sin C$$

・四角形 $ABCD = △BAD + △BCD$

$$= \frac{1}{2}ad\sin A + \frac{1}{2}bc\sin C$$
$$= \frac{1}{2}(ad + bc)\sin A$$

（また，右の図において $△BAD : △BCD = AE : EC$）

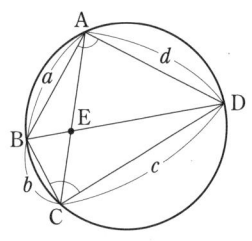

7 円と三角形

① 同じ弧に対する円周角は等しい。

② 円周角が等しい弦の長さ，弧の長さは等しい。

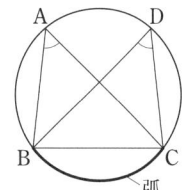

$∠BAC = ∠BDC$

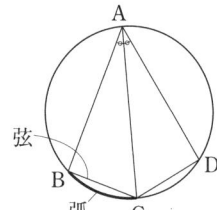

$∠BAC = ∠DAC$
$⟺$ $BC = DC$
$\overset{\frown}{BC} = \overset{\frown}{DC}$

8 立体図形の体積

① 角柱，円柱の体積

$V(体積) = Sh$
（S は底面積）

② 角錐，円錐の体積

$V(体積) = \frac{1}{3}Sh$
（S は底面積）

③ 球の体積・表面積

$V(体積) = \frac{4}{3}\pi r^3$
$S(表面積) = 4\pi r^2$

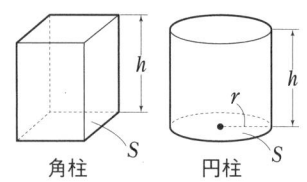

角柱　　円柱

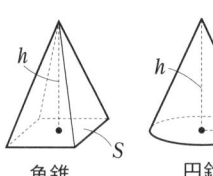

角錐

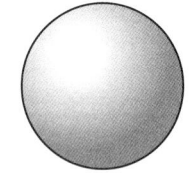

円錐

9 相似な立体図形の表面積の比と体積比

① 表面積の比は，相似比 k の 2 乗に等しい。

$S' = k^2 S$

② 体積比は，相似比の 3 乗に等しい。

$V' = k^3 V$

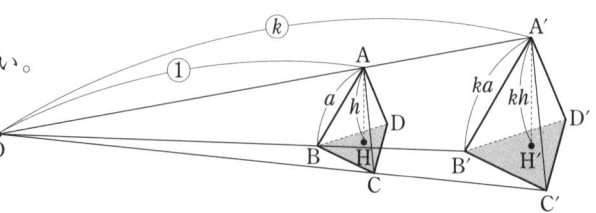

基本問題

▶答えは別冊 p.95 ～ 102

1 三角比(1)

三角形 ABC は，AB＝AC＝6，BC＝8 の二等辺三角形である。AH は A から BC にひいた垂線で AH⊥BC である。このとき，

$$AH = \boxed{\text{A}}\sqrt{\boxed{\text{B}}} \ \text{である。}$$

また，$\cos B = \dfrac{\boxed{\text{C}}}{\boxed{\text{D}}}$ $\sin C = \dfrac{\sqrt{\boxed{\text{E}}}}{\boxed{\text{F}}}$

$$\tan C = \dfrac{\sqrt{\boxed{\text{G}}}}{\boxed{\text{H}}}$$

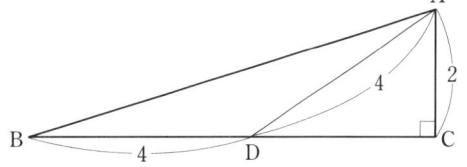

2 三角比(2)

右の図において，∠C＝90°，AD＝BD＝4，AC＝2 である。

このとき，△ADC において，

$$\sin \angle ADC = \dfrac{\boxed{\text{A}}}{\boxed{\text{B}}} \ \text{より，}$$

$$\angle ADC = \boxed{\text{CD}}\ \text{°なので，}$$

$$\angle DAC = \boxed{\text{EF}}\ \text{°，}$$

$$DC = \boxed{\text{G}}\sqrt{\boxed{\text{H}}}\ \text{とわかる。}$$

AD＝BD＝4 より，△ABD は二等辺三角形で，∠ABD＝∠BAD

また，∠ABD＋∠BAD＝$\boxed{\text{I J}}$°なので，∠BAC＝$\boxed{\text{K L}}$°

$$AB = \boxed{\text{M}}\sqrt{\boxed{\text{N}}} + \boxed{\text{O}}\sqrt{\boxed{\text{P}}}$$
（ただし，$\boxed{\text{N}} > \boxed{\text{P}}$ ）

$$\cos \boxed{\text{K L}}\ \text{°} = \dfrac{\sqrt{\boxed{\text{Q}}} - \sqrt{\boxed{\text{R}}}}{\boxed{\text{S}}}$$

3 三角比の拡張

問1 次の式の値を求めなさい。

(1) $\sin 120° - \cos 135° + \tan 150° = \dfrac{\boxed{\text{A}}\sqrt{\boxed{\text{B}}}}{\boxed{\text{D}}} + \sqrt{\boxed{\text{C}}}$

(2) $\sin 100° + \cos 170° + \tan 40° + \tan 140° = \boxed{\text{E}}$

(3) $\sin 20° \sin 70° + \cos 20° \cos 110° = \boxed{\text{F}}$

(4) $\tan 15° \tan 105° - \tan 40° \tan 50° = \boxed{\text{GH}}$

問2 $0° \leqq \theta \leqq 180°$ のとき，$\sin\theta = \dfrac{1}{2}$ を満たす θ は，$\theta = \boxed{\text{IJ}}°$

または $\theta = \boxed{\text{KLM}}°$ である。

$-\sqrt{2} \leqq 2\cos\theta \leqq 1$ を満たす θ は

$\boxed{\text{NO}}° \leqq \theta \leqq \boxed{\text{PQR}}°$ である。

4 三角比の相互関係

$0 \leqq \theta \leqq 180°$ のとき，次の問いに答えなさい。

問1

(1) $\cos\theta = \dfrac{12}{13}$ であるとき，

$\sin\theta = \dfrac{\boxed{\text{A}}}{\boxed{\text{BC}}}$，$\tan\theta = \dfrac{\boxed{\text{D}}}{\boxed{\text{EF}}}$ である。

(2) θ は鈍角で，$\sin = \dfrac{3}{4}$ であるとき

$\cos\theta = \dfrac{\boxed{\text{G}}\sqrt{\boxed{\text{H}}}}{\boxed{\text{I}}}$，$\tan\theta = \dfrac{\boxed{\text{JK}}\sqrt{\boxed{\text{L}}}}{\boxed{\text{M}}}$ である。

問2 $\sin\theta + \cos\theta = \dfrac{1}{2}$ である。このとき，

$\sin\theta\cos\theta = \dfrac{\boxed{\text{NO}}}{\boxed{\text{P}}}$ で，$\sin\theta - \cos\theta = \dfrac{\sqrt{\boxed{\text{Q}}}}{\boxed{\text{R}}}$ である。

5 正弦定理

問1 右の図の三角形 ABC において，

$A = 60°$，$C = 75°$，$b = 6\sqrt{2}$ のとき，

$B = \boxed{\text{AB}}$ °である。

また，外接円の半径 $R = \boxed{\text{C}}$ で，

$a = \boxed{\text{D}}\sqrt{\boxed{\text{E}}}$ である。

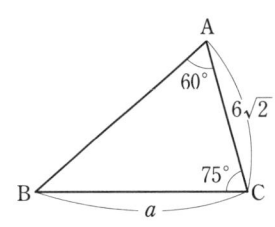

問2 右の図の三角形 ABC において，

$A = 120°$，$B = 15°$，$a = 10$ のとき，

外接円の半径 $R = \dfrac{\boxed{\text{FG}}\sqrt{\boxed{\text{H}}}}{\boxed{\text{I}}}$

である。

$C = \boxed{\text{JK}}$ °より，$c = \dfrac{\boxed{\text{LM}}\sqrt{\boxed{\text{N}}}}{\boxed{\text{O}}}$ である。

問3 三角形 ABC において，$AB = 2\sqrt{3}$，$AC = 6$，$\cos B = -\dfrac{\sqrt{6}}{3}$ のとき，

外接円の半径 $R = \boxed{\text{P}}\sqrt{\boxed{\text{Q}}}$ なので，これより $\sin C = \dfrac{\boxed{\text{R}}}{\boxed{\text{S}}}$ で

ある。

6 余弦定理

問1 三角形 ABC において，$a = 1$，$b = \sqrt{2}$，$C = 135°$ のとき，

$\cos C = \dfrac{\boxed{\text{A}}\sqrt{\boxed{\text{B}}}}{\boxed{\text{C}}}$ である。これより，余弦定理を用いて，

$c = \sqrt{\boxed{\text{D}}}$ である。

問2 三角形 ABC において，$A = 60°$，$AB = 3$，$BC = 7$ のとき，

$AC = x$ とおき，余弦定理を用いると

$x^2 - \boxed{\text{E}}\, x - \boxed{\text{FG}} = 0$ となり，

$x > 0$ より，$AC = \boxed{\text{H}}$ である。

また，3辺の長さより，$\cos B = \dfrac{\boxed{\text{IJ}}}{\boxed{\text{K}}}$ である。

7 三角形の形状決定

次の A ～ E にあてはまる三角形を下の⓪～⑤から選んで答えなさい。

(1) $a\sin A + b\sin B = c\sin C$ のとき，三角形 ABC は A である。

(2) $a\cos B = b\cos A$ のとき，三角形 ABC は B である。

(3) $b\cos B = c\cos C$ のとき，三角形 ABC は C ，または D である。

(4) $\cos A \sin B = \sin C$ のとき，三角形 ABC は E である。

⓪　∠A $= 90°$ の直角三角形
①　∠B $= 90°$ の直角三角形
②　∠C $= 90°$ の直角三角形
③　AB $=$ BC の二等辺三角形
④　BC $=$ CA の二等辺三角形
⑤　AB $=$ CA の二等辺三角形

8 三角形の面積

三角形 ABC において，AB $= 5$，BC $= 6$，CA $= 4$ のとき，

$$\cos A = \frac{\boxed{A}}{\boxed{B}}$$

$$\sin A = \frac{\boxed{C}\sqrt{\boxed{D}}}{\boxed{E}}$$

である。

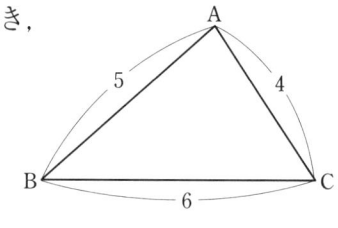

これより，三角形 ABC の面積 S は $\dfrac{\boxed{FG}\sqrt{\boxed{H}}}{\boxed{I}}$ である。

面積 S から，△ABC の内接円の半径 r を求めると，$r = \dfrac{\sqrt{\boxed{J}}}{\boxed{K}}$ である。

また，外接円の半径 R は $\dfrac{\boxed{L}\sqrt{\boxed{M}}}{\boxed{N}}$ である。

9 円に内接する四角形の面積

円に内接する四角形 ABCD において，

AB＝5，BC＝8，CD＝3，DA＝5 のとき，

三角形 ACD において，余弦定理を用いて

$$AC^2 = \boxed{AB} - \boxed{CD}\cos D$$

三角形 ABC において，余弦定理を用いて

$$AC^2 = \boxed{EF} + \boxed{GH}\cos D$$

これを解いて，$\cos D = \dfrac{\boxed{IJ}}{\boxed{K}}$　　　$AC = \boxed{L}$

$$\triangle ACD \text{ の面積 } S_1 = \dfrac{\boxed{MN}\sqrt{\boxed{O}}}{\boxed{P}}$$

$$\triangle ABC \text{ の面積 } S_2 = \boxed{QR}\sqrt{\boxed{S}}$$

$$\text{四角形 ABCD の面積 } S = \dfrac{\boxed{TU}\sqrt{\boxed{V}}}{\boxed{W}} \text{ である。}$$

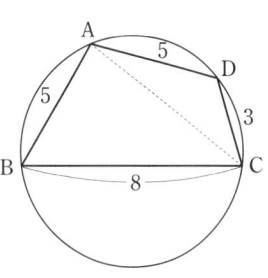

10 空間図形への応用

四面体 OABC において，

OA＝OB＝OC＝7，

AB＝3，BC＝7，AC＝8 である。

三角形 ABC において，

$$\cos A = \dfrac{\boxed{A}}{\boxed{B}} \text{ なので，} A = \boxed{CD}°\text{である。}$$

これより，三角形 ABC の面積 $S = \boxed{E}\sqrt{\boxed{F}}$ である。

点 O から△ABC におろした垂線を OH とすると

$$AH^2 = \boxed{GH} - OH^2$$
$$BH^2 = \boxed{GH} - OH^2$$
$$CH^2 = \boxed{GH} - OH^2$$

よって，

AH＝BH＝CH＝△ABC の外接円の半径 R である。

これより，

$$AH = \dfrac{\boxed{I}\sqrt{\boxed{J}}}{\boxed{K}} \qquad OH = \dfrac{\boxed{L}\sqrt{\boxed{M}}}{\boxed{N}}$$

$$\text{四面体 OABC の体積 } V = \boxed{OP}\sqrt{\boxed{Q}}$$

実戦問題

▶答えは別冊 p.102 ～ 106

[1]　線分 AB を直径とする半円周上に 2 点 C, D があり,

$$AC = 3, \quad AD = 5, \quad \tan \angle CAD = \frac{3}{4}$$

である。

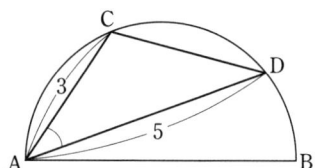

このとき $\cos \angle CAD = \dfrac{\boxed{\text{A}}}{\boxed{\text{B}}}$ で,

$CD = \sqrt{\boxed{\text{CD}}}$ である。

さらに, 三角形 ADC の面積は, $\dfrac{\boxed{\text{E}}}{\boxed{\text{F}}}$ である。

また, $AB = \dfrac{\boxed{\text{G}} \sqrt{\boxed{\text{H I}}}}{\boxed{\text{J}}}$

$BD = \dfrac{\boxed{\text{K}}}{\boxed{\text{L}}}$

で, これにより, 三角形 ABD の面積は, $\dfrac{\boxed{\text{M N}}}{\boxed{\text{O}}}$ である。

よって, 四角形 ABDC の面積 S は,

$$S = \dfrac{\boxed{\text{P Q}}}{\boxed{\text{R}}}$$

2 三角形 ABC において，

$$AB = 3, \quad BC = 7, \quad CA = 5$$

である。

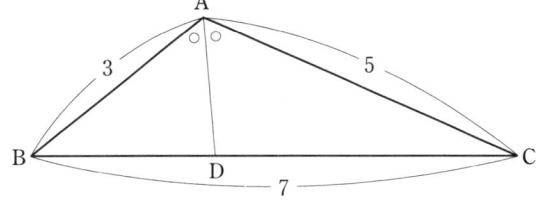

このとき $\angle A = \boxed{\text{ABC}}°$ である。

また，三角形 ABC の面積 S は，

$$S = \frac{\boxed{\text{DE}} \sqrt{\boxed{\text{F}}}}{\boxed{\text{G}}}$$

となる。

次に，$\angle A$ の二等分線と BC との交点を D とする。

$$AD = \frac{\boxed{\text{H I}}}{\boxed{\text{J}}}$$

である。

これより，

$$CD = \frac{\boxed{\text{KL}}}{\boxed{\text{M}}}$$

である。

3 円に内接する四角形 ABCD において，

$$BC = 8, \quad AC = 13, \quad CD > BC$$

$$\cos \angle ACB = \cos \angle ACD = \frac{23}{26}$$

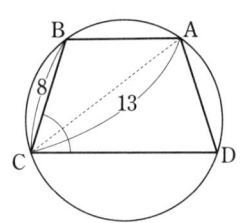

である。

このとき，四角形 ABCD の残りの 3 辺，CD，DA，AB と四角形 ABCD の面積 S を求めよう。

BC，AC，$\cos \angle ACB$ の値から，

$$AB = \boxed{}$$

である。

三角形 ABC の 3 辺の値から，

$$\angle ABC = \boxed{\text{BCD}}^{\circ}$$

である。

また，$\cos \angle ACB = \cos \angle ACD$ より

$$DA = \boxed{} \text{ なので，}$$

$$CD = \boxed{\text{EF}}$$

である。

以上より，四角形 ABCD の面積 S は

$$S = \frac{\boxed{\text{GHI}} \sqrt{\boxed{\text{J}}}}{\boxed{\text{K}}}$$

である。

4 三角形 ABC において,

$$AC = 10, \quad \cos A = -\frac{3}{5}$$

その内接円の半径は 2 である。

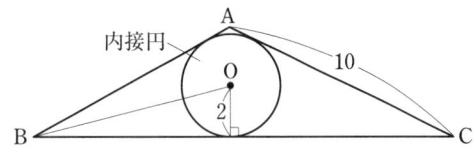

内接円

A

O

2

10

B

C

(1) AB $= c$, BC $= a$ とおくと，三角形 ABC の面積 S は，2 通りの方法で求められる。

1 つは $S = \boxed{\text{A}}\, c$

もう 1 つは $S = a + c + \boxed{\text{BC}}$

と表される。

したがって，$a = \boxed{\text{D}}\, c - \boxed{\text{EF}}$

また，a と c の間には，

$$a^2 = c^2 + \boxed{\text{GH}}\, c + \boxed{\text{I\,JK}}$$

が成り立つので

$$a = \boxed{\text{LM}} \quad c = \boxed{\text{N}}$$

である。

(2) 内接円の中心を O とし，2 点 A，O を通る直線と線分 BC との交点を D とする。また，三角形 OBC の面積を S' とするとき

$$S : S' = \boxed{\text{OP}} : \boxed{\text{QR}}$$

であるから，

$$AO : OD = \boxed{\text{ST}} : \boxed{\text{UV}}$$

である。

5 　右の図のような辺 AB $= 3\sqrt{6}$，辺 AD $= 3\sqrt{10}$，辺 AE $= \sqrt{10}$ の
直方体 ABCD－EFGH がある。

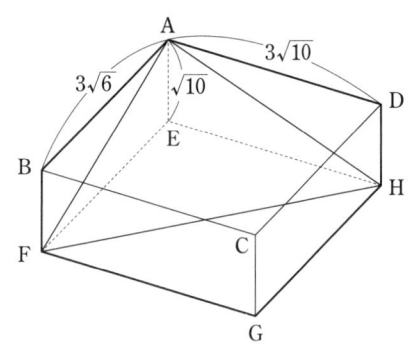

　このとき，

$$AF = \boxed{},$$

$$AH = \boxed{},$$

$$FH = \boxed{} \text{ である。}$$

　また，三角形 AFH において，

$$\cos\angle FAH = \frac{\boxed{}}{\boxed{}}$$

であるので，

三角形 AFH の面積 S は，$\boxed{}\sqrt{\boxed{}}$ である。

　四面体 EAFH の体積 V は

$$V = \boxed{}\sqrt{\boxed{}} \text{ なので，}$$

点 E から三角形 AFH におろした垂線の長さ h は，$\dfrac{\boxed{}\sqrt{\boxed{}}}{\boxed{}}$

である。

第7章 図形の性質

重要用語

日本語	韓国語	英語
同位角	동위각	corresponding angles
錯角	엇각	alternate angles
合同	합동	congruence
相似	닮음	similarity
内分	내분	internal division
外分	외분	external division
底角	밑각	base angle
頂角	꼭지각	vertical angle
底辺	밑변	base
対辺	대변	subtense, opposite side
外心	외심	circumcenter
内心	내심	incenter
重心	무게중심	center of gravity
垂心	수심	orthocenter
傍心	방심	excenter
接線	접선	tangent line
弦	현	chord
弧	호	arc
円周角	원주각	angle of circumference
中心角	중심각	central angle
接弦定理	접현 정리	alternate segment theorem
方べきの定理	방멱의 정리	power theorem

要点のまとめ

■ 平面図形の基本的性質

● 平行線と角

2 直線が平行　⟺　① 同位角が等しい。　$\alpha = \beta$
　　　　　　　　　 ② 錯角が等しい。　　$\alpha = \gamma$
　　　　　　　　　 ③ 同側内角の和は180°　$\alpha + \delta = 180°$

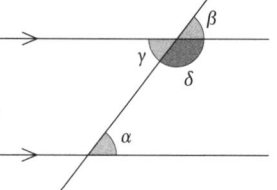

問1　$l // m$ のとき，x を求めなさい。

①
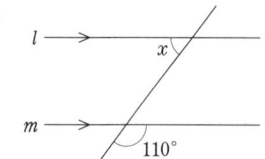

②
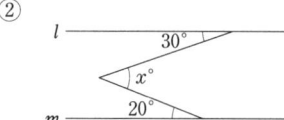

● 三角形の合同条件　△ABC ≡ △A′B′C′

① 3つの辺がそれぞれ等しい。

$$a = a′ \quad b = b′ \quad c = c′$$

② 2辺とその間の角がそれぞれ等しい。

$$a = a′ \quad c = c′ \quad \angle B = \angle B′$$

③ 1辺とその両端の角がそれぞれ等しい。

$$a = a′ \quad \angle B = \angle B′ \quad \angle C = \angle C′$$

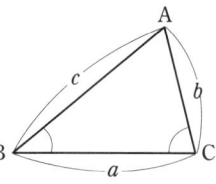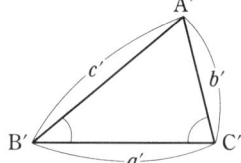

● 三角形の相似条件　△ABC ∽ △A′B′C′

① 3組の辺の比がすべて等しい。

$$a : a′ = b : b′ = c : c′$$

② 2辺の比とその間の角が等しい。

$$b : b′ = c : c′ \quad \angle A = \angle A′$$

③ 2角がそれぞれ等しい。

$$\angle A = \angle A′ \quad \angle B = \angle B′$$

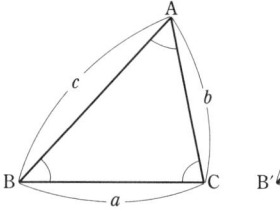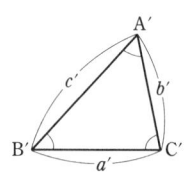

● 二等辺三角形の性質

① 2つの底角が等しい。

$$\angle B = \angle C$$

② 頂角の二等分線は，底辺を垂直に二等分する。

$$\angle BAD = \angle CAD \quad BD = CD \quad AD \perp BC$$

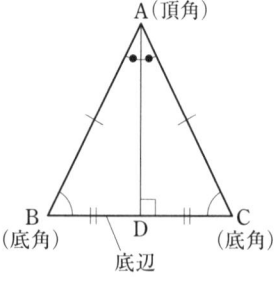

● 中点連結定理

　△ABC で，AB，AC の中点を M，N とすると

　　　AM＝MB　AN＝NC

　　　⟺　MN∥BC　MN＝$\frac{1}{2}$BC

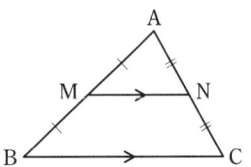

● 平行線と比

　　　$l \parallel m \parallel n$　⟺　$\frac{AB}{AC} = \frac{DE}{DF}$

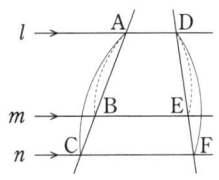

● 円周角の定理

　1つの弧に対する

　①　円周角は等しい　　　∠APB＝∠AQB

　②　円周角は中心角の $\frac{1}{2}$ の大きさ

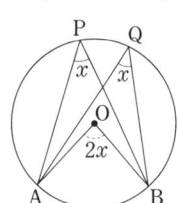

問2　角 x の大きさを求めなさい。

①
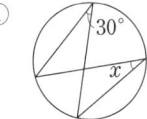

②
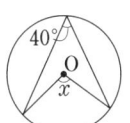

③
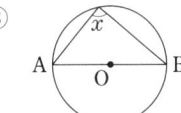

● 円に内接する四角形

　①　円周角が等しい　　　∠BAC＝∠BDC
　②　向かい合う内角の和が180°　　　∠A＋∠C＝180°
　③　外角は，隣り合う内角の対角に等しい

　　　　∠C の外角＝∠A

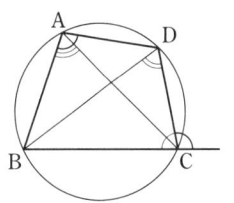

1 三角形の二等分線と比
▶線分の内分点・外分点

線分 AB を $m:n$ に内分する点 P
（$m > 0$，$n > 0$）

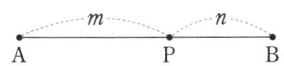

線分 AB を $m:n$ に外分する点 Q
（$m > 0$，$n > 0$）

$m > n$ のとき

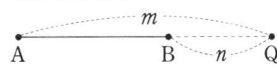

$m < n$ のとき

▶ **内角の二等分線**

△ABC において，∠A の二等分線と BC の交点を D とすると，点 D は BC を AB : AC に内分する。

$$\angle \text{BAD} = \angle \text{CAD} \implies \text{AB} : \text{AC} = \text{BD} : \text{DC}$$

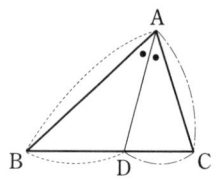

▶ **外角の二等分線**

△ABC において，∠A の外角の二等分線と BC の延長との交点を D，BA の延長上の点を E とすると，点 D は線分 BC を AB : AC に外分する。

$$\angle \text{CAD} = \angle \text{EAD} \implies \text{AB} : \text{AC} = \text{BD} : \text{DC}$$

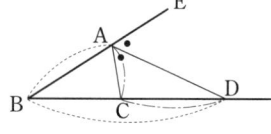

2 三角形の五心

(1) **重心**　3 つの中線の交わる点。重心は各中線を 2 : 1 に内分する。

(2) **外心**　3 辺の垂直二等分線の交わる点。外心は 3 頂点から等距離にある。

(3) **内心**　3 つの内角の二等分線の交わる点。内心は 3 辺から等距離にある。

(4) **垂心**　3 頂点から対辺に引いた垂線の交わる点。

(5) **傍心**　1 つの頂点の内角の二等分線と他の 2 つの頂点の外角の二等分線の交わる点。傍心は 1 つの三角形に 3 つある。

重心 G　　外心 O　　内心 I　　垂心 H　　∠A 内の傍心 I_A

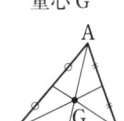 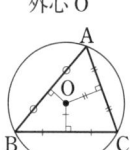 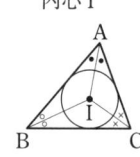 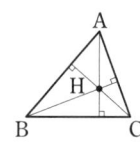 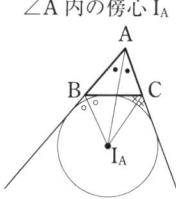

3 メネラウスの定理・チェバの定理

▶ **メネラウスの定理（三角形と直線）**

△ABC の辺 AB，BC，CA，またはその延長が，1 つの直線と P，Q，R で交わるとき，

$$\frac{\text{AP}}{\text{PB}} \cdot \frac{\text{BQ}}{\text{QC}} \cdot \frac{\text{CR}}{\text{RA}} = 1$$

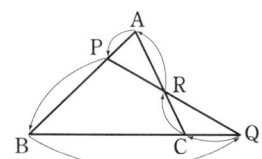

▶ **チェバの定理（三角形と内部の点）**

△ABC の内部の点 O と A，B，C を結ぶ直線と対辺の交点を Q，R，P とするとき，

$$\frac{\text{AP}}{\text{PB}} \cdot \frac{\text{BQ}}{\text{QC}} \cdot \frac{\text{CR}}{\text{RA}} = 1$$

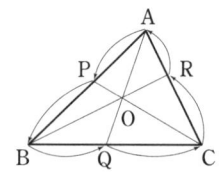

4 円と直線

▶ **接線と弦のつくる角（接弦定理）**

円周上の点 A における接線と弦 AB のつくる角は，弧 AB の上に立つ円周角に等しい。　　∠TAB = ∠ACB

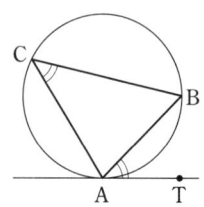

問3 角 x, y の大きさを求めなさい。

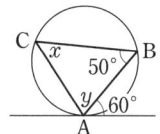

▶ **方べきの定理**

① 円の2つの弦の交点，またはそれらの延長の交点をPとすると，

$$PA \cdot PB = PC \cdot PD$$

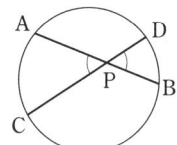
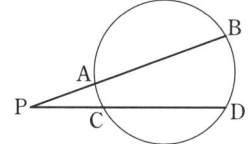

② 円外の点Pから，円に引いた接線の接点をTとし，Pから引いたもう1つの直線が円と2点A，Bで交わるとき，

$$PA \cdot PB = PT^2$$

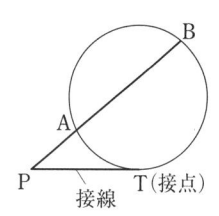

5 空間図形(1) 直線と平面

(1) 直線の位置関係

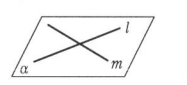

①1点で交わる。 ②平行である。 ③ねじれの位置にある。

同じ平面上にある／同じ平面上にない

(2) 直線と平面の位置関係

①lはαに含まれる。 ②1点で交わる。 ③平行である。
（lはα上にある）

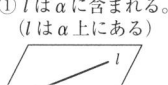
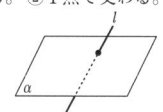
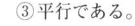
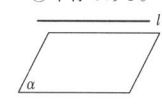

(3) 2平面の位置関係

①交わる。 ②平行である。

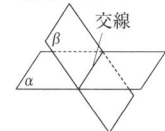
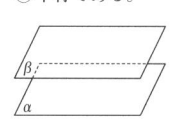

(4) 2平面のなす角

交線lに垂直に引いた2直線のなす角が2平面のなす角である。

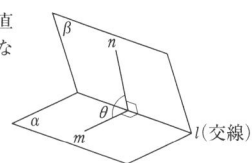

6 空間図形(2) 多面体

平面だけで囲まれた立体を **多面体** という。

各面がすべて **合同な正多角形** で，各頂点に集まる面，辺の数がすべて等しい多面体を **正多面体** という。正多面体は，次の5種類がある。

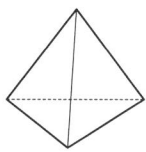
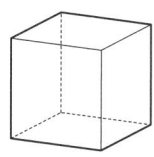
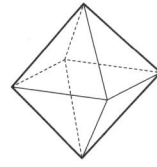
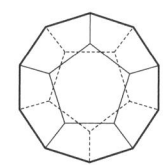
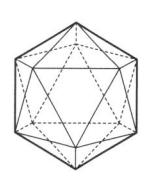

正四面体 ／ 正六面体（立方体）／ 正八面体 ／ 正十二面体 ／ 正二十面体

答え：問3 $x = 60°$ $y = 70°$

基本問題

▶答えは別冊 p.107 〜 113

1 三角形と平行線

(1)　右の図のように三角形 ABC の辺 AB 上に，

AD：DB＝3：2 となる点 D，辺 AC に，

AE：EC＝4：5 となる点 E をとる。

　D を通り，BE に平行な線を引き，AC との

交点を F とする。

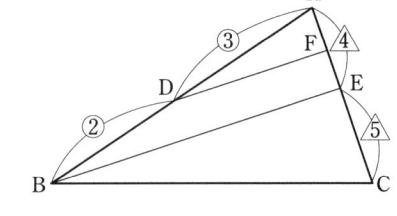

　このとき，

AF：FE＝ $\boxed{A}$ ： $\boxed{B}$

FE：EC＝ $\boxed{C}$ ： $\boxed{DE}$

である。

　また，DF：BE＝ $\boxed{F}$ ： $\boxed{G}$

である。

(2)　BE と CD の交点を G とすると

DF：GE＝ $\boxed{HI}$ ： $\boxed{JK}$

BG：GE＝ $\boxed{L}$ ： $\boxed{M}$

である。

2 三角形の角の二等分線

三角形 ABC において，

AB＝6，BC＝8，CA＝4

である。

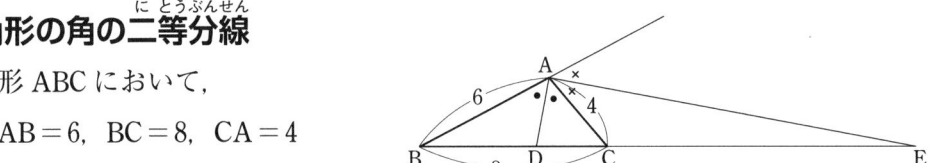

　図のように，三角形 ABC の∠A の二等分線と辺 BC との交点を D とすると，

BD：CD＝ $\boxed{A}$ ： $\boxed{B}$

より，

$$BD = \frac{\boxed{CD}}{\boxed{E}}$$ である。

　また，∠A の外角の二等分線と BC の延長の交点を E とすると，

BE：CE＝ $\boxed{F}$ ： $\boxed{G}$

となり，CE＝ $\boxed{HI}$ である。

3 三角形の外心, 内心, 垂心

問1 右の図で, O は三角形 ABC の外心である。

∠BAC = 65°, ∠ABO = 30° のとき,

$x =$ ┌ AB ┐ °

$y =$ ┌ CDE ┐ ° である。

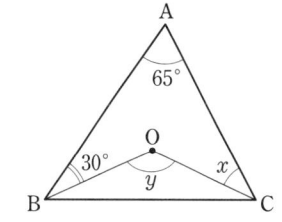

問2 右の図で, I は三角形 ABC の内心である。

∠BAC = 80°, ∠ABI = 20° のとき,

$x =$ ┌ FGH ┐ °

$y =$ ┌ I J ┐ ° である。

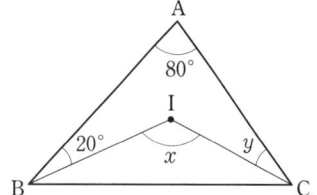

問3 右の図で, H は三角形 ABC の垂心である。

∠BAC = 50° のとき,

$x =$ ┌ KL ┐ °

$y =$ ┌ MN ┐ ° である。

また, $z =$ ┌ OPQ ┐ ° である。

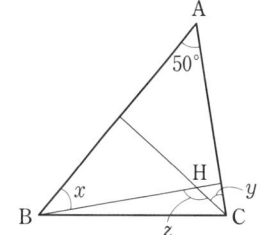

4 三角形の重心

(1) 右の図の三角形 ABC において, G は三角形 ABC の重
心である。また, BG の延長と AC との交点を E とする。

BG = BD = 4 のとき

DC = ┌ A ┐

GE = ┌ B ┐ である。

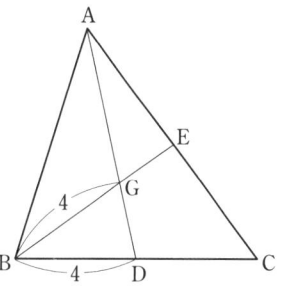

(2) 三角形の面積の比は,

三角形 GBD : 三角形 GBC = ┌ C ┐ : ┌ D ┐

三角形 GBD : 三角形 EBC = ┌ E ┐ : ┌ F ┐

三角形 GBD : 三角形 ABC = ┌ G ┐ : ┌ H ┐

となる。

5 メネラウスの定理

三角形 ABC において，辺 AB を 3：5 に内分する点を P，AC を 3：1 に内分する点を Q とし，PQ と辺 BC の延長の交点を R とする。

三角形 ABC と直線 PQR で，メネラウスの定理を用いると

$$BC：CR = \boxed{\text{ A }} : \boxed{\text{ B }}$$

三角形 PBR と直線 AQC で，メネラウスの定理を用いると

$$PQ：QR = \boxed{\text{ C }} : \boxed{\text{ D }}$$

となる。

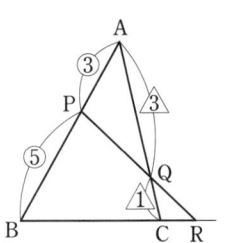

6 チェバの定理

三角形 ABC の辺 AB を 2：1 に内分する点を P，辺 AC を 4：3 に内分する点を Q とする。

PC と QB の交点を O とし，AO と辺 BC の交点を R とする。

このとき，

$$BR：RC = \boxed{\text{ A }} : \boxed{\text{ B }}$$

となる。

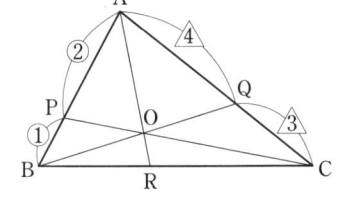

7 円の性質と角の大きさ

(1) 図 1 のとき，$x = \boxed{\text{ ABC }}$°，$y = \boxed{\text{ DEF }}$° である。

図 1
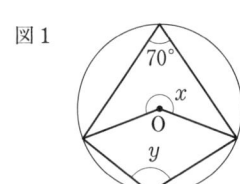

(2) 図 2 のとき，$x = \boxed{\text{ GH }}$°，$y = \boxed{\text{ IJ }}$° である。

図 2
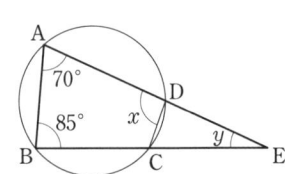

(3) 図 3 において，直線 l は円周上の点 A における接線である。このとき，

$$x = \boxed{\text{ KL }}°, \quad y = \boxed{\text{ MN }}°$$

となる。

図 3
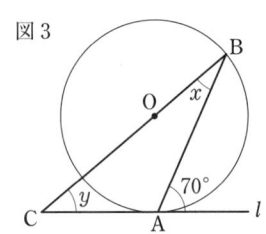

8 方べきの定理

問1

(1) 図1で，線分 AB の長さは　　A　　である。

図1

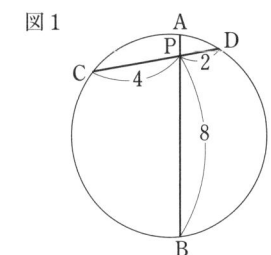

(2) 図2で，PC は C において，円に接している。

線分 AB の長さは　$\dfrac{\boxed{\text{B}}}{\boxed{\text{C}}}$　である。

図2

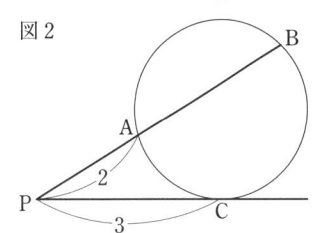

問2　直線 l は円周上の点 A における接線である。

また，直線が円と2点 B，C で，直線 l と D で交わっていて，

$$BA = BC = 5, \quad CD = 4$$

である。

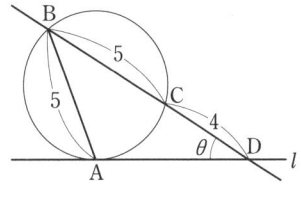

このとき，線分 AD の長さは，　　D　　である。

また，$\angle BDA$ を θ とすると $\cos\theta = \dfrac{\boxed{\text{EF}}}{\boxed{\text{GH}}}$ であ

る。

よって，三角形 BAD の面積は　$\boxed{\text{IJ}}\ \sqrt{\boxed{\quad\text{K}\quad}}$　と求められる。

9 2円の共通接線

半径1の円 O と，半径2の円 O′ の中心間の距離は5である。

このとき点 A で円 O と接し，点 B で円 O′ と接する直線を考える。

図1 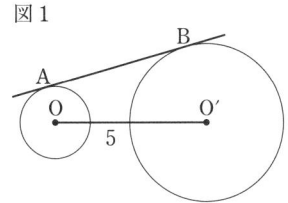　　　図2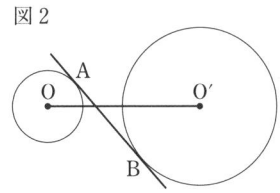

(1) 図1のように，直線が円 O，円 O′ に接するとき，

AB の長さは　$\boxed{\text{A}}\ \sqrt{\boxed{\text{B}}}$　である。

(2) 図2のように，直線が円 O，円 O′ に接するとき，

AB の長さは　　C　　である。

10 直線・平面の位置関係

右の図のような直方体 ABCD－EFGH がある。この直方体の辺や面のなす角を求める。ただし，なす角は 90° 以下とする。

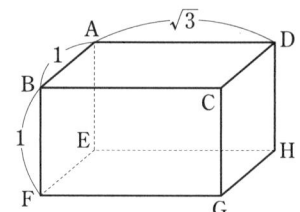

(1)　直線 AC と直線 FH のなす角は，　AB　° である。

(2)　直線 AB と直線 DG のなす角は，　CD　° である。

(3)　直線 BG と直線 EH のなす角は，　EF　° である。

(4)　平面 AEG と平面 DHG のなす角は，　GH　° である。

(5)　平面 AFG と平面 ABC のなす角は，　IJ　° である。

11 正多面体

図のように，1 辺の長さが 2 である正六面体（立方体）の，各面の対角線の交点を頂点とする正多面体をつくる。この正六面体の中にできた，正多面体について考える。

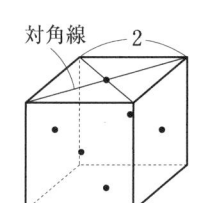

この正多面体は　A　である。A にあてはまる図形の名称を次の⓪〜④から 1 つ選びなさい。

⓪　正四面体　　　①　正六面体　　　②　正八面体

③　正十二面体　　④　正二十面体

この多面体の 1 辺の長さは $\sqrt{\boxed{B}}$ である。

この多面体の 1 つの面の面積は $\dfrac{\sqrt{\boxed{C}}}{\boxed{D}}$ なので，

この多面体の表面積は $\boxed{E}\sqrt{\boxed{F}}$ である。

また，多面体の体積は $\dfrac{\boxed{G}}{\boxed{H}}$ である。

▶答えは別冊 p.113〜115

実戦問題

1. 円に内接する四角形 ABCD があり，辺の長さは，

$$AB = 4, \quad CD = 2, \quad DA = 6$$

である。また，直線 AD と BC の交点を E，直線 AB と DC の交点を F とすると，CE = 5 であった。

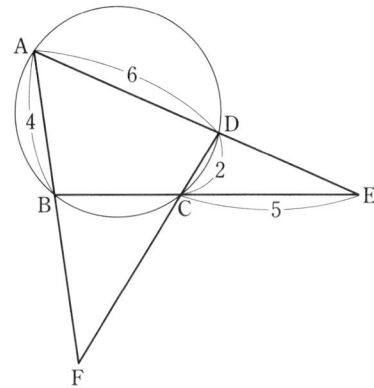

(1) 次の文の ☐ A ☐ にあてはまるものを下の⓪〜⑤から，選びなさい。

円に内接する四角形の性質より，△EAB ∽ △ ☐ A ☐ である。

⓪ BAD   ① ABC   ② ECD

③ EDC   ④ FBC   ⑤ FCB

三角形の相似より，ED = ☐ B ☐

BC = ☐ C ☐

(2) FB = x，FC = y とおいて，(1)と同様に三角形の相似より

$$x : BC = y + \boxed{} : \boxed{}$$

$$y : BC = x + \boxed{} : \boxed{}$$

これを解いて，$FB = \dfrac{\boxed{}}{\boxed{}}$

$$FC = \dfrac{\boxed{}}{\boxed{}}$$

2　三角形 ABC があり，AC＝6，BC＝3 である。

　また，三角形 ABC の外接円を O とする。三角形 ABC の頂点 B における円 O の接線と直線 AC が交わる点を D とすると，CD は 3 となった。

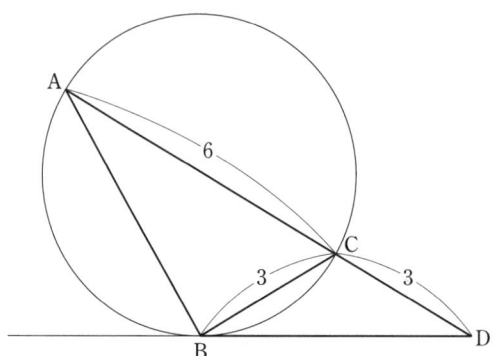

(1)　BD＝ $\boxed{}$ $\sqrt{\boxed{}}$ であり，

　　AB：CA＝ $\sqrt{\boxed{}}$ ：2 である。

　　また，外接円の半径 $R＝\boxed{}$ である。

　　　　∠BAD＝ $\boxed{}$ °，∠BCD＝ $\boxed{}$ °
　である。

(2)　三角形 ABC の頂点 A における円 O の接線と直線 DB の交わる点を E とする。
　　できた三角形 ADE の面積は $\dfrac{\boxed{}\sqrt{\boxed{}}}{\boxed{}}$ である。

3 一辺の長さが 6 の正四面体 A−BCD がある。

正四面体 A−BCD のすべての面に接する球の半径を
求めよう。

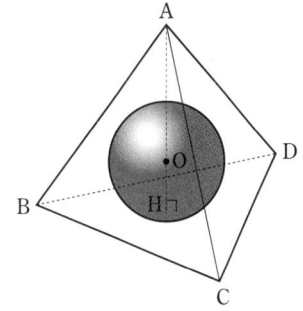

まず，正四面体 A−BCD の体積を求める。

底面の正三角形 BCD の面積は $\boxed{\text{A}}\sqrt{\boxed{\text{B}}}$

A から三角形 BCD におろした垂線 AH の長さは，
$$\boxed{\text{C}}\sqrt{\boxed{\text{D}}}$$
である。

よって，正四面体 A−BCD の体積 V は
$$V = \boxed{\text{EF}}\sqrt{\boxed{\text{G}}}$$

球の中心を O，半径を r とすると，O は AH 上にあり，OH $= r$ である。

三角錐 O−BCD の体積を V_1 とすると，

正四面体 A−BCD の体積 $V = \boxed{\text{H}} \times V_1$
である。

r を用いて V_1 を表すと，
$$V_1 = \boxed{\text{I}}\sqrt{\boxed{\text{J}}} \times r$$

ゆえに，$r = \dfrac{\sqrt{\boxed{\text{K}}}}{\boxed{\text{L}}}$ と求められる。

일본유학시험(EJU)

수학 코스1

기출문제

〈각 출제 범위 별 2문제, 총 14문제 수록〉

일본유학시험의 기출문제를 일본학생지원기구 및 범인사로부터 전제 허락을 받아서 여기에 제공합니다.

2012년도부터 2019년도까지의 문제 중에서 본 책자의 목차 순서에 따라 출제 범위 별로 2 문제 씩을 수록하였습니다.

실전에 임하는 자세로 기출문제를 풀어 보시기 바랍니다.

기출문제의 해답은 본문의 마지막 페이지에 있습니다.

일본유학시험 수학 코스1 기출문제 수록 순서

장	해당 출제 범위	시험 실시 연도 및 회차	문제 번호
1장	수와 식	2015년 제2회	I-問1
	수와 식	2018년 제2회	II-問1
2장	이차함수	2014년 제1회	I-問1
	이차함수	2014년 제2회	III
3장	집합과 논리	2013년 제1회	I-問2
	집합과 논리	2017년 제2회	III
4장	경우의 수와 확률	2017년 제1회	I-問2
	경우의 수와 확률	2012년 제1회	II-問1
5장	정수의 성질	2016년 제1회	II-問2
	정수의 성질	2015년 제2회	II-問2
6장	도형과 계량	2013년 제2회	IV
	도형과 계량	2016년 제2회	IV
7장	도형의 성질	2018년 제 1회	IV
	도형의 성질	2019년 제1회	IV

※각 장의 출제 범위 별로 2문제를 엄선하여 총 14문제를 수록하였습니다

※문제의 게재 순서는 1장에서 7장으로 이어집니다.

수와 식 ①

日本学生支援機構「2015 年度日本留学試験（第 2 回）試験問題」「数学 1 - I - 問 1」（凡人社）

$\boxed{\text{I}}$

問 1　$P = 10a^2 + 14ab - 21bc - 15ca$ とする。

(1)　P を因数分解すると

$$P = \left(\boxed{\text{A}}\, a + \boxed{\text{B}}\, b \right)\left(\boxed{\text{C}}\, a - \boxed{\text{D}}\, c \right)$$

である。

(2)　$5a = \sqrt{6},\ 14b = \sqrt{2} + \sqrt{3} - \sqrt{6},\ 15c = \sqrt{12} - \sqrt{8}$ とすると

$$P = \frac{\boxed{\text{E}} + \boxed{\text{F}}\sqrt{\boxed{\text{G}}}}{\boxed{\text{H}}}$$

である。このとき，P より小さい整数の中で最も大きいものは $\boxed{\text{I}}$ である。

注) 因数分解する：factorize

수와 식 ②

日本学生支援機構「2018 年度日本留学試験（第 2 回）試験問題」「数学 1 - Ⅱ - 問 1」（凡人社）

$\boxed{\text{II}}$

問 1　$x = \dfrac{\sqrt{3}+1}{\sqrt{3}-1}$, $y = \dfrac{\sqrt{6}-\sqrt{2}}{\sqrt{6}+\sqrt{2}}$ とする。

(1)　$x = \boxed{\text{A}} + \sqrt{\boxed{\text{B}}}$, $y = \boxed{\text{C}} - \sqrt{\boxed{\text{D}}}$ である。したがって

$$x + y = \boxed{\text{E}}, \quad xy = \boxed{\text{F}}, \quad \dfrac{1}{x^2} + \dfrac{1}{y^2} = \boxed{\text{GH}}$$

である。

また

$$5(x^2 - 4x) + 3(y^2 - 4y + 1) = \boxed{\text{IJ}}$$

となる。

(2)　$\dfrac{m}{x} + \dfrac{n}{y} = 4 + 4\sqrt{3}$ となる整数 m, n の値は

$$m = \boxed{\text{KL}}, \quad n = \boxed{\text{M}}$$

である。

이차함수 ①

日本学生支援機構「2014 年度日本留学試験（第 1 回）試験問題」「数学 1 - Ⅰ - 問 1」（凡人社）

$$\boxed{\text{I}}$$

問 1　2 次関数 $y = ax^2 + bx + \dfrac{3}{a}$ は，次の 2 つの条件 (i), (ii) を満たすとする。

　　(i)　$x = 3$ のとき，y は最大値をとる。

　　(ii)　$x = 1$ のとき，y の値は 2 である。

このとき，a, b の値を求めよう。

条件 (i), (ii) を用いて，a, b の関係式

$$\begin{cases} b = \boxed{\textbf{AB}}\, a \\[2mm] \boxed{\textbf{C}} = a + b + \dfrac{\boxed{\textbf{D}}}{a} \end{cases}$$

を得る。

上の 2 式より，方程式

$$\boxed{\textbf{E}}\, a^2 + \boxed{\textbf{F}}\, a - \boxed{\textbf{G}} = 0$$

を得る。よって

$$a = \boxed{\textbf{HI}}\,, \quad b = \boxed{\textbf{J}}$$

である。このとき，この関数の最大値は $\boxed{\textbf{K}}$ である。

이차함수 ②

日本学生支援機構「2014 年度日本留学試験（第 2 回 ）試験問題 」「数学 1 - Ⅲ」（凡人社 ）

$$\boxed{\text{III}}$$

次の問題文中の $\boxed{\text{A}}$ ～ $\boxed{\text{D}}$ にはそれぞれ，各設問の下の ⓪ ～ ⑤ の中から適する
ものを選びなさい。

3 つの 2 次不等式

$$x^2 + 3x - 18 < 0 \qquad \cdots\cdots\cdots \ ①$$

$$x^2 - 2x - 8 \ > 0 \qquad \cdots\cdots\cdots \ ②$$

$$x^2 + ax + b \ < 0 \qquad \cdots\cdots\cdots \ ③$$

を考える。

(1)　不等式 ① と不等式 ② の両方を満たす x の範囲は $\boxed{\text{A}}$ である。

　　　また，①, ② のどちらの不等式も満たさない x の範囲は $\boxed{\text{B}}$ である。

　　⓪　$3 \leqq x \leqq 4$ 　　　①　$-6 \leqq x \leqq -2$ 　　　②　$3 < x < 4$

　　③　$2 < x < 6$ 　　　④　$-6 < x < -2$ 　　　⑤　$-4 \leqq x \leqq -3$

(2)　不等式 ① と不等式 ③ の少なくとも一方を満たす x の範囲が $-6 < x < 7$ となるの
　　は，a, b が等式 $\boxed{\text{C}}$ を満たし，a が不等式 $\boxed{\text{D}}$ を満たすときである。

　　⓪　$b = 6a - 36$ 　　　①　$b = 7a - 49$ 　　　②　$b = -7a - 49$

　　③　$-10 < a \leqq -3$ 　　　④　$-10 < a \leqq -1$ 　　　⑤　$-1 \leqq a < 3$

집합과 논리 ①

日本学生支援機構「2013 年度日本留学試験（第 1 回）試験問題」「数学 1 - I - 問 2」（凡人社）

$$\boxed{\text{I}}$$

問 2 a, b, c, d は $a < b < c < d$ を満たす実数とし，実数の部分集合

$$A = \{x \mid a \leqq x \leqq c\}, \quad B = \{x \mid b \leqq x \leqq d\}$$

が

$$A \cap B = \{x \mid x^2 - 4x + 3 \leqq 0\}$$

を満たしているとする。

次の (1), (2) の各場合について答えなさい。

(1) A と B の和集合を
$$A \cup B = \{x \mid x^2 - 5x - 24 \leqq 0\}$$

とする。このときの a, b, c, d の値は

$$a = \boxed{\text{NO}}, \quad b = \boxed{\text{P}}, \quad c = \boxed{\text{Q}}, \quad d = \boxed{\text{R}}$$

である。

(2) A と B の補集合 $\overline{B}$ の共通部分を
$$A \cap \overline{B} = \{x \mid x^2 + 5x - 6 \leqq 0 \text{ かつ } x \neq 1\}$$

とし，A の補集合 $\overline{A}$ と B の共通部分を

$$\overline{A} \cap B = \{x \mid x^2 - 9x + 18 \leqq 0 \text{ かつ } x \neq 3\}$$

とする。このときの a, b, c, d の値は

$$a = \boxed{\text{ST}}, \quad b = \boxed{\text{U}}, \quad c = \boxed{\text{V}}, \quad d = \boxed{\text{W}}$$

である。

注）部分集合：subset，補集合：complement

日本学生支援機構「2017 年度日本留学試験（第 2 回）試験問題」「数学 1 - III」（凡人社）

III

$1 < a < b < c < d$ を満たす 4 つの自然数 a, b, c, d を考える。これらの数から得られる 2 つの集合 $A = \{a, b, c, d\}$ と $B = \{a^2, b^2, c^2, d^2\}$ が次の 2 条件を満たすとする。

(i)　共通部分 $A \cap B$ に属する要素は 2 個あり，その和は 15 以上 25 以下である。

(ii)　和集合 $A \cup B$ に属するすべての要素の和は 300 以下である。

このとき，a, b, c, d の値を求めよう。

　まず，$A \cap B = \{x, y\}$ とおく。ただし，$x < y$ とする。$x \in B$ かつ $y \in B$ であるから，(i) より $y = \boxed{\text{AB}}$ であり，x は $\boxed{\text{C}}$，$\boxed{\text{D}}$ のどちらかである。ただし，$\boxed{\text{C}} < \boxed{\text{D}}$ となるように答えなさい。ここで，(ii) を考慮すると，$x = \boxed{\text{E}}$ である。したがって，A は $\boxed{\text{F}}$，$\boxed{\text{F}}^2$，$\boxed{\text{F}}^4$ を含む。

　さらに，A に属する残りの要素を z とすると，z は (ii) より

$$z^2 + z \leqq \boxed{\text{GH}}$$

を満たす。よって，$z = \boxed{\text{I}}$ である。

　以上より

$$a = \boxed{\text{J}}, \quad b = \boxed{\text{K}}, \quad c = \boxed{\text{L}}, \quad d = \boxed{\text{MN}}$$

である。

日本学生支援機構「2017 年度日本留学試験（第 1 回）試験問題」「数学 1 - Ⅰ - 問 2」（凡人社）

Ⅰ

問 2　白いカードが 4 枚，赤いカードが 3 枚，黒いカードが 3 枚あり，これら 10 枚のカードにはすべて異なる数字が記されている。

(1)　10 枚のカードから 2 枚のカードを選び，それらを 2 つの箱 A, B に 1 枚ずつ入れる。この入れ方は全部で $\boxed{\textbf{NO}}$ 通りある。

(2)　10 枚のカードから 2 枚のカードを選ぶ。2 枚とも同じ色となるような選び方は $\boxed{\textbf{PQ}}$ 通りあり，2 枚の色が異なるような選び方は $\boxed{\textbf{RS}}$ 通りある。

次に，この 10 枚のカードを 1 つの箱に入れ，その中からカードを 1 枚ずつ 2 度取り出す。ただし，最初に取り出したカードは箱に戻さないものとする。

(3)　取り出した 2 枚のカードが同じ色である確率は $\dfrac{\boxed{\textbf{T}}}{\boxed{\textbf{UV}}}$ である。

(4)　最初に取り出したカードの色が白か赤であり，2 度目に取り出したカードの色が赤か黒である確率は $\dfrac{\boxed{\textbf{WX}}}{\boxed{\textbf{YZ}}}$ である。

日本学生支援機構「2012年度日本留学試験（第1回）試験問題」「数学1-Ⅱ-問1」（凡人社）

$\boxed{\text{II}}$

問1　座標平面上の点Pは、最初は原点 $(0, 0)$ にあり、次の規則に従って平面上を移動する。

　　規則：1個のサイコロを投げて、3つ倍数の目が出れば、点Pは x 軸の正の方向に1だけ移動し、3の倍数でない目が出れば、点Pは y 軸の正の方向に1だけ移動する。

　　サイコロを4回投げるとする。

(1)　Pが点 $(3, 1)$ に到達する確率は $\dfrac{\boxed{A}}{\boxed{BC}}$ である。

(2)　Pが到達し得る点は、全部で $\boxed{D}$ 個あり、それらの点の座標は整数 k を用いて

$$(k, \ \boxed{E} - k) \quad (\ \boxed{F} \leqq k \leqq \boxed{G}\ )$$

と表すことができる。

　　このとき、Pが点 $(k, \ \boxed{E} - k)$ に到達する確率を pk とすると、 pk の最大値は

$\dfrac{\boxed{HI}}{\boxed{BC}}$ であり、最小値は $\dfrac{\boxed{J}}{\boxed{BC}}$ である。

(3)　Pが点 $(1, 1)$ を通り、点 $(2, 2)$ に到達する確率は $\dfrac{\boxed{KL}}{\boxed{BC}}$ である。

日本学生支援機構「2016 年度日本留学試験（第 1 回）試験問題 」「数学 1 - II - 問 2 」（凡人社）

II

問 2　$a+9$ が 7 の倍数，$a+8$ が 13 の倍数となる 2 桁(けた)の自然数 a を求めよう。

　　　$a+9, a+8$ は自然数 m, n を用いて

$$a+9 = \boxed{\text{M}}\,m, \quad a+8 = \boxed{\text{NO}}\,n$$

と表される。この 2 つの式から

$$\boxed{\text{M}}\,m - \boxed{\text{NO}}\,n = \boxed{\text{P}} \qquad \cdots\cdots\cdots ①$$

を得る。$m = \boxed{\text{Q}}$，$n = \boxed{\text{R}}$ は ① の整数解の 1 組であるから

$$\boxed{\text{M}}\,(m - \boxed{\text{Q}}\,) = \boxed{\text{NO}}\,(n - \boxed{\text{R}}\,) \qquad \cdots\cdots\cdots ②$$

が成り立つ。② より，① を満たす自然数 n は

$$n = \boxed{\text{S}}\,k + \boxed{\text{T}} \qquad (k \text{ は整数})$$

と表される。

　　　したがって

$$a = \boxed{\text{UV}}\,k + \boxed{\text{W}}$$

であるから，求める 2 桁の自然数 a は $\boxed{\text{XY}}$ である。

注）2 桁：two-digit

日本学生支援機構「2015 年度日本留学試験（第 2 回）試験問題」「数学 1 - II - 問 2」（凡人社）

II

問 2　自然数 a, b の最大公約数は 3 とする。a, b の最小公倍数を ℓ とおくとき

$$3a - 2b = \ell + 3 \qquad \cdots\cdots\cdots \quad ①$$

が成り立つような自然数 a, b を求めよう。

$a = 3p,\ b = 3q$ とおくと，p, q は互いに素であるから $\ell = \boxed{\text{N}}\, pq$ である。したがって，等式 ① は p, q を用いて

$$pq - \boxed{\text{O}}\, p + \boxed{\text{P}}\, q + \boxed{\text{Q}} = 0$$

と表される。これを変形して

$$\left(p + \boxed{\text{R}}\right)\left(q - \boxed{\text{S}}\right) = -\boxed{\text{T}}$$

を得る。この等式を満たす整数 p, q の組の中で a, b の両方が自然数となるのは

$$p = \boxed{\text{U}}, \quad q = \boxed{\text{V}}$$

のときであり

$$a = \boxed{\text{WX}}, \quad b = \boxed{\text{Y}}$$

である。

注）最大公約数：greatest common divisor，最小公倍数：least common multiple
互に素：mutually prime（co-prime）

日本学生支援機構「2013 年度日本留学試験（第 2 回）試験問題」「数学 1 - Ⅳ」（凡人社）

Ⅳ

右の図において

$$AB = 4, \quad AC = 5, \quad \cos \angle BAC = \frac{1}{8}$$

であり，また

$$\angle BAD = \angle ACB, \quad \angle CAE = \angle ABC$$

であるとする。

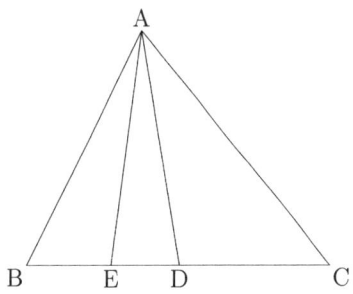

(1)　△ABC の面積を S とおくと

$$S = \frac{\boxed{AB}\sqrt{\boxed{C}}}{\boxed{D}}$$

であり，また，BC $= \boxed{E}$ である。

(2)　△ABD と △ACE の面積をそれぞれ S_1, S_2 とおくと

$$S : S_1 : S_2 = 1 : \frac{\boxed{F}}{\boxed{G}} : \frac{\boxed{HI}}{\boxed{JK}}$$

である。

(3)　△ADE の面積を T とおくと

$$T = \frac{\boxed{LM}\sqrt{\boxed{N}}}{\boxed{OP}}$$

である。また，DE $= \dfrac{\boxed{Q}}{\boxed{R}}$ である。

日本学生支援機構「2016年度日本留学試験（第2回）試験問題」「数学1-Ⅳ」（凡人社）

Ⅳ

∠BAC = 60° の三角形 ABC を考える。

∠BAC の二等分線が辺 BC と交わる点を D とし，D から辺 AB, AC に引いた垂線をそれぞれ DE, DF とする。また

$$x = \frac{AB}{AC}, \quad k = \frac{\triangle DEF}{\triangle ABC}$$

とおく。ただし，$\triangle ABC$ は三角形 ABC の面積を表す。他の三角形についても同様である。

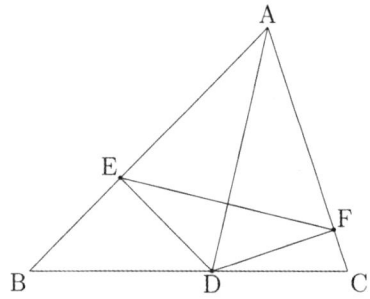

(1) k を x の式で表そう。AB $= b$, AC $= c$, AD $= d$ とすると，$\triangle ABD + \triangle ACD = \triangle ABC$ より

$$d = \frac{\sqrt{\boxed{A}\,bc}}{b + c} \qquad \cdots\cdots\cdots \text{①}$$

である。次に，DE = DF $= \dfrac{\boxed{B}}{\boxed{C}}\, d$ より

$$\triangle DEF = \frac{\sqrt{\dfrac{\boxed{D}}{\boxed{EF}}}}{} d^2 \qquad \cdots\cdots\cdots \text{②}$$

である。①，② より

$$k = \frac{d^2}{\boxed{G}\,bc} = \frac{\boxed{H}\,bc}{\boxed{I}\,(b + c)^2}$$

である。ここで，$x = \dfrac{b}{c}$ であるから

$$k = \frac{\boxed{J}\,x}{\boxed{K}\,(x + \boxed{L})^2}$$

となる。

(2) BD $= 8$, BC $= 10$ のとき，$x = \boxed{M}$，$k = \dfrac{\boxed{N}}{\boxed{OP}}$ である。

注）二等分線：bisector

日本学生支援機構「2018 年度日本留学試験（第 1 回）試験問題」「数学 1 - Ⅳ」（凡人社）

Ⅳ

右図の三角形 ABC は

$$AB = 4, \quad AC = 3, \quad \angle B = 30°$$

を満たしている。辺 BC 上に AC = AD となる点 D
をとり，三角形 ACD の外接円 O を考える。

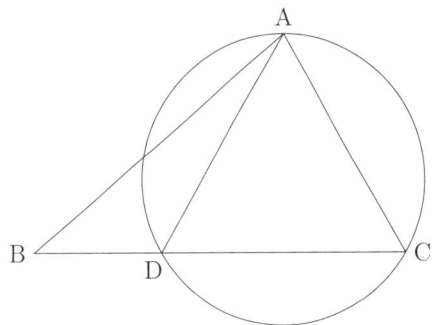

(1) $\sin B = \dfrac{\boxed{A}}{\boxed{B}}$ であるから，$\sin C = \dfrac{\boxed{C}}{\boxed{D}}$ である。

したがって，円 O の半径は $\dfrac{\boxed{E}}{\boxed{F}}$ である。

(2) $BC = \boxed{G}\sqrt{\boxed{H}} + \sqrt{\boxed{I}}$, $BD = \boxed{J}\sqrt{\boxed{K}} - \sqrt{\boxed{L}}$ である。

また，辺 AB と円 O の交点を E とおくと

$$BE = \dfrac{\boxed{M}}{\boxed{N}}$$

である。したがって，三角形 BDE, 三角形 ADE, 三角形 ACD の面積について

$$\triangle BDE : \triangle ADE = \boxed{O} : \boxed{P}$$

$$\triangle BDE : \triangle ACD = \boxed{Q}\left(\boxed{J}\sqrt{\boxed{K}} - \sqrt{\boxed{L}} \right) : \boxed{RS}\sqrt{\boxed{T}}$$

が成り立つ。

注）外接円：circumscribed circle

日本学生支援機構「2019 年度日本留学試験（第 1 回）試験問題 」「数学 1 - IV 」（凡人社 ）

$$\boxed{\text{IV}}$$

半径 1 の円に内接する四角形 ABCD において，AB : AD = 1 : 2，∠BAD = 120° とする。また，対角線 BD と対角線 AC の交点を E とするとき，BE : ED = 3 : 4 とする。

このとき，四角形 ABCD の面積を求めよう。

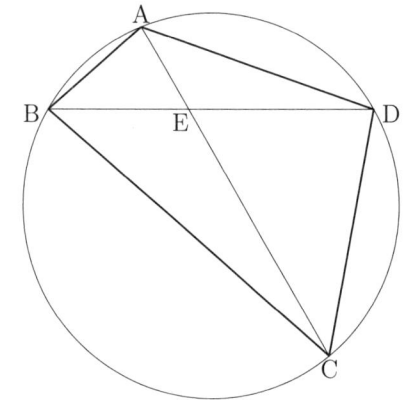

四角形 ABCD の面積を求めるために，三角形 ABD の面積 △ABD と三角形 BCD の面積 △BCD を求める。

まず，△ABD を求める。

$$BD = \sqrt{\boxed{A}}, \quad AB = \sqrt{\dfrac{\boxed{BC}}{\boxed{D}}}$$

であるから

$$\triangle ABD = \dfrac{\boxed{E}\sqrt{\boxed{F}}}{\boxed{GH}} \quad \cdots\cdots \text{①}$$

である。

次に，△BCD を求める。

$$\triangle ABC : \triangle ACD = \boxed{I} : \boxed{J}$$

であるから，BC : CD = $\boxed{K}$: $\boxed{L}$ である。ただし，比は最も簡単な整数比で答えな

さい。したがって，BC = $\dfrac{\boxed{M}\sqrt{\boxed{NO}}}{\boxed{P}}$ となり

$$\triangle BCD = \dfrac{\boxed{Q}\sqrt{\boxed{R}}}{\boxed{ST}} \quad \cdots\cdots \text{②}$$

である。

よって，①と②より，四角形 ABCD の面積は $\dfrac{\boxed{U}\sqrt{\boxed{V}}}{\boxed{W}}$ である。

注）内接する：be inscribed

저자 : 다나베 리쓰코

사이타마대학 공학부 생화학과 졸업 .
외어비즈니스전문학교 일본어과에서 15 년 동안 일본어와 화학 · 생물의 일본유학시험 대비 수업을 담당하고 많은 유학생을 지도 · 격려하여 희망하는 대학에 진학시킨 실적을 보유 .
현재는 초등학교부터 대학 입시까지의 수학 · 화학 · 생물의 교재 집필과 편집에 종사하고 있다 .「알기 쉽고, 군더더기 없이, 재미있게 배울 수 있는 참고서 · 문제집」을 목표로 밤낮 분투중 !

번역본 감수 : 최인규 (영인에듀 일본입시연구소장)

일본유학시험 대비 개념서　하이레벨 수학 코스1

발　행　일 : 2020년 9월 10일(초판1쇄)
　　　　　　2026년 1월 10일(초판2쇄)
저　　　자 : 다나베 리쓰코
발　행　인 : 송 부 영
발　행　처 : (주)해외교육사업단
출 판 등 록 : 제16-1456호
주　　　소 : 서울특별시 서초구 강남대로 381, (두산709호)
전　　　화 : 02-736-1010
이　메　일 : song@hed.co.kr
홈 페 이 지 : www.hedgroup.co.kr

*이 도서의 국립중앙도서관 출판예정도서목록(CIP)은 서지정보유통지원시스템 홈페이지(http://seoji.nl.go.kr)와 국가자료종합목록 구축시스템(http://kolis-net.nl.go.kr)에서 이용하실 수 있습니다. (CIP제어번호: CIP2020035880)

수학 코스 1 기출문제 정답표

순서	문제	번호	해답란	정답
수와 식①	I	問1	AB	39
			C	3
			D	5
			E	7
			F	5
			G	8
			H	6
			I	5
수와 식②	II	問1	AB	23
			CD	23
			E	4
			F	1
			GH	14
			IJ	-5
			KL	-1
			M	3
이차함수①	I	問1	AB	-6
			CD	23
			EFG	523
			HI	-1
			J	6
			K	6
이차함수②	III		A	4
			B	0
			C	2
			D	4
집합과 논리①	I	問2	NO	-3
			P	1
			Q	3
			R	8
			ST	-6
			U	1
			V	3
			W	6
집합과 논리②	I	問1	AB	16
			C	4
			D	9
			E	4
			F	2
			GH	22
			I	3
			JKLMN	23416
경우의 수와 확률①	I	問2	NO	90
			PQ	12
			RS	33
			TUV	415
			WXYZ	1330

순서	문제	번호	해답란	정답
경우의 수와 확률②	II	問1	ABC	881
			D	5
			E	4
			FG	4
			HI	32
			J	1
			KL	16
정수의 성질①	II	問2	M	7
			NO	13
			P	1
			Q	2
			R	1
			ST	71
			UVW	915
			XY	96
정수의 성질②	II	問2	N	3
			OPQ	321
			RST	237
			U	5
			V	2
			WX	15
			Y	6
도형과 계량①	IV		ABCD	1574
			E	6
			FG	49
			HIJK	2536
			LMNOP	25748
			QR	56
도형과 계량②	IV		A	3
			BC	12
			DEF	316
			G	4
			HI	34
			JKL	341
			M	4
			NOP	325
도형의 성질①	IV		AB	12
			CD	23
			EF	94
			GHI	235
			JKL	235
			MN	74
			OP	79
			QRST	7325
도형의 성질②	IV		A	3
			BCD	217
			EFGH	3314
			IJ	34
			KL	32
			MNOP	3217
			QRST	9314
			UVW	637

일본유학시험 대비 개념서

하 이 레 벨

코스1

한국어 번역본

출제 내용의 분석과 대책
실러버스(출제 범위)
각 단원 별 요점정리
기본문제, 실전문제 해답과 해설

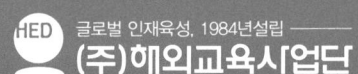

HED 글로벌 인재육성, 1984년설립
(주)해외교육사업단

일본유학시험 대비 개념서

하 이 레 벨

수학

코스1

한국어 번역본
출제 내용의 분석과 대책
실러버스(출제 범위)
각 단원 별 요점정리
기본문제, 실전문제 해답과 해설

한국어 번역본 편집에 있어서

　일본유학시험 (EJU) 에 대비하여 수학을 공부하시는 여러분의 첫번째 관심사는 무엇일까요？어떤 문제가 나오는가，한국의 고등학교에서 배운 것들이 나오는가 등일 것입니다．처음으로 대하는 일본 유학을 위한 EJU 에 대해 상세히 아는 사람은 많지 않은 것이 사실입니다．

　그러나 한 꺼풀 들어가 보면 시험에는 출제 범위가 정해져 있고 매년 출제되는 문제들의 유형이 분석되고 있으므로 그것들을 안내하는 참고서를 찾아서 그에 따라 공부한다면 분명 좋은 점수를 얻게 될 것입니다．

　시중의 EJU 관련 참고서 중에서 시험문제의 개념을 잡아 주는 책은 찾기가 쉽지 않습니다．이「하이레벨 시리즈」는 그런 점에서 EJU 의 수학을 공부하는 여러분에게 좋은 길잡이가 될 것입니다．

　「하이레벨」시리즈는 수학 1 과 수학 2 에서 각 코스에 대해「요점정리」를 제시하고 그에 따라 작은 문제로 이해를 돕게 한 다음「기본문제」로 각 단원의 흐름을 체계적으로 이해하게 합니다．나아가「실전문제」로 실제 시험과 같은 레벨의 문제로 확실하게 실력을 굳힐 수 있도록 합니다．

　또한 본문의 후반부에는 EJU 의「기출문제」를 시험 실시 기관인 JASSO 로부터 사용 허락을 받아서 이「하이레벨」시리즈에 단원 별로 수학 1 의 14 개 문제를 수록하였습니다．귀중한 기출문제의 자료를 이용하여 최종적으로 실제 시험의 트레이닝을 해 보시기 바랍니다．

　그리고 이 번역본에는「출제 내용의 분석과 대책」「실러버스」「요점정리」「연습문제와 실전문제의 해답해설」을 한국어로 번역하여 수록하였습니다．일본어 능력이 부족하거나 수학에 대해 기초가 약하여 불안해 하거나，EJU 문제에 익숙하지 못한 사람들을 위하여 한국어 번역본을 마련하였습니다．

　여기에 제시하는 EJU 수학 코스 1 의 해법을 터득하시고 본사에서 발행한「모의시험 문제집」，「실전 문제집」등을 이용하여 문제를 많이 풀어서「EJU 수학에 익숙해 지도록」하시기 바랍니다．

　여러분의 건승을 기원합니다．

2020 년 9 월

(주) 해외교육사업단

목 차

출제 내용의 분석과 대책 ···················· 4

실러버스(출제범위) ····················· 6

해답에 관한 주의점 ····················· 8

요점정리

    제1장   수와 식 ······················ 9

    제2장   이차함수 ···················· 1 2

    제3장   집합과 논리 ·················· 1 5

    제4장   경우의 수와 확률 ·············· 1 8

    제5장   정수의 성질 ·················· 2 1

    제6장   도형과 계량 ·················· 2 5

    제7장   도형의 성질 ·················· 2 9

기본문제, 실전문제 해답·해설

    제1장   수와 식 ····················· 3 6

    제2장   이차함수 ···················· 5 1

    제3장   집합과 논리 ·················· 6 6

    제4장   경우의 수와 확률 ·············· 7 2

    제5장   정수의 성질 ·················· 8 5

    제6장   도형과 계량 ·················· 9 5

    제7장   도형의 성질 ·················· 1 0 7

출제 내용의 분석과 대책

1. 전반적인 출제 내용의 분석과 대책

(1) 문제 수와 출제 분야의 분석

큰 문제수는 매년 Ⅰ~Ⅳ의 4문제입니다. 최근 여러 차례 다음과 같은 형태로 출제되고 있습니다.

- Ⅰ과 Ⅱ는 다른 분야의 문제 1, 문제 2를 조합한 문제로 「수와 식」 「이차함수」 「집합과 논리」 「경우의 수와 확률」 「정수의 성질」에서 출제됩니다. 매회 반드시 출제되는 것이 「이차함수」이며 회차에 따라 Ⅰ, Ⅱ의 양쪽 모두에서 출제되는 경우도 있습니다.
- Ⅲ은 「이차함수」가 출제된 경우가 많고 「수와 식」 또는 「정수의 성질」이 더해지는 경우가 있습니다.
- Ⅳ는 「도형」인 경우가 많고 「도형의 계량」과 「도형의 성질」을 조합한 문제가 많이 출제되고 있습니다. 공간도형이 출제되는 경우도 있습니다.

다음 표는 2015년도부터 실시된 개정 실러버스에 의한 시험의 출제 범위를 정리한 것입니다. 위에 있는 것이 최근 것으로 Ⅰ~Ⅳ의 숫자는 큰 문제번호를 나타냅니다. 이것으로부터 다음의 특징을 알 수 있습니다.

① **모든 분야에서 널리 출제되고 있다.**
② **「이차함수」가 매회 2문제로 다른 분야에 비해 많이 출제되고 있다.**

[개정 실러버스의 출제 내용 일람]

수와 식	이차함수	집합과 논리	경우의 수와 확률	정수의 성질	도형과 계량	도형의 성질	
						평면도형	공간도형
Ⅱ	Ⅰ, Ⅱ	Ⅲ	Ⅰ	Ⅲ	Ⅳ	Ⅳ	
Ⅲ	Ⅰ, Ⅲ		Ⅰ	Ⅱ	Ⅳ		Ⅳ
Ⅱ	Ⅰ, Ⅲ		Ⅰ	Ⅱ	Ⅳ	Ⅳ	
Ⅰ	Ⅱ, Ⅲ		Ⅰ	Ⅱ	Ⅳ	Ⅳ	

(2) 전반적인 대책

모든 분야에서 널리 출제되고 있으므로 출제 범위는 모두 공부해 둘 필요가 있습니다. 수학은 기초적인 힘을 확실히 갖추고 있으면 응용문제도 풀 수 있게 됩니다. 기본적인 문제를 중심으로 모든 범위를 공부해 둡시다. 특히 계산력을 기르기 위해 「수와 식」, 많이 출제되는 「이차함수」, 도형에서 반드시 묻는 「도형과 계량」을 확실히 공부해 둡시다.

EJU의 수학은 문제가 길고 다양한 분야가 조합되어 출제되므로 어렵다고 느낄지도 모릅니다만 대부분이 기본적인 문제이므로 기초적인 것을 확실히 공부해 두면 충분히 대응할 수 있습니다. 또한 문제문 안에 풀이 방법의 힌트가 나타나 있으므로 문장을 잘 읽고 그것에 따라 풀어나가면 반드시 해답할 수 있습니다. 이 문제집을 사용하여 답과 계산을 다음에는 어떻게 사용할지 생각하면서 문제를 푸는 연습을 해 둡시다.

또 EJU의 특징으로서 앞 쪽 문제의 답을 사용하여 다음 문제의 답을 내는 문제가 많다는 점을 들 수 있습니다 . 처음의 답을 틀리면 다음 문제에서는 전부 오답이 되어 버립니다 . 정확하고 빠르게 계산할 수 있도록 충분히 연습해 두고, 자칫 실수하지 않도록 숫자를 깨끗하게 쓰는 점에도 유의합시다 .

2. 각 분야의 대책

⑴ 수와 식

「전개 · 인수분해의 공식」은 확실하게 기억하여 사용할 수 있어야 합니다 . 인수분해가 되지 않으면「이차함수」문제를 풀지 못합니다 . 확실하게 공부하도록 합시다 .

⑵ 이차함수

출제수가 가장 많고 매회 「그래프의 이동」「최대 · 최소」「2 차 부등식」등을 중심으로 다양한 문제가 출제되고 있습니다 . 대부분이 기본적인 레벨의 문제이므로 착실하게 공부해 두면 확실하게 득점할 수 있습니다 .

⑶ 집합과 논리

「필요조건인지, 충분조건인지」를 묻는 문제가 많이 출제되고 있습니다 . 집합의 요소의 개수를 계산하는 문제에서는「∪, ∩, ∋, ∈」등의 기호의 의미도 기억합시다 . 경우의 수와 확률과 조합되어 출제되는 경우도 있으므로 이 책으로 연습해 둡시다 .

⑷ 경우의 수와 확률

「경우의 수와 확률」은 취약하다는 학생이 많습니다만 몇 가지의 해법 패턴이 있으므로 그것만 마스터한다면 어떤 문제도 풀 수 있습니다 . 이 책에서는 문제에 맞춘 해법의 패턴을 소개하고 있습니다 . 문제를 풀면서 해법을 익히도록 합시다 .

⑸ 정수의 성질

2015 년도부터 새롭게 더해진 분야이므로 앞으로 출제가 늘어날 것으로 생각됩니다 . 사고력을 필요로하는 문제도 나오고 있으므로 문제를 많이 풀어 사고력을 길러 둡시다 .

⑹ 도형과 계량 · 도형의 성질

매회 이 두 분야를 조합한 문제가 반드시 출제되고 있습니다 .

「도형과 계량」은「사인 정리」「코사인 정리」를 사용하여 각도의 크기 ,   변의 길이 , 삼각형의 면적을 구하는 문제가 중심이 되므로,「사인 정리」「코사인 정리」는 제대로 사용할 수 있도록 해 둡시다 .

「도형의 성질」은 고등학교 수학의 내용만이 아닌「삼각형의 닮음」「접현 정리」등 중학교에서 공부한 것이 많이 출제되고 있습니다 . 이 책에서는「평면도형의 기본적 성질」이라고 정리하고 있으므로 확실하게 복습해 둡시다 .

실러버스 (출제 범위)

(괄호 안에 일본 고등학교 수학의 과목과 대조를 나타냈다 .)

실러버스	이 책의 대응하는 장
1. 수와 식 (수학Ⅰ)	
(1) 수와 집합	
① 실수	➡ 제 1 장 수와 식
② 집합과 명제	➡ 제 3 장 집합과 논리
(2) 식의 계산	
① 식의 전개와 인수분해	
② 일차부등식	➡ 제 1 장 수와 식
③ 절댓값과 방정식 · 부등식	
2. 이차함수 (수학Ⅰ)	
(1) 이차함수와 그 그래프	
① 이차함수의 값의 변화	
② 이차함수의 최대 · 최소	
③ 이차함수의 결정	
(2) 이차방정식 · 이차부등식	➡ 제 2 장 이차함수
① 이차방정식의 해	
② 이차함수의 그래프와 이차방정식	
③ 이차함수의 그래프와 이차부등식	
3. 도형과 계량 (수학Ⅰ)	
(1) 삼각비	
① 사인, 코사인, 탄젠트	
② 삼각비의 상호 관계	
(2) 삼각비와 도형	➡ 제 6 장 도형과 계량
① 사인 정리, 코사인 정리	
② 도형의 계량	
(공간도형으로의 응용 포함)	

실러버스	이 책의 대응하는 장

4. 경우의 수와 확률 (수학 A)

(1) 경우의 수
① 나열의 원칙
(집합의 요소의 개수, 합의 법칙,
곱의 법칙을 포함)
② 순열·조합
(2) 확률과 그 기본적인 성질
(3) 독립시행과 확률
(4) 조건부 확률

➡ 제 4 장 경우의 수와 확률

5. 정수의 성질 (수학 A)

(1) 약수와 배수
(2) 유클리드 호제법
(3) 정수의 성질의 응용

➡ 제 5 장 정수의 성질

6. 도형의 성질 (수학 A)

(1) 평면도형
① 삼각형의 성질
② 원의 성질
(2) 공간도형
① 직선과 평면
② 다면체

➡ 제 7 장 도형의 성질

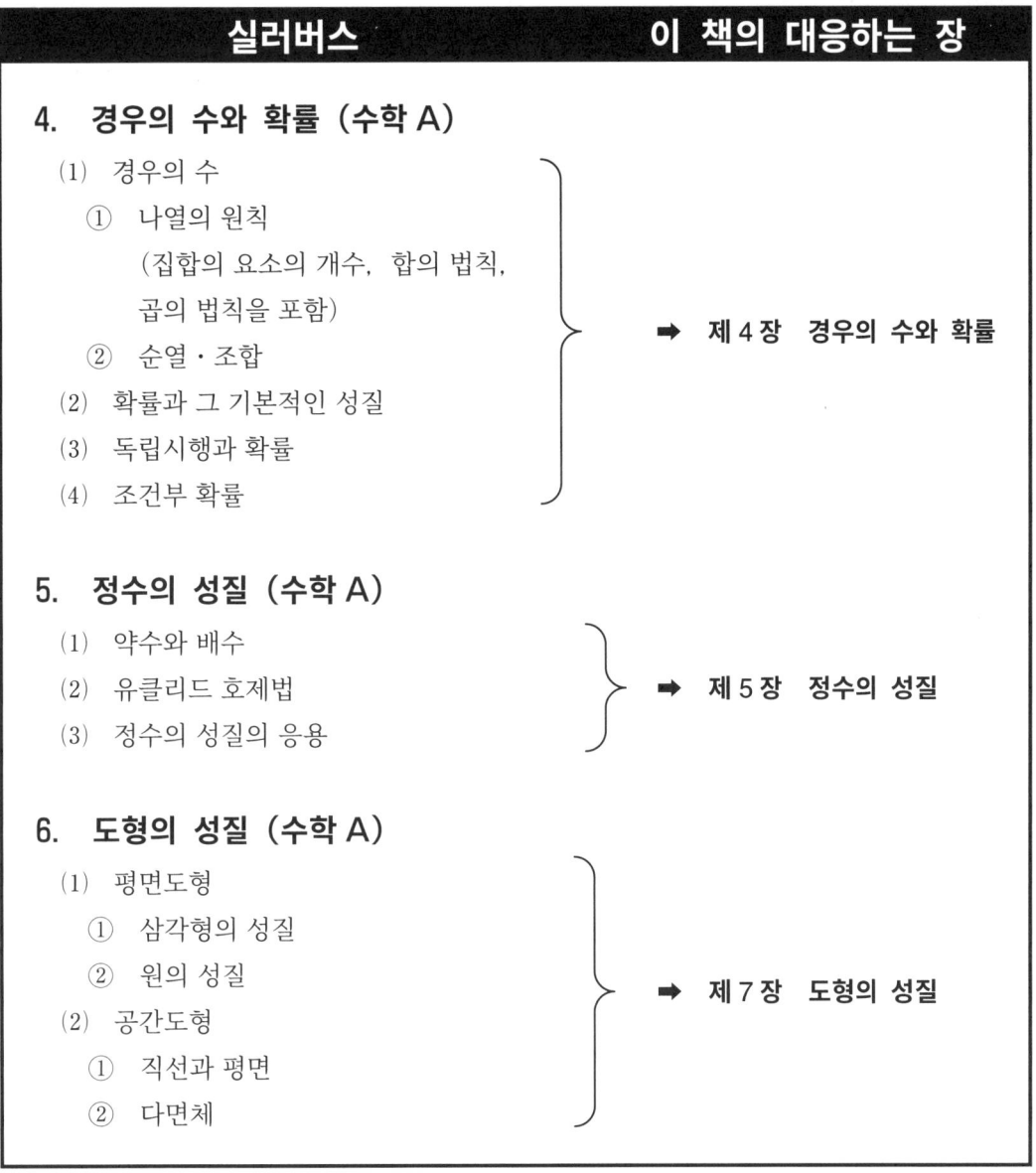

※초등학교·중학교에서 배운 범위에 관해서는 학습한 것으로 여겨 출제 범위에 포함된 것으로 한다.

기본문제·실전문제·기출문제는 해답란이 실제 시험과 같은 형식으로 되어 있습니다. 해답 시에는 다음에 주의합시다.

---

(1) 문제문 속의 A, B, C, ……에는 각각 − (마이너스 기호), 또는 0부터 9까지의 수가 하나씩 들어갑니다.

예 $\boxed{\text{AB}}$ 에 「−1」이라 답하는 경우는 A는 「−」, B는 「1」, 이라고 답합니다.

(2) 동일한 문제문 속에 $\boxed{\text{AB}}$ 등이 반복해서 나타나는 경우, 두번째 이후는 $\boxed{\text{AB}}$ 와 같이 나타내고 있습니다.

(3) 루트 ($\sqrt{}$) 안에 나타내는 자연수가 최소가 되는 형태로 답해 주십시오.

예 $\sqrt{12}$ 의 경우는 $2\sqrt{3}$ 이라고 답합니다.

(4) 분수의 경우, 부호는 분자에 붙이고 분자·분모는 기약분수로 하여 답해 주십시오.

예 $\dfrac{3}{6}$ 는 기약분수로 하여 $\dfrac{1}{2}$ 이라고 답합니다.

$-\dfrac{3}{\sqrt{6}}$ 는 $-\dfrac{3\sqrt{6}}{6}$ 로 유리화하여 또 기약분수로 하여 $\dfrac{-\sqrt{6}}{2}$ 라고 답합니다.

$\dfrac{\boxed{\text{A}}\sqrt{\boxed{\text{B}}}}{\boxed{\text{C}}}$ 에 $\dfrac{-\sqrt{6}}{2}$ 로 답하는 경우는 A는 「−」, B는 「6」, C는 「2」라고 답합니다.

제1장 수와 식

주요 용어

일본어	한국어	영어
こう 項	항	term
じ すう 次数	차수	degree
けいすう 係数	계수	coefficient
か ほう 加法	덧셈	addition
げんぽう 減法	뺄셈	subtraction
じょうほう 乗法	곱셈	multiplication
じょほう 除法	나눗셈	division
し すう 指数	지수	exponent
るいじょう 累乗	거듭제곱	power
じっすう 実数	실수	real number
いんすう 因数	인수	factor
いんすうぶんかい 因数分解	인수분해	factorization
せい すう 正の数	양수	positive number
ふ すう 負の数	음수	negative number
ゆうり すう 有理数	유리수	rational number
む り すう 無理数	무리수	irrational number
ゆうり か 有理化	유리화	rationalization
ぜったい ち 絶対値	절댓값	absolute value
へいほうこん 平方根	제곱근	square root
こんごう 根号	루트	radical sign
ふ とうしき 不等式	부등식	inequality
とうごう 等号	등호	equality sign
ふ とうごう 不等号	부등호	inequality sign
ほうていしき 方程式	방정식	equation
い こう 移項	이항	transposition
かい 解	해 , 근	solution

요점정리

1 단항식 곱셈

▶ 지수법칙 (m, n 은 자연수)
  ① $a^m a^n = a^{m+n}$ ② $(a^m)^n = a^{mn}$ ③ $(ab)^m = a^m b^m$

문제 1 (1) $x \times x^3 =$ (2) $a^2 b \times ab^3 =$ (3) $(-a^2 b)^3 =$

2 식의 전개

곱 형태의 식을 합 형태로 하는 것을 「**전개**한다」라고 한다.   예 $\underset{\text{곱 형태}}{a(x+y)} = \underset{\text{합 형태}}{ax+ay}$

▶ 전개의 공식
  ① $(a+b)^2 = a^2 + 2ab + b^2$ $(a-b)^2 = a^2 - 2ab + b^2$
  ② $(a+b)(a-b) = a^2 - b^2$
  ③ $(x+a)(x+b) = x^2 + (a+b)x + ab$
  ④ $(ax+b)(cx+d) = acx^2 + (ad+bc)x + bd$
  ⑤ $(a+b+c)^2 = a^2 + b^2 + c^2 + 2ab + 2bc + 2ca$
  ⑥ $(a+b)^3 = a^3 + 3a^2 b + 3ab^2 + b^3$ $(a-b)^3 = a^3 - 3a^2 b + 3ab^2 - b^3$
  ⑦ $(a+b)(a^2 - ab + b^2) = a^3 + b^3$ $(a-b)(a^2 + ab + b^2) = a^3 - b^3$

문제 2 전개하시오.
  (1) $(2x-y)^2 =$ (2) $(x-2)(x+3) =$

3 식의 인수분해

정식을 곱 형태로 하는 것을 **인수분해**라고 한다. 전개와 반대의 조작.
  전개 : $(x+1)^2 = x^2 + 2x + 1$ **인수분해** : $x^2 + 2x + 1 = (x+1)^2$

▶ 인수분해의 공식
  ① $a^2 + 2ab + b^2 = (a+b)^2$ $a^2 - 2ab + b^2 = (a-b)^2$
  ② $a^2 - b^2 = (a+b)(a-b)$
  ③ $x^2 + (a+b)x + ab = (x+a)(x+b)$
  ④ $acx^2 + (ad+bc)x + bd = (ax+b)(cx+d)$
  ⑤ $a^3 + 3a^2 b + 3ab^2 + b^3 = (a+b)^3$
     $a^3 - 3a^2 b + 3ab^2 - b^3 = (a-b)^3$
  ⑥ $a^3 + b^3 = (a+b)(a^2 - ab + b^2)$
  ⑦ $a^3 - b^3 = (a-b)(a^2 + ab + b^2)$

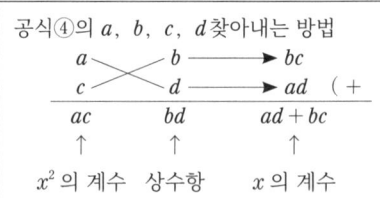

문제 3 인수분해하시오.
  (1) $a^2 + 8a + 16 =$ (2) $6x^2 - x - 5 =$

답 : 문제 1 (1) x^4 (2) $a^3 b^4$ (3) $-a^6 b^3$ 문제 2 (1) $4x^2 - 4xy + y^2$ (2) $x^2 + x - 6$

문제 3 (1) $(a+4)^2$ (2) $(6x+5)(x-1)$

4 실수

$$\text{실수} \begin{cases} \text{유리수} \begin{cases} \text{정수} & -2, \ -1, \ 0, \ 1, \ 2, \ \text{등} \\ \text{유한소수} & 0.2, \ 0.5, \ 0.28 \text{등} \\ \text{순환소수} & 0.18181818\cdots\cdots \text{등} \end{cases} \\ \text{무리수} \quad \text{순환하지 않는 무한의 소수} \quad \sqrt{2}=1.4142\cdots\cdots \text{등} \end{cases}$$

5 절댓값

수직선 상에서 원점 0 부터 점 a 까지의 거리를 **절댓값**이라 하며 $|a|$ 로 나타낸다.

$$|a|=\begin{cases} a & (a \geqq 0 \text{ 일 때}) \\ -a & (a < 0 \text{ 일 때}) \end{cases}$$

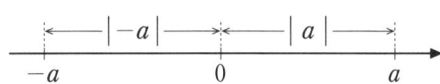

문제 4 $a=-2$ 일 때, $|a-1|=$ ⎡ ア ⎤,

$a=2$ 일 때, $|a-1|=$ ⎡ イ ⎤

6 제곱근

제곱 (2승) 하면, a 가 되는 수를 a 의 **제곱근**이라고 한다. 양수 a 의 제곱근에는 $\sqrt{a}$ 와 $-\sqrt{a}$ 의 두 가지가 있다.

> ▶ 제곱근의 계산 ($a > 0$, $b > 0$, $k > 0$ 인 경우)
> ① $(\sqrt{a})^2 = a$ ② $\sqrt{a^2} = a$
> ③ $\sqrt{k^2 a} = k\sqrt{a}$ ④ $\sqrt{a}\sqrt{b} = \sqrt{ab}$

문제 5 25 의 제곱근은 ⎡ ア ⎤ 와 ⎡ イ ⎤ 이다.

7 1차 부등식

> ▶ 부등식의 성질
> ① $A < B$ 이라면, $A+C < B+C$ $A-C < B-C$
> ② $A < B$, $C > 0$ 이라면, $AC < BC$
> ③ $A < B$, $C < 0$ 이라면, $AC > BC$ ◀──[음수를 곱하면 부등호의 방향이 바뀐다.]

· 절댓값과 방정식 · 부등식

C 를 양의 정수로 하면,

① $|x| = C$ 의 해는 $x = \pm C$

② $|x| < C$ 의 해는 $-C < x < C$

③ $|x| > C$ 의 해는 $x < -C$, $C < x$

문제 6 $|x| \leqq 4$ 의 해는 ⎡ ア ⎤ 이며, $|x| \geqq 4$ 의 해는, ⎡ イ ⎤ 이다.

답 : 문제4 ア 3   イ 1 문제5 ア 5   イ −5 (순서 무관) 문제6 ア −4≦x≦4   イ x≦−4, 4≦x

제**2**장 이차함수

주요 용어

일본어	한국어	영어
関数	함수	function
2次関数	이차함수	quadratic function
頂点	꼭짓점	vertex
軸	축	axis (pl. axes)
座標	좌표	coordinate
x軸, y軸	x축, y축	x-axis, y-axis
原点	원점	origin
放物線	포물선	parabola
平行移動	평행이동	parallel displacement
対称移動	대칭이동	symmetric displacement
対称軸	대칭축	symmetry axis
接する	접하다	touch
接点	접점	point of contact
定義域	정의역	domain
値域	치역	range
最大値	최댓값	maximum
最小値	최솟값	minimum
判別式	판별식	discriminant
共有点	공유점	common point
重解	중근	multiple root
2次方程式	이차방정식	quadratic equation
2次不等式	이차부등식	quadratic inequality

요점정리

1 이차함수 $y = ax^2 + bx + c$ 의 그래프

① 형태 ➡ $a > 0$ 일 때 아래로 볼록, $a < 0$ 일 때 위로 볼록

② $y = ax^2 + bx + c = a\left(x + \dfrac{b}{2a}\right)^2 - \dfrac{b^2 - 4ac}{4a}$ 로 변형할 수 있다.

꼭짓점의 좌표는 $\left(-\dfrac{b}{2a}, \ -\dfrac{b^2 - 4ac}{4a}\right)$ 축은 $x = -\dfrac{b}{2a}$

③ $y = ax^2$ 의 그래프를 다음과 같이 평행이동한 것.

x 축 방향으로 $-\dfrac{b}{2a}$ y 축 방향으로 $-\dfrac{b^2 - 4ac}{4a}$

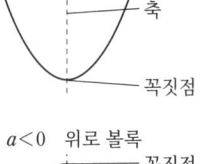

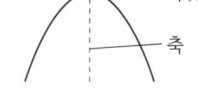

문제 1   다음 이차함수의 꼭짓점의 좌표를 구하시오.

(1) $y = (x - 3)^2 + 1$ (2) $y = 2x^2 + 4x + 6$

2 이차함수 그래프의 이동

▶ 평행이동

① 꼭짓점을 평행이동한다.

꼭짓점$(a, \ b)$ 를

x 축 방향으로 p, y 축 방향으로 q 만큼 평행이동 한다.

꼭짓점$(a, \ b)$ ➡ $(a + p, \ b + q)$

② 그래프를 평행이동한다.

$y = f(x)$ 를

x 축 방향으로 p, y 축 방향으로 q 만큼 평행이동 한다.

$y = f(x)$ ➡ $y - q = f(x - p)$ ⬅ x 를 $x - p$, y 를 $y - q$ 로 바꾼다.

꼭짓점의 평행이동

$(a + p, \ b + q)$

q

꼭짓점$(a, \ b)$ p

문제 2   이차함수 $y = x^2 + 1$ 의 그래프를 x 축 방향으로 2, y 축 방향으로 -1 만큼 평행이동한

그래프의 이차함수 식을 구하시오.

▶ 대칭이동

① x 축에 관해 대칭이동한다. $y = f(x)$ ➡ $y = -f(x)$

② y 축에 관해 대칭이동한다. $y = f(x)$ ➡ $y = f(-x)$

③ 원점 $(0, \ 0)$ 에 관해 대칭이동한다. $y = f(x)$ ➡ $y = -f(-x)$

①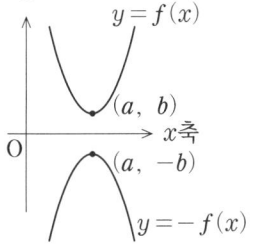

②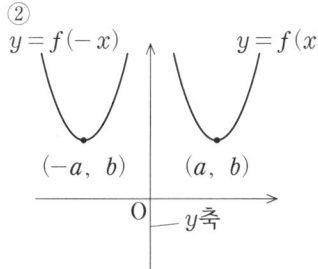

③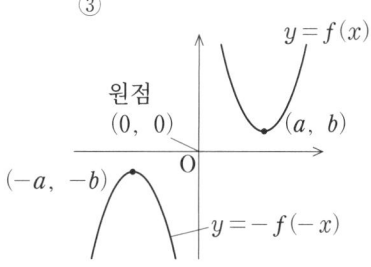

3 이차함수 $y = a(x-p)^2 + q$ 의 최대·최소

① $a > 0$ 이면, $x = p$ 에서 최소가 되고 최솟값은 q.
최댓값은 없다.

② $a < 0$ 이면, $x = p$ 에서 최대가 되고 최댓값은 q.
최솟값은 없다.

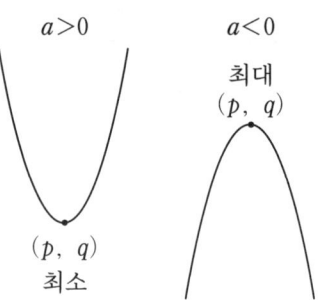

$a > 0$

$a < 0$
최대
(p, q)

(p, q)
최소

문제 3 다음 함수의 최댓값 또는 최솟값을 구하시오.

(1) $y = x^2 - 4x + 5$ (2) $y = -2x^2 - 4x + 2$

4 이차방정식과 이차함수의 그래프

▶ 이차방정식의 근의 공식

> 이차방정식 $ax^2 + bx + c = 0$ 의 근은 $b^2 - 4ac > 0$ 일 때,
>
> $$x = \frac{-b \pm \sqrt{b^2 - 4ac}}{2a}$$

▶ 이차함수 $y = ax^2 + bx + c$ 의 그래프와 x 축과의 공유점의 개수와 위치 관계
이차방정식 $ax^2 + bx + c = 0$ 의 근의 개수

$D = b^2 - 4ac$ 의 부호	$D > 0$	$D = 0$	$D < 0$
$y = ax^2 + bx + c$ 의 그래프와 x 축과의 공유점의 개수	2 개 (두 점에서 만난다.)	1 개 (한 점에서 만난다.)	0 개 (만나지 않는다.)
$y = ax^2 + bx + c$ 의 그래프와 x 축과의 위치관계 ($a > 0$ 일 때)	α β	α	
이차방정식 $ax^2 + bx + c = 0$ 의 근	서로다른두개의실수근 ($x = \alpha, \beta$)	중근 (하나) ($x = \alpha$)	실수근은 없다.

문제 4 다음 이차함수의 그래프와 x 축과의 공유점의 개수를 답하시오.

(1) $y = x^2 - 3x + 1$ (2) $y = x^2 - 6x + 9$ (3) $y = x^2 - 2x + 3$

5 이차부등식과 이차함수의 그래프

$D = b^2 - 4ac$ 의 부호	$D > 0$	$D = 0$	$D < 0$
$y = ax^2 + bx + c$ 의 그래프 ($a > 0$ 일 때)	α β	α	
$ax^2 + bx + c \geqq 0$ 의 근	$x \leqq \alpha, \beta \leqq x$	모든 실수	모든 실수
$ax^2 + bx + c \leqq 0$ 의 근	$\alpha \leqq x \leqq \beta$	$x = \alpha$	근은 없다.

주요 용어

일본어	한국어	영어
論理 (ろんり)	논리	logic
集合 (しゅうごう)	집합	set
要素 (ようそ)	원소	element
属する (ぞく)	속하다	belong to
空集合 (くうしゅうごう)	공집합	empty set
包含関係 (ほうがんかんけい)	포함관계	inclusion relation
奇数 (きすう)	홀수	odd number
偶数 (ぐうすう)	짝수	even number
部分集合 (ぶぶんしゅうごう)	부분집합	subset
共通部分 (きょうつうぶぶん)	공통부분	intersection
交わり (まじ)	교집합	intersection
結び (むす)	합집합	join
和集合 (わしゅうごう)	합집합	union
または	또는	or
かつ	그리고	and
全体集合 (ぜんたいしゅうごう)	전체집합	universal set
補集合 (ほしゅうごう)	여집합	complementary set, complement
命題 (めいだい)	명제	proposition
仮定 (かてい)	가정	assumption
結論 (けつろん)	결론	conclusion
真 (しん)	참	truth
偽 (ぎ)	거짓	falsity
否定 (ひてい)	부정	negation
逆 (ぎゃく)	역	converse
裏 (うら)	이	reverse
対偶 (たいぐう)	대우	contraposition
必要条件 (ひつようじょうけん)	필요조건	necessary condition
十分条件 (じゅうぶんじょうけん)	충분조건	sufficient condition
必要十分条件 (ひつようじゅうぶんじょうけん)	필요충분조건	necessary and sufficient condition
有限集合 (ゆうげんしゅうごう)	유한집합	finite set

요점정리

1 집합과 그 표현법

▶ 집합이란

어떤 조건을 충족하는 것의 모임을 집합, 집합에 속하는 하나하나를 요소라고 한다.

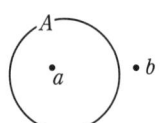

> · a 는 집합 A 의 요소이다. $a \in A$
>
> · b 는 집합 A 의 요소가 아니다. $b \overline{\in} A$

요소가 하나도 없는 집합을 공집합이라 하며 기호 ϕ 로 나타낸다.

▶ 집합의 표현법

① 요소를 써서 나열하는 방법 $A = \{\, 1, \ 2, \ 3, \ 4 \,\}$

② 조건을 표시하는 방법 $A = \{\, x \mid 1 < x < 6, \ x \text{는 정수} \,\}$

문제 1 다음 집합을 요소를 써서 나열하는 방법으로 나타내시오.

(1) $A = \{\, x \mid -1 \leqq 2x \leqq 5, \ x \text{는 정수} \,\}$

(2) $A = \{\, x \mid 1 \text{부터 } 10 \text{까지의 홀수} \,\}$

▶ 집합의 포함관계

① A 의 요소가 모두 B 의 요소일 때 A 는 B 의 부분집합이다.

$A \subset B$

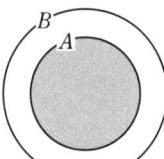

② A 와 B 의 모든 요소가 일치한다.

$A = B$

$A \subset B$ 그리고 $A \supset B$

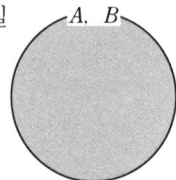

▶ 공통부분, 합집합

> ① 공통부분➡집합 A 와 집합 B 어느 쪽에도 공통하는 요소의 집합을 A 와 B 의 **공통부분**, 또는 A 와 B 의 교집합이라고 하며, $A \cap B$ 로 나타낸다.
>
> $A \cap B = \{\, x \mid x \in A \quad \text{또는} \quad x \in B \,\}$
>
> ② 합집합➡집합 A 와 집합 B 의 적어도 어느 한 쪽에는 속하는 요소의 집합을 A 와 B 의 **합집합**, 또는 A 와 B 의 묶음이라고 하며, $A \cup B$ 로 나타낸다.
>
> $A \cup B = \{\, x \mid x \in A \quad \text{또는} \quad x \in B \,\}$

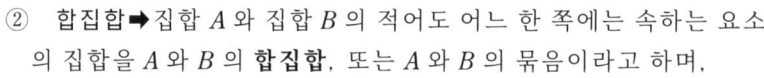

▶ 전체집합, 여집합

전체집합 (= 전체의 집합) 을 U 로 나타내고, U 의 부분집합 A 에 속하지 않는 요소의 집합을 A 의 **여집합**이라고 하며 기호 $\overline{A}$ 로 나타낸다.

$\overline{A} = \{\, x \mid x \in U \quad x \overline{\in} A \,\}$

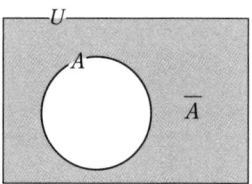

답 : 문제1 (1) $A = \{\, 0, \ 1, \ 2 \,\}$ (2) $A = \{\, 1, \ 3, \ 5, \ 7, \ 9 \,\}$

문제 2 $U = \{1, 2, 3, 4, 5, 6, 7\}$ $A = \{1, 5\}$ $B = \{2, 4, 5, 6\}$ 일 때, 다음 집합을 구하시오.

(1) $A \cap B$ (2) $A \cup B$ (3) $\overline{A \cup B}$

2 집합의 개수

집합 P 의 요소의 개수는 $n(P)$ 로 나타낸다.

---
① 합집합의 요소의 개수 $n(A \cup B) = n(A) + n(B) - n(A \cap B)$

② 여집합의 요소의 개수 $n(\overline{A}) = n(U) - n(A)$

드모르간의 법칙에 의해, $n(\overline{A \cup B}) = n(\overline{A} \cap \overline{B})$

                         $n(\overline{A \cap B}) = n(\overline{A} \cup \overline{B})$

---

3 집합과 논리

▶ 명제

명제 「p 이면 q 이다」를 기호 $p \Rightarrow q$ 로 나타내며 p 를 가정, q 를 결론이라고 한다.

명제 「$p \Rightarrow q$ 가 올바르다」인 경우, 그 명제는 참이라고 하며 조건 p 의 진리집합을 P, 조건 q 의 진리집합을 Q 라고 할 때, $P \subset Q$

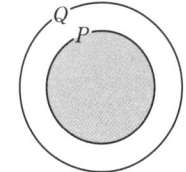

명제 $p \Rightarrow q$ 에 대해, 명제 $q \Rightarrow p$ 를 역

                명제 $\overline{p} \Rightarrow \overline{q}$ 를 이, 명제 $\overline{q} \Rightarrow \overline{p}$ 를 대우라고 한다.

▶ 필요조건과 충분조건

명제 $p \Rightarrow q$ 가 참
명제 $q \Rightarrow p$ 가 거짓
· p 는 q 이기 위한
충분조건
· q 는 p 이기 위한
필요조건

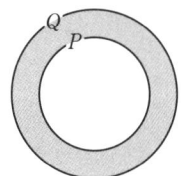

명제 $p \Rightarrow q$ 가 참
명제 $q \Rightarrow p$ 가 참
· p 는 q 이기 위한
필요충분조건
· q 는 p 이기 위한
필요충분조건

문제 3   ☐ 에 해당하는 말을 쓰시오.

(1) $x^2 = 4$ 는 $x = 2$ 이기 위한 ☐ 조건이다.

(2) $x = 4$ 는 $x > 2$ 이기 위한 ☐ 조건이다.

(3) $x = 1$ 는 $x^2 - 2x + 1 = 0$ 이기 위한 ☐ 조건이다.

답 : 문제 2 (1) $\{5\}$ (2) $\{1, 2, 4, 5, 6\}$ (3) $\{3, 7\}$

문제 3 (1) 필요   (2) 충분   (3) 필요충분

제 4 장 경우의 수와 확률

주요 용어

일본어	한국어	영어
場合の数	경우의 수	number of cases
確率	확률	probability
和の法則	합의 법칙	sum law
積の法則	곱의 법칙	multiplication law
和集合	합집합	union
樹形図	수형도	tree diagram
さいころ	주사위	dice
じゃんけん	가위바위보	rock, paper, scissors
くじ	제비	lot
一の位	일의 자리	one's place
十の位	십의 자리	ten's place
順列	순열	permutation
階乗	계승	factorial
円順列	원순열	circular permutation
重複順列	중복순열	repeated permutation
組合せ	조합	combination
試行	시행	trial
事象	사건	event
全事象	전사건	whole event
余事象	여사건	complementary event
積事象	곱사건	product event
和事象	합사건	sum event
排反事象	배반사건	exclusive event
反復試行	반복시행	repeated trial
独立試行	독립시행	independent trial
空集合	공집합	empty set

요점 정리

1 경우의 수

▶ **곱의 법칙 · 합의 법칙**

　　A 가 일어나는 경우가 a 가지, B 가 일어나는 경우가 b 가지일 때

　　① 곱의 법칙…A, B 가 함께 일어나는 경우는 $a \times b$ 가지.
　　　P 에서 Q 를 통해서 R 로 가는 방법은 $2 \times 3 = 6$ (가지)

　　② 합의 법칙…A, B 가 동시에 일어나지 않는 경우는 $a + b$ 가지.
　　　P 에서 R 로 가는 방법은 $6 + 1 = 7$ (가지)

문제 1 (1) 다섯 종류의 케이크와 세 종류의 음료를 각각 한 종류씩 고르는 방법은 몇 가지인가?
　　　　(2) 크고 작은 두 개의 주사위를 던져 숫자의 합이 4 가 되는 것은 몇 가지 인가?

2 순열

▶ <u>순열…n 개의 서로 다른 것으로부터 r 개를 뽑아 순서를 매겨 나열하는 경우의 수</u>
　· n 개의 것에서 r 개를 떼어내는 순열

$$_n\mathrm{P}_r = \frac{n!}{(n-r)!} \quad (n! \text{ 는 } n \text{ 에서 1 까지의 자연수의 곱. } n \text{ 의 계승이라고 한다.})$$

　· n 개의 것을 나열하는 순열

$$_n\mathrm{P}_n = n!$$

문제 2 (1) $_6\mathrm{P}_2$　　(2) $_3\mathrm{P}_3$　　(3) $_4\mathrm{P}_3$
문제 3 1, 2, 3, 4, 5 의 숫자로부터 몇 개 떼어내 다음 정수를 만든다. 각각 몇 개가 되는가?
　　　　(1) 세 자리 정수　　　　　　　(2) 네 자리 정수

▶ **원순열**
　　n 개의 것을 원형으로 나열하는 원순열은 A 를 고정하고 B ~ E 를 나열하는 방법을 생각한다.
　　　$(n-1)!$

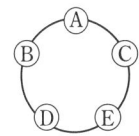

▶ **중복순열**
　　서로 다른 n 개의 것을 몇 번이고 반복 사용하여 r 개 뽑는 순열.
　　　n^r

▶ **같은 것을 포함한 순열**
　　n 개의 것 중에서 p 개의 a, q 개의 b, r 개의 c, ……가 각각 같은 것일 때, 이들 n 개의 것을 1 열로 나열하는 순열.

$$\frac{n!}{p!\,q!\,r!\,\cdots\cdots} \quad (\text{단, } p+q+r+\cdots\cdots = n)$$

3 조합

▶ <u>조합…n 개의 서로 다른 것에서 r 개를 꺼내는 경우의 수</u>

$$_n\mathrm{C}_r = \frac{_n\mathrm{P}_r}{r!} = \frac{n!}{r!\,(n-r)!}$$

답 : 문제 1 (1) 15 가지　　(2) 3 가지　　문제 2 (1) 30　　(2) 6　　(3) 24
문제 3 (1) $_5\mathrm{P}_3 = 60$ (개)　　(2) $_5\mathrm{P}_4 = 120$ (개)

문제 4 (1) $_6\mathrm{C}_2$　　(2) $_5\mathrm{C}_3$　　(3) $_4\mathrm{C}_3$　　(4) $_4\mathrm{C}_4$

문제 5 (1) 6 명의 사람을 3 명씩의 A, B 의 그룹으로 나누는 방법은 몇 가지인가 ?
　　　　(2) 6 명의 사람을 3 명씩의 그룹으로 나누는 방법은 몇 가지인가 ?

4 확률

사건 A 가 일어날 확률　$P(A) = \dfrac{\text{사건 } A \text{ 가 일어날 경우의 수}}{\text{일어날 수 있는 모든 경우의 수}}$　　$0 \leqq P(A) \leqq 1$

곱사건 ϕ 가 일어날 확률　$P(\phi)=0$
전사건 U 가 일어날 확률　$P(U)=1$

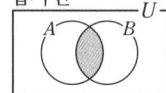
곱사건

① 곱사건　사건 A 와 사건 B 가 동시에 일어난다 . $A \cap B$ 로 나타낸다 .
② 합사건　사건 A 또는 사건 B 가 일어난다 . $A \cup B$ 로 나타낸다 .

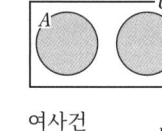
합사건

③ 배반사건　사건 A, B 는 동시에 일어나지 않는다 . $A \cap B = \phi$
・확률의 덧셈정리
$$P(A \cup B) = P(A) + P(B) - P(A \cap B)$$
특히 A, B 가 배반사건일 때
$$P(A \cup B) = P(A) + P(B)$$

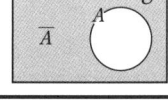
배반사건

④ 여사건　A 가 일어나지 않는다는 사건 . $\overline{A}$ 로 나타낸다 .
・여사건의 확률
$$P(A) + P(\overline{A}) = 1 \iff P(\overline{A}) = 1 - P(A)$$

여사건

▶ 여러 가지 확률
① **독립적인 시행의 확률**
　　주사위 두 개를 던질 때와 같이, 서로의 결과에 영향을 미치지 않는 시행을 독립적인 시행의 확률이라고 한다 . 두 가지의 독립시행에서 사건 A, B 가 동시에 일어날 확률 P 는
$$P = P(A) \times P(B)$$

② **반복시행의 확률**
　　주사위를 반복해서 던질 때와 같이, 같은 조건 하에서 하나의 시행을 반복하는 것을 반복시행이라고 한다 . 한 번의 시행으로 A 가 일어날 확률이 p 일 때, 시행을 n 회 실시하고, r 회 A 가 일어날 확률 P_r 은
$$P_r = {_n}\mathrm{C}_r\, p^r (1-p)^{n-r}$$

③ **조건부 확률**
　　사건 A 가 일어나는 바탕에서 B 가 일어날 확률을 조건부 확률이라고 하며, $P_A(B)$ 로 나타낸다 .
$$P_A(B) = \frac{P(A \cap B)}{P(A)}$$

문제 6 두 개의 주사위를 동시에 던질 때 다음 사건의 확률을 구하시오 .
　　　　(1) 양쪽 모두 1 이 나온다 .　　　　　　(2) 양쪽 모두 홀수가 나온다 .

답 : 문제 4 (1) 15　　(2) 10　　(3) 4　　(4) 1

　문제 5 (1) $_6\mathrm{C}_3 = 20$(가지)　　(2) $_6\mathrm{C}_3 \div 2 = 10$(가지)　　　문제 6 (1) $\dfrac{1}{36}$　　(2) $\dfrac{1}{4}$

제5장 정수의 성질

주요 용어

일본어	한국어	영어
約数	약수	divisor
倍数	배수	multiple
素数	소수	prime number
合成数	합성수	composite number
素因数分解	소인수분해	factorization into prime factors
素因数	소인수	prime factor
公約数	공약수	common divisor
公倍数	공배수	common multiple
最大公約数	최대공약수	greatest common divisor
最小公倍数	최소공배수	least common multiple
たがいに素	서로소	relatively prime, mutually prime
余り	나머지	remainder
ユークリッドの互除法	유클리드 호제법	Euclidean algorithm
1次不定方程式	일차부정방정식	linear indeterminate equation
整数解	정수해	integer solution
位取り記数法	위치 기수법	positional notation
底	밑	base
10進法	십진법	decimal system
n進法	n진법	the base-n system

요점정리

1 약수와 배수

두 개의 정수 a, b 에 대하여 $a = bk$ (k 는 정수) 로 나타낼 때, b 는 a 의 약수, a 는 b 의 배수이다 .

▶ 배수의 판정법

2 의 배수……일의 자리수가 0, 2, 4, 6, 8 중 어느 것인가이다 .

3 의 배수……각 자리 수의 합이 3 의 배수이다 .

4 의 배수……아래 두 자리수가 00, 또는 4 의 배수이다 .

5 의 배수……일의 자리수가 0, 또는 5 이다 .

8 의 배수……아래 세 자리수가 000, 또는 8 의 배수이다 .

9 의 배수……각 자리 수의 합이 9 의 배수이다 .

문제 1   다음 수가 2 의 배수도 3 의 배수도 될 수 있도록 □에 들어갈 일의 자리수를 구하시오 .

(1) 25□   (2) 132□   (3) 284□

▶ 소인수분해와 약수

① **소수**…2 이상의 자연수로 1과 그 수 이외에 약수를 갖지 않는 수   예 2, 3, 5, 7

2 이상의 자연수로 소수가 아닌 수를 합성수라고 한다 .

② **소인수분해**…자연수를 소수만의 곱 형태로 나타내는 것   예 $20 = 2^2 \times 5$

③ 소인수분해와 약수

자연수 N 을 소인수분해하여 $N = p^a \times q^b \times r^c$ 가 될 때

N 의 임의의 양의 약수는 $p^k \times q^l \times r^m$ $(0 \leq k \leq a,\ 0 \leq l \leq b,\ 0 \leq m \leq c)$

N 의 양의 약수의 개수는 $(a+1)(b+1)(c+1)$ 개

문제 2   다음 수의 양의 약수의 개수를 구하시오 .

(1) 24   (2) 252   (3) 392

2 최대공약수와 최소공배수

① 두 개 이상의 정수에 대해서 공통적인 약수를 공약수, 공통적인 배수를 공배수라고 한다 .

② 공약수 중 최대의 것을 최대공약수, 공배수 중 최소의 것을 최소공배수라고 한다 .

· 두 개의 정수 a, b 의 최대공약수가 1 일 때 a, b 는 서로소라고 한다 .

예   3 과 7   8 과 15

▶ 최대공약수 , 최소공배수의 성질

두 개의 자연수 a, b 의 최대공약수를 g, 최소공배수를 l 로 하여

$a = ga'$, $b = gb'$ 라 하면, 다음 관계가 성립된다 .

① a' 와 b' 는 서로소이다 .

② $l = ga'b'$

③ $ab = gl$

답 : 문제1 (1) 2, 8   (2) 0, 6   (3) 4   문제2 (1) $4 \times 2 = 8$ (2) $3 \times 3 \times 2 = 18$ (3) $4 \times 3 = 12$

문제 3 다음 수 조합의 최대공약수와 최소공배수를 구하시오 .

(1) 16 24   (2) 48 132   (3) 120 168 252

3 정수의 나눗셈과 몫 · 나머지

정수 a 와 양의 정수 b 에 대하여 $a = bq + r$, $0 \leqq r < b$ 이 될 때,
정수 q 를 **몫**, 정수 r 을 **나머지**라고 한다 .

▶ 나눗셈의 나머지의 성질

정수 a, b 를 양의 정수 m 으로 나눈 나머지를 각각 r, r' 라고 한다 .
① $a + b$ 를 m 으로 나눈 나머지는 $r + r'$ 를 m 으로 나눈 나머지와 같다 .
② $a - b$ 를 m 으로 나눈 나머지는 $r - r'$ 를 m 으로 나눈 나머지와 같다 .
③ ab 를 m 으로 나눈 나머지는 rr' 를 m 으로 나눈 나머지와 같다 .
④ a^k 을 m 으로 나눈 나머지는 r^k 를 m 으로 나눈 나머지와 같다 .

문제 4   정수 a 를 7 로 나누면 3 이 남고, 정수 b 를 7 로 나누면 5 가 남는다 . 다음 수를 7 로 나누었을 때의 나머지를 구하시오 .

(1) $a + b$ (2) $2a - b$ (3) ab (4) a^3

4 유클리드 호제법

▶ 나눗셈과 최대공약수

자연수 a 를 자연수 b 로 나눈 때의 몫을 q, 나머지를 r 이라고 하면,
a 와 b 의 최대공약수는 b 와 r 의 최대공약수와 같다 .

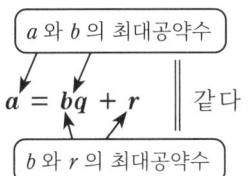

$$a = bq + r$$ 같다 .

유클리드 호제법   위의 정리를 반복해서 사용하여 최대공약수를 구한다 .

예 609, 232 의 최대공약수를 구한다 .

	609 와 232 의 최대공약수
$609 = 232 \times 2 + 145$	$= 232$ 와 145 의 최대공약수
$232 = 145 \times 1 + 87$	$= 145$ 와 87 의 최대공약수
$145 = 87 \times 1 + 58$	$= 87$ 과 58 의 최대공약수
$87 = 58 \times 1 + 29$	$= 58$ 과 29 의 최대공약수
$58 = 29 \times 2$	$= \mathbf{29}$

답 : 문제 3 (1) 최대공약수 8 최소공배수 48   (2) 최대공약수 12 최소공배수 528
(3) 최대공약수 12 최소공배수 2520   문제 4 (1) 1   (2) 1   (3) 1   (4) 6

5 일차부정방정식

x, y 의 일차부정방정식 $ax + by = c$ 를 이루는 정수 x, y 의 조합을 이 방정식의 정수해라고 한다.

▶ 일차부정방정식의 해법

$3x - 5y = 1$ ……①   ← 정수해의 하나를 발견한다.

$x = 2$, $y = 1$ 은 정수해의 하나이다.

$3 \cdot 2 - 5 \cdot 1 = 1$ ……②

①－②에 의해 $3(x - 2) - 5(y - 1) = 0$ ⟺ $3(x - 2) = 5(y - 1)$

3 과 5 는 서로소이므로 $(x - 2)$는 5 의 배수, $(y - 1)$은 3 의 배수이다.

따라서, $x - 2 = 5k$ $y - 1 = 3k$ (k 는 정수)

정수해는 $x = 5k + 2$ $y = 3k + 1$ (k 는 정수)

문제 5 다음 일차부정방정식의 정수해를 모두 구하시오.

$2x + 3y = 0$

6 n 진법

① 각 자리수를 윗 자리부터 배열하여 나타내는 방법을 위치 기수법이라고 한다. 자릿수의 근원이 되는 수를 밑이라고 한다.

예 10 진법에서는 밑이 10 이므로 $1234 = 1 \times 10^3 + 2 \times 10^2 + 3 \times 10 + 4$

② 밑을 n 이라 하고 수를 나타내는 방법을 n 진법이라 하며 그 수를 오른쪽 아래에 $_{(n)}$라고 작게 쓴다.

예 $1234_{(5)} = 1 \times 5^3 + 2 \times 5^2 + 3 \times 5 + 4$

▶ 밑의 변환

① n 진법→ 10 진법

예 $21102_{(3)} = 2 \cdot 3^4 + 1 \cdot 3^3 + 1 \cdot 3^2 + 2 \cdot 3^0 = 200$

② 10 진법→ n 진법

예 15 를 2 진법으로 한다.

		나머지
2)	15	
2)	7	……1
2)	3	……1
2)	1	……1
	0	……1

$15 = 1111_{(2)}$

▶ n 진법의 소수

n 진법의 소수점 아래의 자리는 $\dfrac{1}{n}$ 의 자리, $\dfrac{1}{n^2}$ 의 자리, $\dfrac{1}{n^3}$ 의 자리,   …… 로 된다.

예 $0.123_{(6)} = 1 \cdot \dfrac{1}{6} + 2 \cdot \dfrac{1}{6^2} + 3 \cdot \dfrac{1}{6^3}$

▶ 2 진법의 계산

덧셈 $0 + 0 = 0$ $1 + 0 = 1$ $0 + 1 = 1$ $1 + 1 = 10$
곱셈 $0 \times 0 = 0$ $1 \times 0 = 0$ $0 \times 1 = 0$ $1 \times 1 = 1$

답 : 문제 5 $x = 3k$ $y = -2k$ (k 는 정수)

제 6 장　도형과 계량

주요 용어

일본어	한국어	영어
三角比	삼각비	trigonometric ratio
正弦	사인	sine
余弦	코사인	cosine
正接	탄젠트	tangent
対辺	대변	subtense, opposite side
斜辺	빗변	hypotenuse
底辺	밑변	base
直角	직각	right angle
鈍角	둔각	obtuse angle
鋭角	예각	acute angle
直角三角形	직각삼각형	right triangle
鈍角三角形	둔각삼각형	obtuse triangle
鋭角三角形	예각삼각형	acute triangle
二等辺三角形	이등변삼각형	isosceles triangle
正三角形	정삼각형	regular triangle
内角	내각	interior angle
外角	외각	exterior angle
三平方の定理	피타고라스의 정리	Pythagorean theorem
単位円	단위원	unit circle
外接	외접	circumscription
内接	내접	inscription
外接円	외접원	circumscribed circle
内接円	내접원	inscribed circle
円周角	원주각	angle of circumference
弧	호	arc
二等分線	이등분선	bisector
相似	닮음	similarity

요점정리

1 삼각비

①	사인	$\sin A = \dfrac{a}{c} = \dfrac{대변}{빗변}$
②	코사인	$\cos A = \dfrac{b}{c} = \dfrac{밑변}{빗변}$
③	탄젠트	$\tan A = \dfrac{a}{b} = \dfrac{대변}{밑변}$

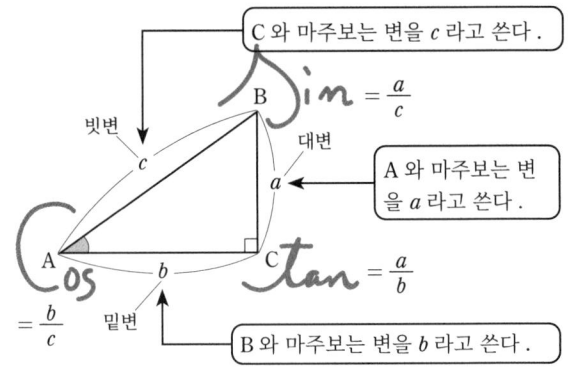

C 와 마주보는 변을 c 라고 쓴다.

$\sin = \dfrac{a}{c}$

빗변   대변

A 와 마주보는 변을 a 라고 쓴다.

$\cos = \dfrac{b}{c}$ 밑변 $\tan = \dfrac{a}{b}$

B 와 마주보는 변을 b 라고 쓴다.

문제 1   오른쪽 삼각형에서는 $b = \boxed{ア}$ 이므로,

$\sin A = \boxed{イ}$, $\cos A = \boxed{ウ}$, $\tan A = \boxed{エ}$ 이다.

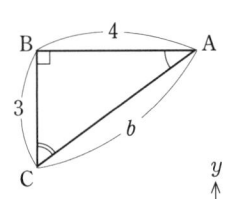

2 확장된 삼각비의 정의

원점 O 를 중심으로 하는 반지름 r 의 원주 위에 점 $\mathrm{P}(x,\ y)$ 를 찍는다. $0 \leqq \theta \leqq 180°$ 인 각 θ 의 삼각비는

$$\sin\theta = \dfrac{y}{r} \qquad \cos\theta = \dfrac{x}{r} \qquad \tan\theta = \dfrac{y}{x}$$

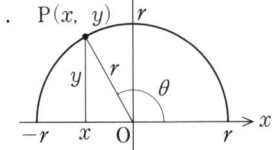

▶ 특별한 각의 삼각비

문제 2   ア ~ ケ에 수치를 적어 기억해두자.

θ	$0°$	$30°$	$45°$	$60°$	$90°$	$120°$	$135°$	$150°$	$180°$
$\sin\theta$	0	$\dfrac{1}{2}$	$\dfrac{\sqrt{2}}{2}$	ア	イ	$\dfrac{\sqrt{3}}{2}$	$\dfrac{\sqrt{2}}{2}$	$\dfrac{1}{2}$	ウ
$\cos\theta$	エ	$\dfrac{\sqrt{3}}{2}$	$\dfrac{\sqrt{2}}{2}$	$\dfrac{1}{2}$	0	オ	$-\dfrac{\sqrt{2}}{2}$	カ	キ
$\tan\theta$	0	$\dfrac{\sqrt{3}}{3}$	ク	$\sqrt{3}$		$-\sqrt{3}$	ケ	$-\dfrac{\sqrt{3}}{3}$	0

▶ $180°-\theta$, $90°+\theta$, $90°-\theta$ 의 삼각비

$$\left\{ \begin{array}{l} \sin(180°-\theta) = \sin\theta \\ \cos(180°-\theta) = -\cos\theta \\ \tan(180°-\theta) = -\tan\theta \end{array} \right. \qquad \left\{ \begin{array}{l} \sin(90°+\theta) = \cos\theta \\ \cos(90°+\theta) = -\sin\theta \\ \tan(90°+\theta) = -\dfrac{1}{\tan\theta} \end{array} \right. \qquad \left\{ \begin{array}{l} \sin(90°-\theta) = \cos\theta \\ \cos(90°-\theta) = \sin\theta \\ \tan(90°-\theta) = \dfrac{1}{\tan\theta} \end{array} \right.$$

3 삼각비의 상호관계

$$\tan\theta = \dfrac{\sin\theta}{\cos\theta} \qquad \sin^2\theta + \cos^2\theta = 1$$

$$1 + \tan^2\theta = \dfrac{1}{\cos^2\theta}$$

답 : 문제1 ア 5   イ $\dfrac{3}{5}$ ウ $\dfrac{4}{5}$ エ $\dfrac{3}{4}$

문제2 ア $\dfrac{\sqrt{3}}{2}$ イ 1   ウ 0   エ 1   オ $-\dfrac{1}{2}$ カ $-\dfrac{\sqrt{3}}{2}$ キ -1 ク 1   ケ -1

문제 3 $0 \leqq \theta \leqq 180°$에서, $\sin\theta = \dfrac{2}{3}$ 일 때, $\cos\theta = \boxed{\ ア\ }$, $\tan\theta = \boxed{\ イ\ }$

4 사인 정리와 코사인 정리

① 사인 정리

△ABC 의 외접원의 반지름을 R 로 하면,

$\angle DCB = 90°$, $BD = 2R$, $\angle D = \angle A$ 에 의해,

$$\sin D = \sin A = \dfrac{a}{2R} \quad \text{따라서,} \quad \dfrac{a}{\sin A} = 2R$$

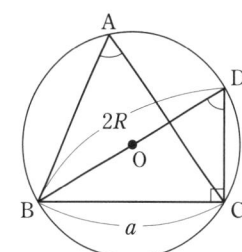

▶ 사인 정리

$$\dfrac{a}{\sin A} = \dfrac{b}{\sin B} = \dfrac{c}{\sin C} = 2R$$

② 코사인 정리

오른쪽 그림에서 $CD = b\sin A$,

$AD = b\cos A$ 에 의해 $BD = c - b\cos A$

$\angle D = 90°$ 이므로 $BC^2 = BD^2 + CD^2$

$$\begin{aligned} a^2 = BC^2 &= (c - b\cos A)^2 + b^2\sin^2 A \\ &= c^2 - 2bc\cos A + \underline{b^2\cos^2 A + b^2\sin^2 A} \\ &= b^2 + c^2 - 2bc\cos A \end{aligned}$$

$\boxed{b^2}$

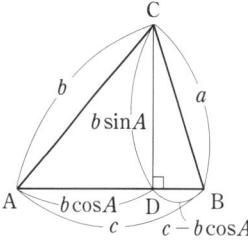

▶ 코사인 정리

$$a^2 = b^2 + c^2 - 2bc\cos A \qquad\qquad b^2 = c^2 + a^2 - 2ca\cos B$$
$$c^2 = a^2 + b^2 - 2ab\cos C$$

문제 4 (1) △ABC 에 있어서 $a = 6$, A $= 45°$, B $= 60°$일 때, $b = \boxed{\ ア\ }$

(2) △ABC 에 있어서 $a = 4$, $c = 8$, B $= 120°$일 때, $b = \boxed{\ イ\ }$

5 삼각형의 넓이

▶ 삼각비를 사용한 공식

$$\begin{aligned} \triangle ABC \text{ 의 넓이 } S &= \dfrac{1}{2}ah = \dfrac{1}{2}ab\sin C \\ &= \dfrac{1}{2}bc\sin A = \dfrac{1}{2}ca\sin B \end{aligned}$$

▶ 내접원의 반지름 r 을 사용한 공식

$$\begin{aligned} S &= \triangle IAB + \triangle IBC + \triangle ICA \\ &= \dfrac{1}{2}cr + \dfrac{1}{2}ar + \dfrac{1}{2}br = \dfrac{1}{2}r(a + b + c) \end{aligned}$$

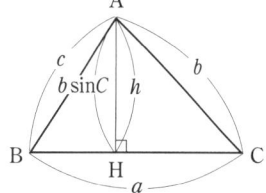

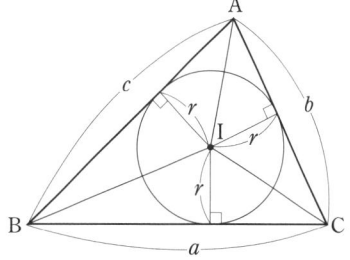

---

6 원에 내접하는 사각형

- 마주보는 내각의 합은 180°

$$\angle A + \angle C = 180°$$

$$\cos A = \cos(180° - C) = -\cos C$$

$$\sin A = \sin(180° - C) = \sin C$$

- 사각형 $ABCD = \triangle BAD + \triangle BCD$

$$= \frac{1}{2} ad \sin A + \frac{1}{2} bc \sin C$$

$$= \frac{1}{2}(ad + bc) \sin A$$

(또한, 오른쪽 그림에 있어서 $\triangle BAD : \triangle BCD = AE : EC$)

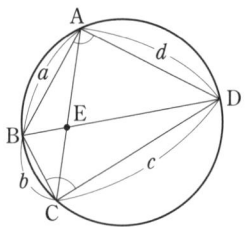

7 원과 삼각형

① 같은 호에 대한 원주각은 같다.　　② 원주각이 같은 현의 길이, 호의 길이는 같다.

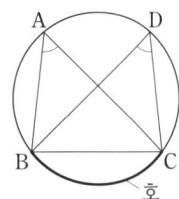

$$\angle BAC = \angle BDC$$

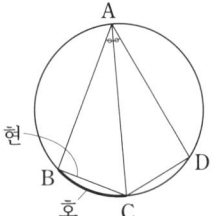

$$\angle BAC = \angle DAC$$
$$\Longleftrightarrow \quad BC = DC$$
$$\widehat{BC} = \widehat{DC}$$

8 입체도형의 부피

① 각기둥, 원기둥의 부피

$$V(부피) = Sh$$
(S 는 밑면의 넓이)

② 각뿔, 원뿔의 부피

$$V(부피) = \frac{1}{3} Sh$$
(S 는 밑면의 넓이)

③ 구의 부피 · 겉넓이

$$V(부피) = \frac{4}{3}\pi r^3$$
$$S(겉넓이) = 4\pi r^2$$

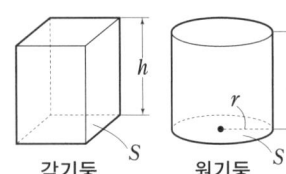

각기둥　　원기둥

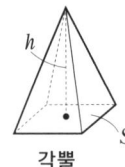

각뿔

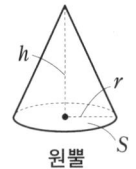

원뿔

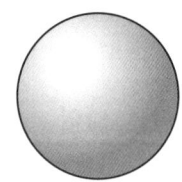

9 서로 닮은 입체도형의 겉넓이의 비와 부피비

① 겉넓이의 비는 닮음비 k 의 제곱과 같다.

$$S' = k^2 S$$

② 부피비는 닮음비의 세제곱과 같다.

$$V' = k^3 V$$

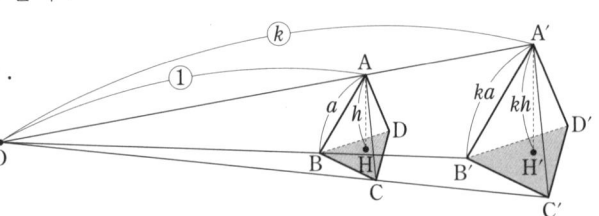

제7장 도형의 성질

주요 용어

일본어	한국어	영어
同位角	동위각	corresponding angles
錯角	엇각	alternate angles
合同	합동	congruence
相似	닮음	similarity
内分	내분	internal division
外分	외분	external division
底角	밑각	base angle
頂角	꼭지각	vertical angle
底辺	밑변	base
対辺	대변	subtense, opposite side
外心	외심	circumcenter
内心	내심	incenter
重心	무게중심	center of gravity
垂心	수심	orthocenter
傍心	방심	excenter
接線	접선	tangent line
弦	현	chord
弧	호	arc
円周角	원주각	angle of circumference
中心角	중심각	central angle
接弦定理	접현 정리	alternate segment theorem
方べきの定理	방멱의 정리	power theorem

요점정리

■ 평면도형의 기본적 성질

● 평행선과 각

두 직선이 평행 ⟺ ① 동위각이 같다. $\alpha = \beta$

② 엇각이 같다. $\alpha = \gamma$

③ 동측 내각의 합은 $180°$ $\alpha + \delta = 180°$

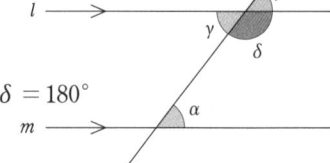

문제 1 $l \,/\!/\, m$ 일 때, x 를 구하시오.

①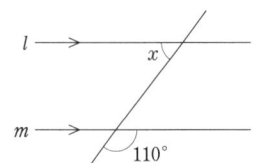

②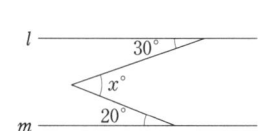

● 삼각형의 합동조건 $\triangle ABC \equiv \triangle A'B'C'$

① 세 변이 각각 같다.

$a = a'$ $b = b'$ $c = c'$

② 두 변과 그 사이의 각이 각각 같다.

$a = a'$ $c = c'$ $\angle B = \angle B'$

③ 한 변과 그 양 끝의 각이 각각 같다.

$a = a'$ $\angle B = \angle B'$ $\angle C = \angle C'$

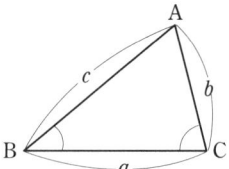 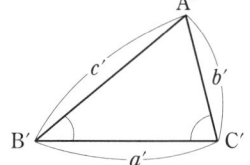

● 삼각형의 닮음 조건 $\triangle ABC \backsim \triangle A'B'C'$

① 세 변의 비율이 모두 같다.

$a : a' = b : b' = c : c'$

② 두 변의 비율과 그 사이의 각이 같다.

$b : b' = c : c'$ $\angle A = \angle A'$

③ 두 각이 각각 같다.

$\angle A = \angle A'$ $\angle B = \angle B'$

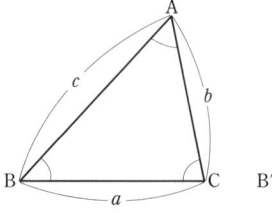 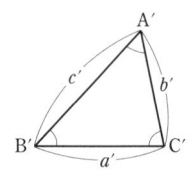

● 이등변삼각형의 성질

① 두 개의 밑각이 같다.

$\angle B = \angle C$

② 꼭지각의 이등분선이 밑변을 수직으로 이등분한다.

$\angle BAD = \angle CAD$ $BD = CD$ $AD \perp BC$

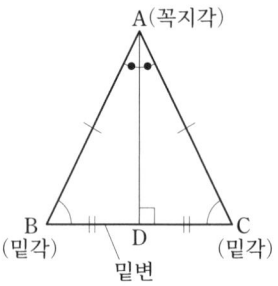

● 중점연결정리

△ABC 에서 AB, AC 의 중점을 M, N 이라 하면

AM = MB   AN = NC

$\Longleftrightarrow$ MN // BC   MN = $\frac{1}{2}$ BC

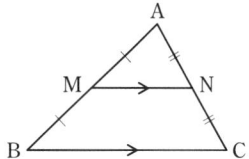

● 평행선과 비

l // m // n $\Longleftrightarrow$ $\frac{AB}{AC} = \frac{DE}{DF}$

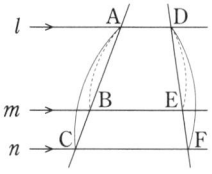

● 원주각의 정리

하나의 호에 대한

① 원주각은 같다. $\angle APB = \angle AQB$

② 원주각은 중심각의 $\frac{1}{2}$의 크기

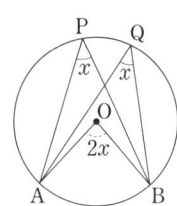

문제 2   각 x 의 크기를 구하시오.

① 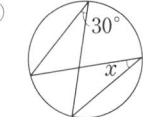   ② 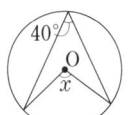   ③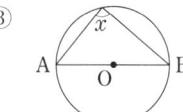

● 원에 내접하는 사각형

① 원주각이 같다. $\angle BAC = \angle BDC$

② 마주보는 내각의 합이 $180°$ $\angle A + \angle C = 180°$

③ 외각은 마주하는 내각의 대각과 같다.

$\angle C$ 의 외각 = $\angle A$

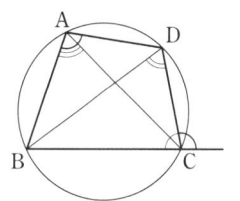

---

1 **삼각형의 이등분선과 비**

▶ 선분의 내분점·외분점

선분 AB 를 $m : n$ 으로 내분하는 점 P
($m > 0$, $n > 0$)

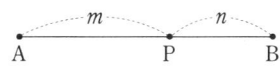

선분 AB 를 $m : n$ 으로 외분하는 점 Q
($m > 0$, $n > 0$)

$m > n$일 때

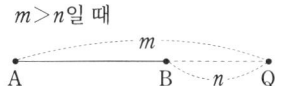

$m < n$일 때

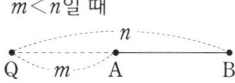

답 : 문제2 ① 30°   ② 80°   ③ 90°

▶ **내각의 이등분선**

△ABC 에 있어서 ∠A 의 이등분선과 BC 의 교점을 D 라고 하면
점 D 는 BC 를 AB : AC 로 내분한다.

$$\angle BAD = \angle CAD \implies AB : AC = BD : DC$$

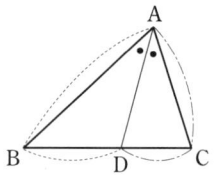

▶ **외각의 이등분선**

△ABC 에 있어서 ∠A 의 외각의 이등분선과 BC 의 연장과
의 교점을 D, BA 의 연장상의 점을 E 라고 하면 점 D 는 선분
BC 를 AB : AC 로 외분한다.

$$\angle CAD = \angle EAD \implies AB : AC = BD : DC$$

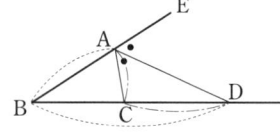

2 삼각형의 오심

(1) **중심** 세 개의 중선이 교차하는 점. 중심은 각 중선을 2 : 1 로 내분한다.

(2) **외심** 세 변의 수직이등분선이 교차하는 점. 외심은 세 꼭지점까지의 거리가 같다.

(3) **내심** 세 개의 내각의 이등분선이 교차하는 점. 내심은 세 변까지의 거리가 같다.

(4) **수심** 세 꼭지점에서 대변으로 그은 수직선이 교차하는 점.

(5) **방심** 하나의 꼭지점의 내각의 이등분선과 다른 두 꼭지점의 외각의 이등분선이 교차
하는 점. 방심은 하나의 삼각형에 세 개 있다.

중심G   외심O   내심I   수심H   ∠A안의 방심I_A

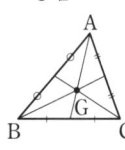 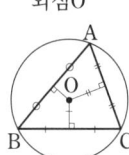 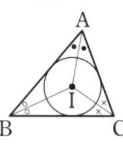

3 메넬라우스의 정리 · 체바의 정리

▶ **메넬라우스의 정리 (삼각형과 직선)**

△ABC 의 변 AB, BC, CA, 또는 그 연장이 하나의 직선과 P,
Q, R 에서 교차할 때,

$$\frac{AP}{PB} \cdot \frac{BQ}{QC} \cdot \frac{CR}{RA} = 1$$

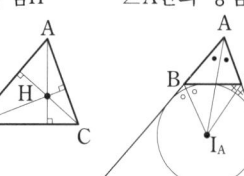

▶ **체바의 정리 (삼각형과 내부의 점)**

△ABC 내부의 점 O 과 A, B, C 을 연결하는 직선과 대변의 교
점을 Q, R, P 라고 할 때,

$$\frac{AP}{PB} \cdot \frac{BQ}{QC} \cdot \frac{CR}{RA} = 1$$

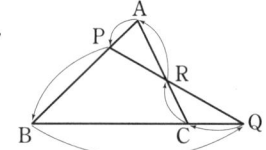

4 원과 직선

▶ **접선과 현이 만드는 각 (접현정리)**

원주 상의 점 A 에서의 접선과 현 AB 가 만드는 각은 호 AB 위에 서
는 원주각과 같다.   ∠TAB = ∠ACB

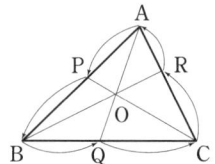
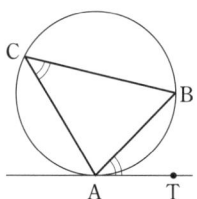

문제 3 각 x, y 의 크기를 구하시오 .

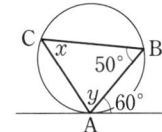

▶ **방멱의 정리**

① 원의 두개의 호의 교점, 또는 그들의 연장의 교점을 P 라고 하면,

$$PA \cdot PB = PC \cdot PD$$

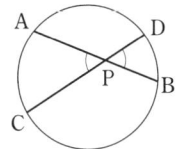 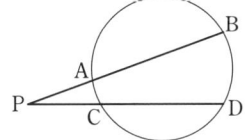 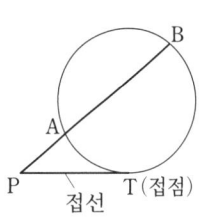

② 원 밖의 점 P 에서 원으로 그은 접선의 접점을 T 라 하고, P 에서 그은 다른 하나의 직선이 원과 두 점 A, B 에 교차할 때,

$$PA \cdot PB = PT^2$$

---

5 공간도형(1) 직선과 평면

(1) **직선의 위치 관계**

① 한 점에서 교차한다. ②평행이다. ③꼬인 위치에 있다.

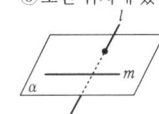

└ 같은 평면 위에 있다. ┘

같은 평면 위에 없다.

(2) **직선과 평면의 위치 관계**

① l은 α 에 포함된다. ② 한 점에서 교차한다. ③평행이다.
　(l은 α 위에 있다.)

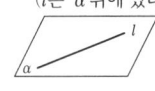 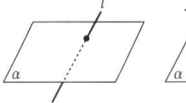 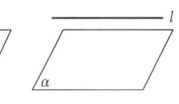

(3) **두 평면의 위치 관계**

①교차한다. ②평행이다.

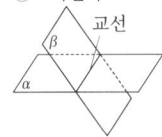 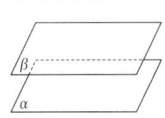

(4) **두 평면이 이루는 각**

교선 l 에 수직으로 그은 두 직선이 이루는 각이 두 평면이 이루는 각이다 .

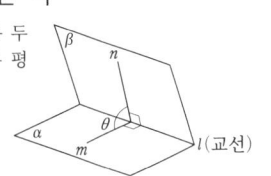

---

6 공간도형(2) 다면체

평면으로만 둘러싸인 입체를 다면체라고 한다 .

각 면이 모두 합동인 정다각형으로 각 꼭지점으로 모이는 면, 변의 수가 모두 같은 다면체를 정다면체라고 한다 . 정다면체는 다음 다섯 종류가 있다 .

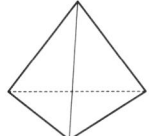 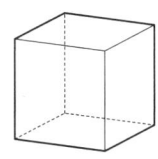 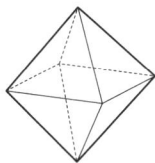 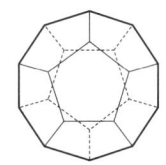 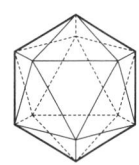

| 정사면체 | 정육면체
(입방체) | 정팔면체 | 정십이면체 | 정이십면체 |

답 : 문제 3　$x = 60°$　$y = 70°$

기본문제·실전문제의 해답 해설

본문에 수록된 기본문제와 실전문제에 대한 해답과 상세한 해설을 수록하였습니다.

틀린 문제, 자신감이 없는 문제 등에 대해서는 반복하여 해설을 읽기 바랍니다.

제 1 장 수와 식
기본문제

1
(1) A   8
   B   5
(2) C   6
   D   3
   E   4
(3) F   4
   G   4
   H   6
(4) I J -9
   K   8
   L   6
(5) MN   32
   OP   11
   Q   8

2
(1) AB   25
   CD   20
   E   4
(2) F   6
   GH   12
(3) I   4
   JK   25
(4) LM   15
   NO   75
   PQR 125
(5) S   8
   TU   27

1 지수법칙
해법의 포인트

· 수의 부분과 문자와 부분으로 나눈다 . $2a^2 \times 3a^3 = 6a^5$
· 수의 부분은 음수를 짝수 개 곱하면 양수가 되고 음수를 홀수 개 곱하면 음수가 된다 .
   $(-1) \times (-1) = 1$ ← 짝수 개 (2 개) 곱한다 .
   $(-1) \times (-1) \times (-1) = -1$ ← 홀수 개 (3 개) 곱한다 .
· 문자 부분은 지수법칙을 사용한다 .
   $a^m a^n = a^{m+n}$ $(a^m)^n = a^{mn}$ $(ab)^m = a^m b^m$

(1) $-x^2 \times (-2x)^3 = -x^2 \times (-8x^3) = 8x^5$

(2) $2a^2 b \times 3ab^3 = 6a^3 b^4$

(3) $(-2a^2 b^3)^2 = 4a^4 b^6$

(4) $\dfrac{1}{3} a^2 b^3 \times (-3a^2 b)^3 = \dfrac{1}{3} a^2 b^3 \times (-27 a^6 b^3)$
       $= -9a^8 b^6$

(5) $a^2 b \times (2ab)^3 \times (-2a^3 b^2)^2 = a^2 b \times 8a^3 b^3 \times 4a^6 b^4 = 32 a^{11} b^8$

2 전개의 공식
해법의 포인트

· 전개의 공식을 사용한다 .
 (2)(3) 공식을 잊었다면 항끼리 모두 곱한다 .
   $(3x - 4)(2x + 3) = 6x^2 + 9x - 8x - 12$
 (4) 공식을 잊었다면 제곱하고 나서 $(x + 5)$ 를 곱한다 .
   $(x + 5)^3 = (x + 5)(x^2 + 10x + 25)$

(1) $(5x - 2y)^2 = 25x^2 - 20xy + 4y^2$

(2) $(3x - 4)(2x + 3) = 6x^2 + x - 12$

(3) $(2a - 5)(2a + 5) = 4a^2 - 25$

(4) $(x+5)^3 = x^3 + 3 \cdot 5x^2 + 3 \cdot 25x + 125$
$= x^3 + \mathbf{15}x^2 + \mathbf{75}x + \mathbf{125}$

(5) $(2x-3)(4x^2+6x+9) = \mathbf{8}x^3 - \mathbf{27}$

> $(a-b)(a^2+ab+b^2) = a^3 - b^3$ 에
> $a=2x,\ b=3$ 를 적용한다.

③
문제 1

(1)	A	2
	B	4
	C	4
(2)	DE	16
(3)	F	2
	GH	13
	IJ	14
	KL	24

③ 다항식의 전개

문제 1

해법의 포인트

(1) 공식을 사용할 수 있도록 하나의 문자로 치환한다.
a^2+2 를 X 로 치환하면
$(X+3a)(X-a)$ 이 되고 공식을 사용할 수 있다.

(2) $(a+b)(a-b) = a^2 - b^2$ 를 사용할 수 있도록 궁리한다.

(3) 순서를 바꿔서 조합하여 전개하고 치환을 한다.
$(x+2)(x+4)(x-3)(x-1)$
$= (x+2)(x-1)(x+4)(x-3)$

> 더하면 1   더하면 1

(1) $a^2+2 = X$ 로 놓으면
$(X+3a)(X-a)$ ← 공식을 사용할 수 있는 형태가 된다.
$= X^2 + 2aX - 3a^2$
$= (a^2+2)^2 + 2a(a^2+2) - 3a^2$ ← $X = a^2+2$ 로 되돌린다.
$= a^4 + 4a^2 + 4 + 2a^3 + 4a - 3a^2$
$= \mathbf{a^4 + 2a^3 + a^2 + 4a + 4}$

(2) $\{(a-2b)(a+2b)\}(a^2+4b^2)$
$= (a^2 - 4b^2)(a^2 + 4b^2) = \mathbf{a^4 - 16b^4}$

> 공식 $(a+b)(a-b) = a^2 - b^2$ 을 사용할 수 있다.

(3) $(x+2)(x-1)(x+4)(x-3)$ ← 치환이 가능하도록 순서를 바꾸었다.
$= (x^2 + x - 2)(x^2 + x - 12)$
$x^2 + x = A$ 로 놓으면,
$= (A-2)(A-12) = A^2 - 14A + 24$
$= (x^2+x)^2 - 14(x^2+x) + 24$ ← $A = x^2+x$ 로 되돌린다.
$= x^4 + 2x^3 + x^2 - 14x^2 - 14x + 24$
$= \mathbf{x^4 + 2x^3 - 13x^2 - 14x + 24}$

해 답

문제 2

MN	11
O	1
P	3
Q	1

4

(1)	A	2
	B	2
	C	2
	D	4
(2)	E	3
	F	2
(3)	G	1
	H	3
	I	4
(4)	JK	16
	L	9
	M	2
	N	3
	O	4
	P	2
	Q	3
	R	4

문제 2 $P = x^4 + 6x^3 + ax^2 + 6x + b$ ······①

P 의 x^4 의 계수가 1 인 것에서 Q 의 x^2 의 계수도 1 이다.

$Q = x^2 + mx + n$ 로 하면

공식 $(a+b+c)^2$
$= a^2 + b^2 + c^2 + 2ab + 2bc + 2ca$

$$Q^2 = (x^2 + mx + n)^2$$
$$= x^4 + m^2 x^2 + n^2 + 2mx^3 + 2nx^2 + 2mnx$$
$$= x^4 + 2mx^3 + (m^2 + 2n)x^2 + 2mnx + n^2 \quad \cdots\cdots②$$

$P = Q^2$ 에 의해 ①과 ②로부터

$$\begin{cases} 2m = 6 \longrightarrow \boxed{m=3} \\ m^2 + 2n = a \\ 2mn = 6 \longrightarrow \boxed{6n=6 \text{에서 } n=1} \\ n^2 = b \longrightarrow \boxed{1^2 = b} \end{cases}$$

이것을 풀어서 $m = 3, \ n = 1$

$a = m^2 + 2n = \mathbf{11}$ $b = n^2 = \mathbf{1}$

$Q = x^2 + 3x + 1$

4 인수분해

해법의 포인트

(2) $x - 2y = A$ 로 놓고 전개의 공식, 인수분해의 공식을 사용한다.

(3) 차수가 낮은 쪽의 문자에 대해 정리한다 (이 경우는 b).
$$a^2 + 3ab + 3a - 3b - 4$$
$$= (3a - 3)b + (a^2 + 3a - 4)$$
$$= 3(a-1)b + (a-1)(a+4)$$

$(a-1)$ 가 나온다.

(4) $A^2 - B^2$ 의형태로 변형하여
$$A^2 - B^2 = (A-B)(A+B) \text{ 로 만든다}.$$

(1) $x^5 - 8x^2 = x^2(x^3 - 8)$ ← 다시 인수분해 할 수 있다.
$$= x^2(x-2)(x^2 + 2x + 4)$$

(2) $x - 2y = A$ 로 놓고
$$(A-1)(A+2) - 4 = A^2 + A - 6$$
$$= (A+3)(A-2)$$
$$= (x - 2y + 3)(x - 2y - 2)$$

(3) $a^2 + 3ab + 3a - 3b - 4$
$$= (3a-3)b + (a^2 + 3a - 4)$$
$$= 3(a-1)b + (a^2 + 3a - 4)$$
$$= 3(a-1)b + (a-1)(a+4)$$
$$= (a-1)(a + 3b + 4)$$ ← $a-1$을 앞에 놓는다.

해 답

(4) $\quad 4x^4 + 7x^2 + 16 = (4x^4 + \mathbf{16}x^2 + 16) - \mathbf{9}x^2$

$\qquad = (2x^2 + 4)^2 - 9x^2$

$\qquad = (2x^2 - 3x + 4)(2x^2 + 3x + 4)$

> $A^2 - B^2$ 의 형태를 만든다.

5

5 인수분해의 응용

문제 1

문제 1

해법의 포인트

(1) x 에 대해 정리해서

$\quad 15x^2 + 2xy - (y-5)(y-3)$ 를 인수분해 한다.

(2) $(5x - y + 5)(3x + y - 3) = 69$

곱해서 69 가 되는 정수의 조합을 생각한다.

(1)
	A	5
	B	5
	C	3
	D	3

(2)
	E	3
	FG	**17**

(1) $\qquad P = 15x^2 + 2xy - (y^2 - 8y + 15)$

여기서 $y^2 - 8y + 15$ 를 인수분해하면

$\qquad y^2 - 8y + 15 = (y-5)(y-3)$

$\qquad P = 15x^2 + 2xy - (y-5)(y-3)$

$$
\begin{array}{cccc}
5 & & -(y-5) & \longrightarrow -3y+15 \\
3 & \times & (y-3) & \longrightarrow 5y-15 \quad (+ \\
\hline
15 & & -(y^2-8y+15) & 2y
\end{array}
$$

$\qquad 15x^2 + 2xy - (y^2 - 8y + 15)$ 이 되고

$\qquad P = (5x - y + 5)(3x + y - 3)$

(2) (1)에 의해, $15x^2 + 2xy - y^2 + 8y - 84 = 0$ 은

$\qquad (5x - y + 5)(3x + y - 3) = 69$

곱해서 69 가 되는 두 가지 정수의 조합은,

$\qquad 69 = 23 \times 3 \quad 69 = 69 \times 1 \quad 69 = (-23) \times (-3)$

$\qquad 69 = (-69) \times (-1)$ 의 4 가지를 생각할 수 있지만

$(5x - y + 5) + (3x + y - 3)$

$= 8x + 2 > 0$ 에의해, $\longleftarrow$ | x, y 는 양수 |

$(5x - y + 5) < 0$ 동시에 $(3x + y - 3) < 0$ 이 아니다.

따라서 다음 4 가지를 생각할 수 있다.

① $\begin{cases} 5x - y + 5 = 23 \\ 3x + y - 3 = 3 \end{cases}$
② $\begin{cases} 5x - y + 5 = 3 \\ 3x + y - 3 = 23 \end{cases}$

③ $\begin{cases} 5x - y + 5 = 69 \\ 3x + y - 3 = 1 \end{cases}$
④ $\begin{cases} 5x - y + 5 = 1 \\ 3x + y - 3 = 69 \end{cases}$

①을 풀면, $x = 3 \quad y = -3$ 이 되고 y 가 음수가 되므로 문제의 조건을 만족시키지 못한다. $\longleftarrow$ | x, y 모두 양수라는 조건 |

②를 풀면 $x = 3 \quad y = 17$ 이 되고 조건을 만족시킨다.

③과 ④는 두 식을 더하면 $8x + 2 = 70$ 이 되고 x 가 정수가 되지 않으므로 조건을 만족시키지 못한다.

따라서 $x = 3$, $y = 17$

해 답

문제 2

(1)	H	2
	I	4
	J	7
(2)	KL	10

문제 2

해법의 포인트

(1) $(x-2)$와 $(x+4)$, $(x-1)$과 $(x+3)$ 를 조합하여 전개하면 $x^2 + 2x = A$ 로 치환할 수 있다.
$$P = (x-2)(x+4)(x-1)(x+3) + 4$$
$$= (x^2 + 2x - 8)(x^2 + 2x - 3) + 4$$
$$= (A-8)(A-3) + 4$$
치환식 $(A-8)(A-3) + 4$ 를 전개하고 나서 인수분해한다.

더하면 2   더하면 2

(1)
$$P = (x-2)(x+4)(x-1)(x+3) + 4$$
$$= (x^2 + 2x - 8)(x^2 + 2x - 3) + 4$$
여기서, $x^2 + 2x = A$ 로 놓으면,
$$P = (A-8)(A-3) + 4 = A^2 - 11A + 28$$
$$= (A-4)(A-7)$$
$$= (x^2 + 2x - 4)(x^2 + 2x - 7)$$

(2) $P = (x-2)(x+4)(x-1)(x+3) + 4$ 에
$x = -1 + \sqrt{3}$ 을 대입하면,
$$P = (\sqrt{3}-3)(\sqrt{3}+3)(\sqrt{3}-2)(\sqrt{3}+2) + 4$$
$$= (3-9)(3-4) + 4 = 6 + 4 = 10$$

6 실수

자연수 1, 2, 3, 4, ……

문제 1

(1) -2 는 음수이므로 자연수가 아니다. (①)

(3) 0.25 와 같은 유한소수나 순환소수는 유리수이다.
유리수는 $\dfrac{n}{m}$ 과 같은 분수의 형태로 나타낼 수 있다. (②)

(4)(5) π와 $\sqrt{3}$ 과 같은 순환하지 않는 소수는 무리수이다. (③)

(6) $\sqrt{(-2)^2} = 2$ 이므로 자연수이다. (⓪)

6

문제 1

(1)	A	1
(2)	B	0
(3)	C	2
(4)	D	3
(5)	E	3
(6)	F	0

해 답

문제 2

(1) GH   **34**

     I J   **99**

(2) KL   **43**

     MN   **37**

문제 2

해법의 포인트

순환소수를 x 로 놓고

(1)은 $100x - x$,

(2)는 $1000x - x$

로 만들면 순환하는 소수부분을 소거할 수 있다 .

(1) $x = 0.34343434\cdots\cdots$ 로 놓으면 $100x = 34.34343\cdots\cdots$

$100x - x = 34$ $x = \dfrac{\mathbf{34}}{\mathbf{99}}$

(2) $x = 1.162162162\cdots\cdots$ 로 놓으면 $1000x = 1162.162162\cdots\cdots$

$1000x - x = 1161$ $x = \dfrac{1161}{999} = \dfrac{\mathbf{43}}{\mathbf{37}}$

【별해】 $0.\dot{1} = \dfrac{1}{9}$, $\;0.\dot{0}\dot{1} = \dfrac{1}{99}$, $\;0.\dot{0}0\dot{1} = \dfrac{1}{999}$에 의해

$0.\dot{3}\dot{4} = 34 \times 0.\dot{0}\dot{1} = \dfrac{34}{99}$

$1.\dot{1}6\dot{2} = 1 + 0.\dot{1}6\dot{2} = 1 + \dfrac{162}{999} = \dfrac{1161}{999} = \dfrac{43}{37}$

7

(1) AB   **−2**

     CD   **−2**

     E   **1**

     F   **3**

     G   **5**

     H   **2**

     I   **1**

(2) JK   **−9**

     LM   **10**

7 절댓값 기호

해법의 포인트

(1) $x - 3 \geqq 0$ 일 때, $|x - 3| = x - 3$

      $x - 3 < 0$ 일 때, $|x - 3| = -(x - 3)$

(2) $x < -2$, $\;-2 \leqq x < 3$, $\;3 \leqq x$ 로 경우를 나누어서 절댓값 기호를 제외한다 .

(1)   i) $x < \mathbf{-2}$ 일 때

        $-(x - 3) - (x + 2) = \mathbf{-2x + 1}$

    ii) $-2 \leqq x < \mathbf{3}$ 일 때

        $-(x - 3) + (x + 2) = \mathbf{5}$

    iii) $3 \leqq x$ 일 때

        $(x - 3) + (x + 2) = \mathbf{2x - 1}$

(2)   i)일 때 $-2x + 1 = 19$ $x = \mathbf{-9}$

    iii)일 때 $2x - 1 = 19$ $x = \mathbf{10}$

해 답

8

문제 1

(1) AB   **12**

C   **2**

(2) DE   **30**

FG   **12**

H   **6**

(3) I   **3**

문제 2

(1) J   **2**

K   **5**

L   **5**

(2) M   **3**

N   **5**

O   **2**

(3) P   **6**

QR   **35**

문제 3

(1) S   **1**

T   **2**

(2) U   **2**

V   **3**

8 루트의 계산

문제 1

해법의 포인트

$$\sqrt{a^2 \times b} = a\sqrt{b}$$

(1) $3\sqrt{18} + \sqrt{50} - \sqrt{8} = 9\sqrt{2} + 5\sqrt{2} - 2\sqrt{2} = \mathbf{12\sqrt{2}}$

공식 $(a-b)^2 = a^2 - 2ab + b^2$

(2) $(3\sqrt{2} - 2\sqrt{3})^2 = 18 - 12\sqrt{6} + 12 = \mathbf{30 - 12\sqrt{6}}$

공식 $(a-b)(a+b) = a^2 - b^2$

(3) $(3\sqrt{2} - \sqrt{15})(3\sqrt{2} + \sqrt{15}) = 18 - 15 = \mathbf{3}$

문제 2

해법의 포인트

분모의 유리화

· 분수의 분모, 분자에 같은 수를 곱하여도 변하지 않는다는 분수의 성질을 이용한다.

· $\sqrt{a} \times \sqrt{a} = a$ ← 유리수가 되었다.

· $(\sqrt{a} - \sqrt{b})(\sqrt{a} + \sqrt{b}) = a - b$ ← 유리수가 되었다.

(1) $\dfrac{2}{\sqrt{5}} = \dfrac{2\sqrt{5}}{\sqrt{5}\sqrt{5}} = \dfrac{\mathbf{2\sqrt{5}}}{\mathbf{5}}$

(2) $\dfrac{2}{3 - \sqrt{5}} = \dfrac{2(3 + \sqrt{5})}{(3 - \sqrt{5})(3 + \sqrt{5})} = \dfrac{2(3 + \sqrt{5})}{9 - 5} = \dfrac{\mathbf{3 + \sqrt{5}}}{\mathbf{2}}$

(3) $\dfrac{\sqrt{7} + \sqrt{5}}{\sqrt{7} - \sqrt{5}} = \dfrac{(\sqrt{7} + \sqrt{5})^2}{(\sqrt{7} - \sqrt{5})(\sqrt{7} + \sqrt{5})} = \dfrac{7 + 5 + 2\sqrt{35}}{2}$

$= \mathbf{6 + \sqrt{35}}$

문제 3

해법의 포인트

이중근호의 분리 방법

$$\sqrt{a + b + 2\sqrt{ab}} = \sqrt{a} + \sqrt{b} \quad (a > 0, \ b > 0)$$
$$\sqrt{a + b - 2\sqrt{ab}} = \sqrt{a} - \sqrt{b} \quad (a > b > 0)$$

(1) $\sqrt{3 + 2\sqrt{2}} = \sqrt{1 + 2 + 2\sqrt{1 \cdot 2}} = \mathbf{1 + \sqrt{2}}$

(2) $\sqrt{4 + \sqrt{12}} + \sqrt{4 - \sqrt{12}}$ ← $\sqrt{12} = 2\sqrt{3}$

$= \sqrt{3 + 1 + 2\sqrt{3 \cdot 1}} + \sqrt{3 + 1 - 2\sqrt{3 \cdot 1}}$

$= (\sqrt{3} + 1) + (\sqrt{3} - 1) = \mathbf{2\sqrt{3}}$

9

9 식의 값 (1)

문제 1

문제1

(1)	A	2
(2)	B	3
	C	1
	D	2
	EF	10
	G	3
	H	3
	I	2

해법의 포인트

(1) $1^2 < (\sqrt{3})^2 < 2^2$ 에 의해 $1 < \sqrt{3} < 2$

$\sqrt{3}$ 의 정수부분 $= 1$ $\sqrt{3}$ 의 소수부분 $= \sqrt{3} - 1$

(2) $\dfrac{1}{b^2} + b^2 = \left(b + \dfrac{1}{b}\right)^2 - 2\left(b \cdot \dfrac{1}{b}\right) = \left(b + \dfrac{1}{b}\right)^2 - 2$

(1) $1 < \sqrt{3} < 2$ 에 의해 $2 < 1 + \sqrt{3} < 3$ 이므로

$a = \mathbf{2}$

(2) $b = 1 + \sqrt{3} - 2 = \sqrt{3} - 1$

$\dfrac{1}{b} = \dfrac{1}{\sqrt{3} - 1} = \dfrac{\sqrt{3} + 1}{(\sqrt{3} - 1)(\sqrt{3} + 1)} = \dfrac{\sqrt{3} + 1}{2}$

또한, $b + \dfrac{1}{b} = \sqrt{3} - 1 + \dfrac{\sqrt{3} + 1}{2} = \dfrac{3\sqrt{3} - 1}{2}$

$\dfrac{1}{b^2} + b^2 = \left(b + \dfrac{1}{b}\right)^2 - 2b \cdot \dfrac{1}{b} = \left(\dfrac{3\sqrt{3} - 1}{2}\right)^2 - 2$

$= \dfrac{27 + 1 - 6\sqrt{3}}{4} - 2 = \dfrac{14 - 3\sqrt{3}}{2} - 2$

$= \dfrac{\mathbf{10 - 3\sqrt{3}}}{\mathbf{2}}$

문제 2

문제2

(1)	J	1
	KL	-4
(2)	MN	14
	OP	-8
	Q	3
	RST	-52

해법의 포인트

$x^2 + y^2 = (x + y)^2 - 2xy$

$x^3 + y^3 = (x + y)^3 - 3xy(x + y)$

$x = \dfrac{1 - \sqrt{3}}{1 + \sqrt{3}}$, $y = \dfrac{1 + \sqrt{3}}{1 - \sqrt{3}}$ 일 때

(1) $xy = \dfrac{1 - \sqrt{3}}{1 + \sqrt{3}} \times \dfrac{1 + \sqrt{3}}{1 - \sqrt{3}} = \mathbf{1}$

$x + y = \dfrac{1 - \sqrt{3}}{1 + \sqrt{3}} + \dfrac{1 + \sqrt{3}}{1 - \sqrt{3}} = \dfrac{(1 - \sqrt{3})^2 + (1 + \sqrt{3})^2}{(1 - \sqrt{3})(1 + \sqrt{3})}$

$= \dfrac{8}{-2} = \mathbf{-4}$

(2) $x^2 + y^2 = (x + y)^2 - 2xy = (-4)^2 - 2 \cdot 1 = \mathbf{14}$

$x - y = \dfrac{1 - \sqrt{3}}{1 + \sqrt{3}} - \dfrac{1 + \sqrt{3}}{1 - \sqrt{3}} = \dfrac{(1 - \sqrt{3})^2 - (1 + \sqrt{3})^2}{(1 - \sqrt{3})(1 + \sqrt{3})}$

$= \dfrac{-4\sqrt{3}}{-2} = 2\sqrt{3}$

따라서

$x^2 - y^2 = (x + y)(x - y) = (-4) \cdot 2\sqrt{3} = \mathbf{-8\sqrt{3}}$

해 답

$$x^3 + y^3 = (x+y)^3 - 3xy(x+y)$$
$$= (-4)^3 - 3 \cdot 1 \cdot (-4) = -52$$

10		
	A	5
	B	2
	C	4
	D	8
	E	8
	FG	24
	HI	32
	J	9

10 식의 값 (2)

해법의 포인트

차수를 낮추고 간단한 식으로 만든 후에 x 를 대입한다.

$x = 1 - \sqrt{5}$ 에 의해 $x - 1 = -\sqrt{5}$
양변을 제곱하여 $(x-1)^2 = 5$ ……①
①을 전개하여 $x^2 - 2x + 1 = 5$
$\quad x^2 = 2x + 4$ ◀── $\boxed{x^2 \text{을 } x \text{로 나타냈다.}}$
$\quad x^3 = x \cdot x^2 = x(2x+4) = 2x^2 + 4x = 2(2x+4) + 4x$
$\quad\quad = 8x + 8$ ◀── $\boxed{x^3 \text{을 } x \text{로 나타냈다.}}$
$\quad x^4 = x \cdot x^3 = x(8x+8) = 8x^2 + 8x = 8(2x+4) + 8x$
$\quad\quad = 24x + 32$ ◀── $\boxed{x^4 \text{을 } x \text{로 나타냈다.}}$
$\quad P = x^4 - 3x^3 + x^2 - 2x - 3$
$\quad\quad = 24x + 32 - 3(8x+8) + (2x+4) - 2x - 3$
$\quad\quad = 32 - 24 + 4 - 3 = 9$ ◀── $\boxed{24x - 24x + 2x - 2x = 0}$

11		
	A	1
	B	3
(1)	CD	−1
	EF	−2
	G	2
	H	3
	I	4
	J	2
	K	2
(2)	LM	14

11 제곱수의 루트

해법의 포인트

$$\sqrt{a^2} = |a| = \begin{cases} a & (a \geqq 0 \text{ 일 때}) \\ -a & (a < 0 \text{ 일 때}) \end{cases}$$

$\sqrt{a^2 + 2a + 1} = \sqrt{(a+1)^2} = |a+1|$
$\sqrt{a^2 - 6a + 9} = \sqrt{(a-3)^2} = |a-3|$
$P = |a+1| + |a-3|$
(1) $a < -1$ 일 때, $P = -(a+1) - (a-3)$
$\quad\quad\quad\quad\quad\quad\quad\quad = -2a + 2$
$\quad -1 \leqq a < 3$ 일 때 $P = (a+1) - (a-3) = 4$
$\quad 3 \leqq a$ 일 때, $P = (a+1) + (a-3) = 2a - 2$

(2) $a < -1$ 이므로 $P = -2a + 2 = 12 + 2 = 14$

12		
문제 1		
(1)	AB	−3
	C	3
(2)	D	4
	E	7

12 연립부등식, 절댓값을 포함하는 부등식

문제 1

해법의 포인트

부등식의 풀이법
(1) $x - 2 \leqq 7 - 2x$
$\quad$ 이항한다. $\quad x + 2x \leqq 7 + 2$ ◀── $\boxed{x \text{를 좌변, 숫자를 우변으로 이동}}$
$\quad\quad\quad\quad\quad\quad\quad 3x \leqq 9$
$\quad 3$ 으로 나눈다. $\quad x \leqq 3$ ◀── $\boxed{\text{음수로 나누면 부등호의 방향이} \\ \text{바뀌므로 주의}}$

해 답

$(1)\ \begin{cases} x-2 \leqq 7-2x \quad \cdots\cdots ① \\ 2x-2 > x-5 \quad \cdots\cdots ② \end{cases}$

①에 의해 $x \leqq 3$, ②에 의해 $x > -3$

공통범위는 $\boldsymbol{-3 < x \leqq 3}$

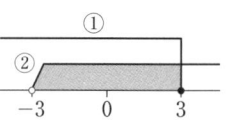

$(2)\ \begin{cases} 3(x+2) \geqq 18 \quad \cdots\cdots ① \\ 2(10-x) > 6 \quad \cdots\cdots ② \end{cases}$

①에 의해 $x \geqq 4$, ②에 의해 $x < 7$

공통범위는 $\boldsymbol{4 \leqq x < 7}$

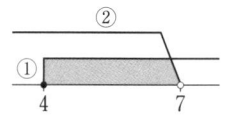

문제 2

(1) FG   **−8**

     H   **6**

(2) I J   **−1**

     KL   **11**

문제 2

해법의 포인트

$a > 0$ 일 때

① $|x| < a$ 라면 $-a < x < a$

  $(|x| \leqq a$ 라면 $-a \leqq x \leqq a)$

② $|x| > a$ 라면 $x < -a,\ a < x$

  $(|x| \geqq a$ 라면 $x \leqq -a,\ a \leqq x)$

(1) $|x+1| - 5 \leqq 2$

     $|x+1| \leqq 7$ ← -5 를 이항했다.

     $-7 \leqq x+1 \leqq 7$

     $\boldsymbol{-8 \leqq x \leqq 6}$ ← $+1$ 을 이항했다.

우변에 x 가 있으므로
$2x-4 \geqq 0$ 일 때와
$2x-4 < 0$ 일 때로
경우를 나눈다.

(2) $|2x-4| \leqq x+7$

  ⅰ) $2x-4 \geqq 0$, 즉 $x \geqq 2$ 일 때

     $2x-4 \leqq x+7$

         $x \leqq 11$ ← 이항하여 좌변을 x, 우변을 숫자로 했다.

     $x \geqq 2$ 와 공통범위는 $2 \leqq x \leqq 11$ $\cdots\cdots ①$

  ⅱ) $2x-4 < 0$, 즉 $x < 2$ 일 때

     $-(2x-4) \leqq x+7$

       $-3x \leqq 3$

         $x \geqq -1$ ← -3 으로 나누면 부등호의 방향이 바뀐다.

     $x < 2$ 와 공통범위는 $-1 \leqq x < 2$ $\cdots\cdots ②$

해는 ①과 ②를 합친 범위이므로

     $\boldsymbol{-1 \leqq x \leqq 11}$

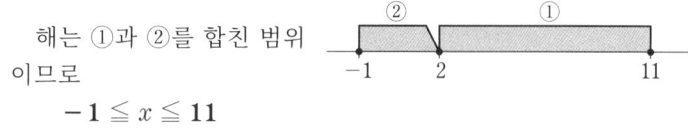

13

   A   **6**

   B   **5**

   C   **6**

---

13 일차부등식을 만족시키는 범위

$\begin{cases} 3x-5 < x+7 \quad \cdots\cdots ① \\ 2x+3 \geqq x+a \quad \cdots\cdots ② \end{cases}$

①을 풀면 $x < 6$

②를 풀면 $x \geqq a-3$

해 답

따라서 부등식의 해는
$$a-3 \leqq x < 6$$
이 되고, 이 범위에 해당하는 정수가 3, 4, 5의 3개가 되면 된다.
이때 그림과 같이 $a-3$의 범위가
$$2 < a-3 \leqq 3$$
이 된다. 이것을 풀어서
$$5 < a \leqq 6$$

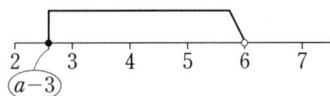

실전문제

1

1

A	6
B	1
C	2
D	9
E	4

해법의 포인트

· 전개의 공식
$$(a+b+c)^2 = a^2+b^2+c^2+2ab+2bc+2ca$$
을 이용한다.

· $\dfrac{1}{a} + \dfrac{1}{b} + \dfrac{1}{c}$을 주어진 식으로 나타낸다.

$$a^2+b^2+c^2 = (a+b+c)^2 - 2(ab+bc+ca)$$
$$= 2^2 - 2(-1) = 4+2 = 6$$

$$\frac{1}{a} + \frac{1}{b} + \frac{1}{c} = \frac{bc+ca+ab}{abc} = \frac{-1}{-2} = \frac{1}{2}$$

$$\left(\frac{1}{a} + \frac{1}{b} + \frac{1}{c}\right)^2 = \frac{1}{a^2} + \frac{1}{b^2} + \frac{1}{c^2} + 2\left(\frac{1}{ab} + \frac{1}{bc} + \frac{1}{ca}\right)$$

에 의해

$$\frac{1}{a^2} + \frac{1}{b^2} + \frac{1}{c^2} = \left(\frac{1}{a} + \frac{1}{b} + \frac{1}{c}\right)^2 - 2\left(\frac{1}{ab} + \frac{1}{bc} + \frac{1}{ca}\right)$$
$$= \left(\frac{1}{a} + \frac{1}{b} + \frac{1}{c}\right)^2 - 2\left(\frac{a+b+c}{abc}\right)$$
$$= \frac{1}{4} - 2\left(\frac{2}{-2}\right) = \frac{9}{4}$$

2

2

(1)	A	4
	B	2
(2)	C	1
	D	2
	E	1
	F	3
	G	1
(3)	H I	54
	J K	38

해법의 포인트

(1) E를 P에 대해서 정리한 후 인수분해한다.
(2) x의 식을 대입하여 다시 인수분해 한다.
(3) 분모를 유리화하여 간단한 수치로 만든 후 대입한다.

(1)
$$E = P^2 - 2P - (Q^2 - 6Q + 8)$$
$$= P^2 - 2P - (Q-4)(Q-2)$$ ⟵ P를 포함하지 않는 항을 인수분해
$$= (P+Q-4)(P-Q+2)$$ ⟵ 전체를 인수분해

해 답

(2) P, Q에 x의 식을 대입하면

$E = (x^2 + 2x + 1 + x^2 - x + 2 - 4)(x^2 + 2x + 1 - x^2 + x - 2 + 2)$

$= (2x^2 + x - 1)(3x + 1)$ ← 인수분해 할 수 있다.

$= (x+1)(2x-1)(3x+1)$

(3) $x = \dfrac{1}{\sqrt{2}-1} = \sqrt{2} + 1$ ← 분자 · 분모에 $\sqrt{2}+1$을 곱 하여 분모를 유리화

이것을 (2)의 식에 대입하면

$E = (\sqrt{2}+2)(2\sqrt{2}+1)(3\sqrt{2}+4)$

$= (5\sqrt{2}+6)(3\sqrt{2}+4) = \mathbf{54 + 38\sqrt{2}}$

3

A	**3**
B	**4**
C	**3**
DE	**12**
FGH	**− 25**

3

해법의 포인트

· $1^2 < (\sqrt{3})^2 < 2^2$에 의해 $1 < \sqrt{3} < 2$

· 전개의 공식

$(a+b)^3 = a^3 + 3a^2 b + 3ab^2 + b^3 = a^3 + b^3 + 3ab(a+b)$에 의해

$\left(b + \dfrac{1}{b}\right)^3 = b^3 + \left(\dfrac{1}{b}\right)^3 + 3\left(b \cdot \dfrac{1}{b}\right)\left(b + \dfrac{1}{b}\right)$ 를 이용한다.

$1 < \sqrt{3} < 2$ 이므로

$5 - 2 < 5 - \sqrt{3} < 5 - 1$ 에 의해

$3 < 5 - \sqrt{3} < 4 \qquad a = \mathbf{3}$

$b = 5 - \sqrt{3} - a = 2 - \sqrt{3}$

$\dfrac{1}{b} = \dfrac{1}{2 - \sqrt{3}} = \dfrac{2 + \sqrt{3}}{(2 - \sqrt{3})(2 + \sqrt{3})} = \dfrac{2 + \sqrt{3}}{4 - 3} = 2 + \sqrt{3}$

분모를 유리화

$(2 - \sqrt{3})(2 + \sqrt{3}) = 4 - 3$

$b + \dfrac{1}{b} = 2 - \sqrt{3} + 2 + \sqrt{3} = \mathbf{4}$

$b^3 + \left(\dfrac{1}{b}\right)^3 = \left(b + \dfrac{1}{b}\right)^3 - 3\left(b \cdot \dfrac{1}{b}\right)\left(b + \dfrac{1}{b}\right)$

$\qquad = \left(b + \dfrac{1}{b}\right)^3 - \mathbf{12} = 64 - 12 = 52$

$a^3 - \left\{ b^3 + \left(\dfrac{1}{b}\right)^3 \right\} = 27 - 52 = \mathbf{-25}$

4

(1)　A　　3
　　B　　3
　　C　　1
　　D　　1
　　E　　2
　　F　　4
　　GH　−4
　　I　　2
(2)　JK　−4
　　L　　2

4

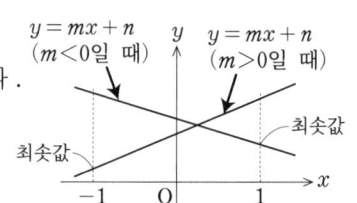
(1)　$f(x) = (1 - 2a)(1 + x) + (2 - a)(x - 1)$
　　　　$= (1 - 2a + 2 - a)x + (1 - 2a - 2 + a)$
　　　　$= (-3a + 3)x - (a + 1)$

$-1 \leq x \leq 1$ 에서 최솟값은

ⅰ) $-3a + 3 \geq 0$, 즉, $a \leq 1$ 일 때,
$y = f(x)$ 는 우상향 또는 x 축에 평행한 직선이 되므로 $x = -1$ 에서 최솟값을 취하고 최솟값은

$$f(-1) = 2a - 4$$

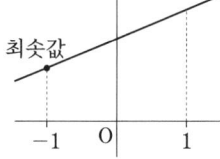

ⅱ) $-3a + 3 < 0$, 즉, $a > 1$ 일 때,
$y = f(x)$ 는 우하향 직선이 되므로
$x = 1$ 에서 최솟값을 취하고 최솟값은

$$f(1) = -4a + 2$$

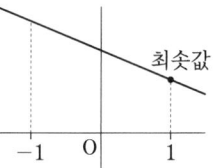

(2)　$-1 \leq x \leq 1$ 에서 항상 $f(x) > a - 8$ 이 되려면

ⅰ) $a \leq 1$ 일 때, $x = -1$ 에서 최솟값을 취하므로

$$f(-1) = 2a - 4 > a - 8 \quad \cdots \cdots ①$$

가 성립되면 된다 . ①을 풀면 $a > -4$

$$-4 < a \leq 1$$

ⅱ) $1 < a$ 일 때, $x = 1$ 에서 최솟값을 취하므로

$$f(1) = -4a + 2 > a - 8 \quad \cdots \cdots ②$$

가 성립되면 된다 . ②에 의해 $a < 2$

$$1 < a < 2$$

ⅰ), ⅱ) 를 합친 공통범위는 $-4 < a < 2$

5

　　A　　3
　　BC　−1
　　D　　3
　　EF　14
　　G　　2
　　H　　3

5

$$x^3 = (a+b)^3 = a^3 + b^3 + 3ab(a+b) \quad \cdots\cdots ①$$

$$(ab)^3 = a^3 b^3 = \frac{1}{5\sqrt{2}-7} \cdot \left\{-(5\sqrt{2}-7)\right\} = -1 \text{ 에 의해}$$

$$ab = -1$$

이것을 ①에 대입하여

$$x^3 = a^3 + b^3 - 3(a+b) = a^3 + b^3 - 3x$$

이로부터 $x^3 + 3x = a^3 + b^3 \quad \cdots\cdots ②$ ← [$3x$ 를 이항했다.]

여기서 $a^3 = \dfrac{1}{5\sqrt{2}-7} = \dfrac{5\sqrt{2}+7}{(5\sqrt{2}-7)(5\sqrt{2}+7)} = \dfrac{5\sqrt{2}+7}{50-49}$

$$= 5\sqrt{2} + 7$$

따라서 $a^3 + b^3 = 5\sqrt{2} + 7 + 7 - 5\sqrt{2} = 14$

②는 $x^3 + 3x - 14 = 0$ 으로 변형할 수 있다.

이 좌변을 인수분해하면

$$x^3 + 3x - 14 = (x^3 - 8) + 3x - 6 = (x^3 - 8) + 3(x-2)$$
$$= (x^3 - 2^3) + 3(x-2)$$
$$= (x-2)(x^2 + 2x + 4) + 3(x-2)$$
$$= (x-2)(x^2 + 2x + 7) = 0$$

$(x-2)(x^2+2x+7) = 0$ 가 성립되는 것은

$$x - 2 = 0 \text{ 또는 } x^2 + 2x + 7 = 0 \text{ 이다.}$$

하지만 $x^2 + 2x + 7 = (x^2 + 2x + 1) + 6$
$$= (x+1)^2 + 6 > 0 \quad \text{이다.}$$

따라서 $x - 2 = 0 \qquad a + b = 2$

해답

I	2	
J	2	
K	2	
L	7	
M	1	
N	6	
O	2	

6

(1)	A	3	
	B	2	
	C	2	
(2)	DE	−3	
	F	2	
(3)	GH	−4	
	IJ	−2	
	KL	−1	
	M	1	
	N	1	
	OP	−1	

6

(1) $x = (a+2)y + 1$ 을, $ax - (a+6)y = 2$ 에 대입하면

$$a\left\{(a+2)y + 1\right\} - (a+6)y = 2$$

$$y(a^2 + a - 6) + (a - 2) = 0 \quad ← [y \text{ 에 대해서 정리}]$$

$a^2 + a - 6$ 을 인수분해하면

$$y(a+3)(a-2) + (a-2) = 0$$

$$y(a+3)(a-2) = -(a-2) \quad \cdots\cdots ③$$

[y 를 포함하지 않는 항을 우변으로 이항]

(2) $a = -3$ 일 때,

③은 $y \cdot 0 \cdot (-5) = 5$ 이 되고 ③을 만족시키는 y 는 존재하지 않는다. 따라서 $a = -3$ 일 때, 해는 존재하지 않는다.

$a = 2$ 일 때,

③은 $y \cdot 5 \cdot 0 = 0$ 이 되고 y 가 실수라면 어떤 값이라도 성립된다. 따라서 $a = 2$ 일 때 해는 무수히 존재한다.

(3) $a \neq -3$, $a \neq 2$ 일 때, ③은 $y(a+3) = -1$

이로부터 $y = \dfrac{-1}{a+3}$,

y 가 정수가 되는 것은

해 답

$a+3=-1$ 일 때 $y=1$, 또는 $a+3=1$ 일 때 $y=-1$

즉 $a=-4$ 일 때 $y=1$, $a=-2$ 일 때 $y=-1$

ⅰ) $a=-4$, $y=1$ 일 때

이것들을 $x=(a+2)y+1$ 에 대입하면 $x=-1$

$$x=-1, \ y=1$$

ⅱ) $a=-2$, $y=-1$ 일 때

이것들을 $x=(a+2)y+1$ 에 대입하면 $x=1$

$$x=1, \ y=-1$$

7

(1) ABC -11

    D   3

    E   7

    F   3

(2) G   2

    H   3

(3) I   6

    JK   11

7

해법의 포인트

$|x| < a$ 이라면 $-a < x < a$

(1) 부등식 $|3x+2| < 9$ 의 해는

$$-9 < 3x+2 < 9$$

$$-11 < 3x < 7 \quad \longleftarrow \boxed{2 를 뺀다.}$$

$$-\frac{11}{3} < x < \frac{7}{3}$$

(2) 부등식 $|3x+2| < a$ 의 해는

$$-a < 3x+2 < a$$

$$-2-a < 3x < -2+a$$

$$\frac{-2-a}{3} < x < \frac{-2+a}{3}$$

(3) $a=9$ 일 때,

x 의 범위는 $-\dfrac{11}{3} < x < \dfrac{7}{3}$ 으로, 이것을 만족시키는 정수는

$$x=-3, \ -2, \ -1, \ 0, \ 1, \ 2$$

의 **6** 개 이다.

정수의 개수가 증가하려면

$$\frac{-2-a}{3} < -4 \ \ 또는 \ \ 3 < \frac{-2+a}{3} 가 \ 되면 \ 된다.$$

ⅰ) $\dfrac{-2-a}{3} < -4$ 을 풀면 $a > 10$ 이므로 a 가 11 이 되면

$x=-4$ 도 부등식을 만족시킨다.

ⅱ) $3 < \dfrac{-2+a}{3}$ 이 되는 것은 $11 < a$ 이므로 a 가 12 가 되면

$x=3$ 도 부등식을 만족시킨다.

부등식①을 만족시키는 정수의 개수가 처음 6 보다 커지는 것은

$a=11$ 일 때이다.

제 2 장   이차함수

기본문제

해답

1

문제 1

AB	-3
CD	-3
EF	-7
G	2

문제 2

H I	-2
JK	-5

문제 3

L	1
M	2
NO	-2

2

(1)	A	2
	BC	12
	DE	15
(2)	F	2
	GH	-4
	I	6
(3)	J	1
	KL	-6
	M	8

1 이차함수 그래프의 꼭짓점

해법의 포인트

$y = ax^2 + bx + c$ 를 $y = a(x-p)^2 + q$ 의 형태로 고치는 방법

① $y = 2x^2 - 4x + 6$

② $= 2(x^2 - 2x) + 6$ ← 계수 2를 ( ) 바깥으로

③ $= 2(x^2 - 2x + 1) + 6 - 2$ ← ( ) 속에서 더한 2를 뺀다.

( ) 속은 제곱식을 만든다.

④ $= 2(x-1)^2 + 4$

⑤ 꼭짓점의 좌표는 $(1, 4)$ 이다.

문제 1 $y = \dfrac{1}{2}x^2 + 3x + 1 = \dfrac{1}{2}(x^2 + 6x) + 1$

$$= \dfrac{1}{2}(x^2 + 6x + 9) + 1 - \dfrac{9}{2} = \dfrac{1}{2}(x+3)^2 - \dfrac{7}{2}$$

이로부터 축은 $x = -3$, 꼭짓점의 좌표는 $\left(-3, -\dfrac{7}{2}\right)$

문제 2 $y = 2x^2 + 8x + 3 = 2(x^2 + 4x + 4) + 3 - 8 = 2(x+2)^2 - 5$

꼭짓점은 $(0, 0)$ 에서 $(-2, -5)$ 로, x 축 방향으로 -2, y 축 방향으로 -5 평행이동했다.

문제 3 $y = -4x^2 - 4x - 1 - 4a(x+1) - a^2$

$$= -4x^2 - 4(a+1)x - a^2 - 4a - 1$$

$$= -4\left\{x^2 + (a+1)x + \dfrac{(a+1)^2}{4}\right\} - a^2 - 4a - 1 + (a+1)^2$$

{ } 속에서 뺀 몫을 더한다.

$$= -4\left(x + \dfrac{a+1}{2}\right)^2 - 2a$$

꼭짓점의 좌표는 $\left(-\dfrac{a+1}{2}, -2a\right)$

2 이차함수의 결정

해법의 포인트

이차함수의 결정 방법

① 그래프가 지나는 세 점의 좌표가 주어졌을 때

$y = ax^2 + bx + c$ 로 놓고, 세 점의 좌표를 대입하여, 연립방정식을 만든다.

② 꼭짓점의 좌표나 축이 주어졌을 때

$y = a(x-p)^2 + q$ 로 놓고, p, q 에 축이나 꼭짓점을 대입하여 방정식을 만든다.

해 답

(4) N   1
     OP   − 4
     Q   4
     R   1
     S   9
     T   4
     U   3
     V   4
(5) W   3
     X   6
     Y   4

(1) 꼭짓점이 $(-3, \ -3)$ 에 있으므로 구하는 이차함수는
    $y = a(x+3)^2 - 3$ 으로 놓을 수 있다 . ◄── $\boxed{p=-3, \ q=-3}$
      점 $(0, \ 15)$ 를 지나므로
        $15 = a \cdot 3^2 - 3$ 에 의해 $a = 2$ ◄── $\boxed{9a = 18}$
      구하는 이차함수는,
        $y = 2(x+3)^2 - 3 = \mathbf{2x^2 + 12x + 15}$ ◄── $\boxed{\begin{array}{l} y = ax^2 + bx + c \\ \text{의 형태로} \end{array}}$

(2) 축이 $x = 1$ 에 있으므로 구하는 이차함수는
    $y = a(x-1)^2 + q$ 로 놓을 수 있다 . ◄── $\boxed{p=1}$
      $(-1, \ 12)$ 를 지나므로 ◄── $\boxed{x=-1, \ y=12 \ \text{를 대입}}$
        $12 = a \cdot (-2)^2 + q = 4a + q$ ……①
      $(2, \ 6)$ 을 지나므로 ◄── $\boxed{x=2, \ y=6 \ \text{을 대입}}$
        $6 = a \cdot 1^2 + q = a + q$ ……②
      ①②를 풀어 $a = 2, \ q = 4$
      구하는 이차함수는,
        $y = 2(x-1)^2 + 4 = \mathbf{2x^2 - 4x + 6}$

(3) 구하는 이차함수를 $y = ax^2 + bx + c$ 로 놓는다 .
      점 $(1, \ 3)$ 을 지나므로
        $3 = a + b + c$ ……①   ◄── $\boxed{\text{세 점을 알고 있으므로}}$
      점 $(3, \ -1)$ 을 지나므로
        $-1 = 9a + 3b + c$ ……②
      점 $(6, \ 8)$ 을 지나므로
        $8 = 36a + 6b + c$ ……③
      ①②③을 풀어 $a = \mathbf{1} \quad b = \mathbf{-6}, \ c = \mathbf{8}$

(4) 그래프가 x 축에 접하므로 구하는 이차함수는
    $y = a(x-p)^2$ 로 놓을 수 있다 . ◄── $\boxed{q=0}$
      $(0, \ 4)$ 를 지나므로, $4 = ap^2$
        $a = \dfrac{4}{p^2}$ ……①
      $(3, \ 1)$ 을 지나므로, $1 = a(3-p)^2$
      이것에 ①을 대입하여 $1 = \dfrac{4}{p^2}(3-p)^2$
        $p^2 = 4(p-3)^2$ ──► $\boxed{p^2 = 4p^2 - 24p + 36}$
        $p^2 - 8p + 12 = 0$ ──► $\boxed{(p-2)(p-6) = 0 \ \text{로 인수분해}}$
      이것을 풀어 $p = 2, \ p = 6$
      ⅰ) $p = 2$ 를 ①에 대입하여 $a = 1$, 구하는 이차함수는
        $y = (x-2)^2 = \mathbf{1}x^2 - \mathbf{4}x + \mathbf{4}$
      ⅱ) $p = 6$ 을 ①에 대입하여 $a = \dfrac{1}{9}$, 구하는 이차함수는
        $y = \dfrac{1}{9}(x-6)^2 = \dfrac{\mathbf{1}}{\mathbf{9}}x^2 - \dfrac{\mathbf{4}}{\mathbf{3}}x + \mathbf{4}$

기본문제

(5) 꼭짓점이 $y=x+2$ 위에 있으므로 구하는 이차함수는
$$y=a(x-t)^2+t+2 \qquad \boxed{\text{꼭짓점은 } (t,\ t+2)}$$
로 둘 수 있다.

점 $(-2,\ 4)$ 를 지나므로
$$4=a(-2-t)^2+t+2 \quad \cdots\cdots①$$
점 $(0,\ 4)$ 를 지나므로
$$4=a(-t)^2+t+2 \quad \cdots\cdots②$$
①－②에 의해 $a(4t+4)=0$
이차함수이므로 $a\neq 0$ 에 의해 $t=-1$
이것을 ②에 대입하여 $a=3$
구하는 이차함수는
$$y=3(x+1)^2+1=\mathbf{3x^2+6x+4}$$

3 이차함수의 이동

해법의 포인트

이동 후의 이차함수 식을 구하는 법

① 원래의 이차함수의 꼭짓점을 구한다.

② 꼭짓점을 이동시킨다.

③ 이동 후의 꼭짓점에 의해 이차함수 식을 만든다.

문제 1 $y=-x^2+6x-7=-(x^2-6x+9)-7+9$
$$=-(x-3)^2+2 \text{ 에 의해 꼭짓점은 } (3,\ 2)$$
이것을 x 축 방향으로 6, y 축 방향으로 2만큼 평행이동 시키면
꼭짓점은 $(9,\ 4)$ $\leftarrow$ $\boxed{3+6=9,\ 2+2=4}$
구하는 포물선의 방정식은
$$y=-(x-9)^2+4 \qquad \boxed{\begin{array}{l} x^2 \text{ 의 계수가 } -1 \text{ 로,} \\ \text{꼭짓점이 } (9,\ 4) \end{array}}$$
$$=-x^2+18x-77$$

문제 2 $y=x^2+4x+5=(x^2+4x+4)+5-4$
$$=(x+2)^2+1 \text{ 에 의해 꼭짓점은 } (-2,\ 1)$$
$$y=x^2-2x+5=(x^2-2x+1)+5-1$$
$$=(x-1)^2+4 \text{ 에 의해 이동 후의 꼭짓점은 } (1,\ 4)$$
$(-2,\ 1)$ 을 $(1,\ 4)$ 로 이동시키기 위해서는
x 축 방향으로 $1-(-2)=\mathbf{3}$,
y 축 방향으로 $4-1=\mathbf{3}$ 만큼 평행이동 시킨다.

문제 3 이동 후의 이차함수 식은
$$y=2x^2+bx+c \quad \cdots\cdots① \text{로 나타낼 수 있다.}$$
점 $(6,\ -1)$ 을 지나므로
$$-1=72+6b+c \text{ 에 의해,}$$
$$6b+c=-73 \quad \cdots\cdots②$$
점 $(3,\ 5)$ 를 지나므로
$$5=18+3b+c \text{ 에 의해}$$

3
문제 1
A	9
B	4
CD	18
EF	77

문제 2
G	3
H	3

문제 3
I	5
JK	-3

해 답

$$3b + c = -13 \quad \cdots\cdots ③$$

②, ③을 연립시켜 풀어 $b = -20$ $c = 47$
이것을 ①에 대입하여
$$y = 2x^2 - 20x + 47 = 2(x^2 - 10x + 25) + 47 - 50$$
$$= 2(x - 5)^2 - 3$$
꼭짓점은 $(5, \ -3)$
$y = 2x^2$ 을 x 축 방향으로 **5**,
y 축 방향으로 -3 만큼 평행이동 시킨 것이다 .

문제 4

L	**2**
MN	**12**
OP	**16**

문제 4 $y = 2x^2 - 4x + 3$
$\qquad\qquad = 2(x - 1)^2 + 1$
에 의해, 이동 후의 꼭짓점은 $(1, \ 1)$.
$(1, \ 1)$ 을 y 축에 대해 대칭
이동을 하면 $(-1, \ 1)$.
다시 x 축 방향으로 -2,
y 축 방향으로 -3 평행이동
시키면 $(-3, \ -2)$ 이 되어 이
것이 이동 전의 꼭짓점이다 .
따라서 이동 전의 포물선은
$$y = 2(x + 3)^2 - 2 = 2x^2 + 12x + 16$$

4

문제 1

AB	**−8**
CD	**16**

4 이차함수의 최대·최소(1)
문제 1   최댓값을 취하므로 $a < 0$. ◄ 그래프는 위로 볼록
$\qquad$ 또한 $x = 1$ 에서 최댓값 12 를 취하므로
$y = ax^2 + bx + 4$ 는, $y = a(x - 1)^2 + 12$ 로 쓸 수 있다 .
$\qquad$ 이것을 전개하여
$$y = a(x^2 - 2x + 1) + 12 = ax^2 - 2ax + a + 12$$
$$a + 12 = 4 \text{ 에 의해, } \quad a = -8, \quad b = -2a = 16$$

문제 2

E	**2**
F	**3**
G	**0**
H	**4**
I	**2**
J	**6**
KL	**−2**
M	**2**
N	**4**
OP	**−6**
QRS	**−14**

문제 2

해법의 포인트

x 의 범위가 주어진 최대·최소
① $y = a(x - p)^2 + q$ 의 형태로 변형한다 .
② $a < 0$ 인지, $a > 0$ 에 주의하여 주어진 범위로 그래프를 그린다 .
③ 그래프의 최곳점(최댓값)과 최젓점(최솟값)을 찾는다 .

$\qquad f(x) = ax^2 - 4ax + a + b$ 로 만들면
$$f(x) = a(x^2 - 4x + 4) + a + b - 4a$$
$$= a(x - 2)^2 - 3a + b$$
$a = 0$ 일 때 $y = -3a + b$ (일정) 이 되어 최댓값, 최솟값은 갖지
않는다 .

해 답

i) $a > 0$ 에서 그래프는 아래로 볼록하므로

  $x = 4$ 에서 최댓값을, $x = 2$ 에서 최솟값을 취한다.

$$f(4) = a + b = 4$$
$$f(2) = -3a + b = -20$$

에 의해 $a = 6$, $b = -2$

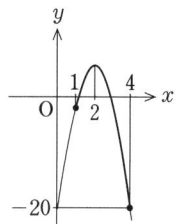

ii) $a < 0$ 에서 그래프는 위로 볼록하므로 $x = 2$

  에서 최댓값을, $x = 4$ 에서 최솟값을 취한다.

$$f(2) = -3a + b = 4 \quad \cdots\cdots ①$$
$$f(4) = a + b = -20 \quad \cdots\cdots ②$$

①, ②의 연립방정식을 풀어,

  $a = -6$, $b = -14$

5		
	A	1
	B	4
	C	1
	DE	-1
	F	1
	G	2
	H	6
	I	6
	J	8
	K	0
	L	4

5 이차함수의 최대 · 최소(2)

$f(x) = x^2 - 2x + 5 = (x^2 - 2x + 1) + 4 = (x - 1)^2 + 4$ 로 변형할

수 있고 축은 $x = 1$ 에 있다.

i) $a < -1$ 일 때,

  $a \leqq x \leqq a + 2 < 1$ 이므로 $x = a + 2(①)$ 에서 최소가 되고

  > 축을 포함하지 않는다.

  최솟값은 $f(a + 2) = (a + 1)^2 + 4$

  $\qquad\qquad\qquad\quad = a^2 + 2a + 5(②)$

ii) $-1 \leqq a \leqq 1(⑥)$ 일 때,

  범위에 축 $x = 1$ 을 포함하므로 $x = 1(⑥)$ 에서 최소가 되고

  최솟값은 $f(1) = 4(⑧)$

iii) $1 < a$ 일 때,

  $1 < a \leqq x \leqq a + 2$ $\quad x = a(⓪)$ 에서 최소가 되고

  > 축을 포함하지 않는다.

  최솟값은 $f(a) = a^2 - 2a + 5(④)$

6		
문제 1		
	A	1
	B	8
	C	4
	DE	86
	F	1
	GHI	-13

6 이차함수의 최대 · 최소(3)

해법의 포인트

문제1 $t = x^2 - 2x$ 로 놓고 t 의 범위를 생각한다.

문제2 $(a - b)^2$ 는 $a = b$ 일 때에 최솟값 0 이 되는 것을 이용한다.

문제 1 $t = x^2 - 2x$ 로 놓으면,

$$t = x^2 - 2x = (x - 1)^2 - 1$$

$0 \leqq x \leqq 4$ 에 의해

  t 는 $x = 1$ 에서 최솟값 -1,

  $\qquad x = 4$ 에서 최댓값 8 을 취한다.

  t 의 범위는 $-1 \leqq t \leqq 8$ $\quad \cdots\cdots ①$

y 를 t 로 나타내면

$$y = t^2 + 4t - 10$$

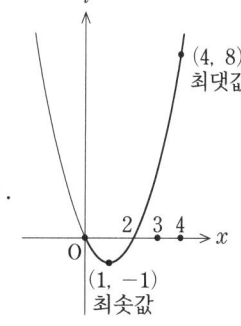

해 답

$$= (t^2 + 4t + 4) - 10 - 4$$
$$= (t + 2)^2 - 14$$

축은 $t = -2$ 이므로 $-1 \leqq t \leqq 8$ 의 범위에서는

y 는 $t = 8$ 에서 최댓값 **86**, $t = -1$ 에서 최솟값 **-13** 을 취한다.

최댓값, 최솟값을 취할 때의 x 의 값을 구한다.

$t = 8$ 일 때 ◄─── [최댓값을 취할 때]

$$x^2 - 2x = 8$$
$x^2 - 2x - 8 = 0$ 을 풀면, $x = -2, \ x = 4$
$0 \leqq x \leqq 4$ 에 의해 $x = \mathbf{4}$

$t = -1$ 일 때 ◄─── [최솟값을 취할 때]

$$x^2 - 2x = -1$$
$x^2 - 2x + 1 = 0$ 을 풀면 $x = 1$
$0 \leqq x \leqq 4$ 를 만족시키고 있으므로 $x = \mathbf{1}$

문제 2

J	2
K	3
L	4
M	1
NO	-1
PQ	-1
RS	-1

문제 2 $z = x^2 - xy + y^2 + x + y$

$$= x^2 - (y - 1)x + y^2 + y$$
$$= \left\{ x - \frac{1}{2}(y - 1) \right\}^2 + y^2 + y - \frac{1}{4}(y - 1)^2$$
$$= \left\{ x - \frac{1}{2}(y - 1) \right\}^2 + \frac{3(y^2 + 2y + 1) - 4}{4}$$
$$= \left(x - \frac{y - 1}{2} \right)^2 + \frac{\mathbf{3}}{\mathbf{4}}(y + \mathbf{1})^2 - \mathbf{1}$$

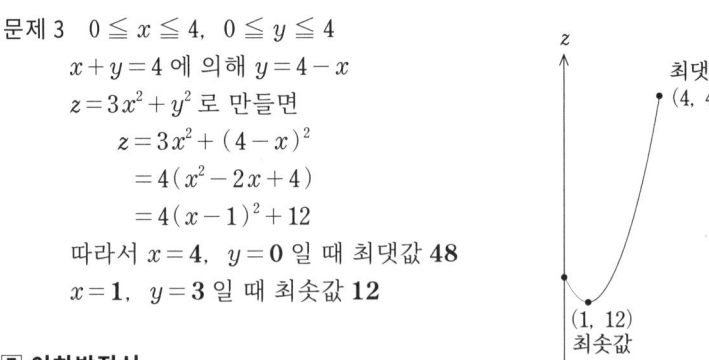

[$y = -1$ 일 때 최솟값 0 이 된다.]

[$x = \dfrac{y - 1}{2}$ 일 때 최솟값 0 이 된다.]

$x = \mathbf{-1}, \ y = \mathbf{-1}$ 일 때 z 는 최솟값 $\mathbf{-1}$ 이 된다.

문제 3

T	4
U	0
VW	48
X	1
Y	3
Za	12

문제 3 $0 \leqq x \leqq 4, \ 0 \leqq y \leqq 4$

$x + y = 4$ 에 의해 $y = 4 - x$

$z = 3x^2 + y^2$ 로 만들면

$$z = 3x^2 + (4 - x)^2$$
$$= 4(x^2 - 2x + 4)$$
$$= 4(x - 1)^2 + 12$$

따라서 $x = 4, \ y = 0$ 일 때 최댓값 **48**

$x = 1, \ y = 3$ 일 때 최솟값 **12**

7

문제 1

AB	-3
C	5
D	7
EF	-9

7 이차방정식

문제 1 $x^2 + 2ax + a^2 - 16 = 0$ ……①

①에 $x = -1$ 을 대입하면 ◄─── [a 를 구한다.]

$$(-1)^2 + 2a(-1) + a^2 - 16 = 0$$
$a^2 - 2a - 15 = 0$ $(a + 3)(a - 5) = 0$ $a = \mathbf{-3}, \ a = \mathbf{5}$

$a = -3$ 일 때, ①은 $x^2 - 6x - 7 = 0$ $(x + 1)(x - 7) = 0$

$x = -1, \ x = \mathbf{7}$

$a=5$ 일 때, ①은 $x^2+10x+9=0$ $(x+1)(x+9)=0$

$x=-1$, $x=\mathbf{-9}$

문제 2

GH -2

I   1

문제 2

해법의 포인트

x 의 계수가 짝수(2 의 배수)일 때는 $\dfrac{D}{4}$ 를 사용하면 계산이 편리!

$ax^2+2bx+c=0$ 일 때

$$\frac{D}{4}=b^2-ac$$

이차방정식이므로 $a\neq\pm1$

중근을 가질 때는 $D=0$

$$\frac{D}{4}=(a-1)^2-3(a^2-1)=0$$

$$a^2+a-2=0 \qquad a=-2,\ a=1$$

$a\neq\pm1$ 이므로 $a=\mathbf{-2}$

$a=-2$ 일 때 방정식은 $3x^2-6x+3=0$ 이 되고

$(x-1)^2=0$ 중근은 $x=\mathbf{1}$ 이다.

8

문제 1

(1) AB -3

C   5

(2) DE -1

F   4

(3) G   3

HI   14

J   1

K   5

8 이차부등식

해법의 포인트

이차부등식의 풀이법

① $a>0$ 인 이차부등식이 되도록

$$ax^2+bx+c<0 \quad \text{또는} \quad ax^2+bx+c>0$$

의 형태로 만든다.

② 방정식 $ax^2+bx+c=0$ 의 해 α, β 를 구한다.

③ α, β 로 x 축과 교차하도록 $y=ax^2+bx+c$ 의 대략적인 그래프를 그려 $y<0$ 또는 $0<y$ 의 범위를 구한다.

문제 1

(1) $x^2-2x-15=0$ 을 풀면

$$x=-3,\ x=5$$

그래프는 그림과 같이 되고

$x^2-2x-15<0$ 을 만족시키는 범위는 $\mathbf{-3<x<5}$

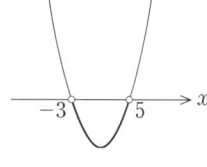

(2) $-x^2+3(x-1)+7\leqq0$ 양변에 -1 을 곱하여

$$x^2-3(x-1)-7\geqq0$$

$$x^2-3x-4\geqq0$$

$x^2-3x-4=0$ 을 풀면

$$x=-1,\ x=4$$

그래프는 그림과 같이 되고 $x^2-3x-4\geqq0$ 을 만족시키는 범위는 $x\leqq\mathbf{-1}$, $x\geqq\mathbf{4}$

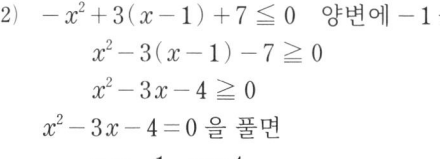

해답

(3) $y = x^2 - 6x = x(x - 6)$ 의 그래프는

$0 < x < 6$ 로 음이 되므로

$y = |x^2 - 6x|$ 의 그래프는 그림과

같은 곡선 (가는 선도 포함) 이 된다.

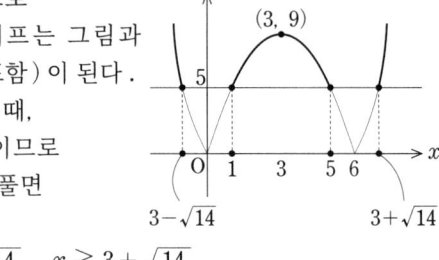

ⅰ) $x \leq 0,\ 6 \leq x$ 일 때,

여식은 $x^2 - 6x \geq 5$ 이므로

$x^2 - 6x - 5 = 0$ 를 풀면

$x = 3 \pm \sqrt{14}$

따라서 $x \leq 3 - \sqrt{14}$, $x \geq 3 + \sqrt{14}$

ⅱ) $0 < x < 6$ 일 때,

여식은 $-x^2 + 6x \geq 5$ 이 되어

$x^2 - 6x + 5 \leq 0$ $1 \leq x \leq 5$

ⅰ), ⅱ) 를 정리하면

$x \leq 3 - \sqrt{14}$, $1 \leq x \leq 5$, $3 + \sqrt{14} \leq x$

문제 2

LM	-2
N	5

문제 2   해가 $-\dfrac{3}{2} < x < 4$ 이 되는 부등식은

$(2x + 3)(x - 4) < 0$

이것을 전개하여

$2x^2 - 5x - 12 < 0$

-1 를 곱하여 ◀── 상수항을 $+12$ 로 한다.

$-2x^2 + 5x + 12 > 0$ ◀── 부등호의 방향이 바뀐다.

$ax^2 + bx + 12 > 0$ 와 계수를 비교하여

$a = -2$, $b = 5$

9

문제 1

AB	-1
C	5
D	2

9 방정식・부등식과 이차함수의 그래프

문제 1

해법의 포인트

> **모든 실수에 대하여 $ax^2 + bx + c > 0$ 이 성립하는 조건**
> ① $a > 0$ 로, $y = ax^2 + bx + c$ 의 그래프가 아래로 볼록.
> ② 판별식 $D < 0$ 로 x 축과 공유점을 갖지 않는다.

모든 실수에 대하여 $(a+1)x^2 - 2ax + 2a - 1 > 0$ 가 성립하는 조건은 $y = (a+1)x^2 - 2ax + 2a - 1$ 의 그래프가 아래로 볼록하고 x 축과 교차하지 않는 것이다.

그래프가 아래로 볼록해지므로

$a + 1 > 0$ $a > -1$ ……①

x 축과 교차하지 않기 위한 조건은 $D < 0$

$\dfrac{D}{4} = a^2 - (a+1)(2a - 1)$

$= -a^2 - a + 1 < 0$

양변에 -1 을 곱하여 $a^2 + a - 1 > 0$

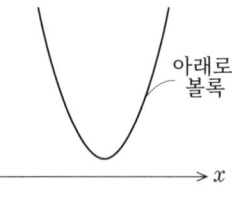

아래로 볼록

방정식 $a^2 + a - 1 = 0$ 의 해는

$$a = \frac{-1 \pm \sqrt{5}}{2}$$ 에 의해 $D < 0$ 를 만족시키는 a 는

$$a < \frac{-1 - \sqrt{5}}{2}, \quad a > \frac{-1 + \sqrt{5}}{2}$$

①에 의해 $a > \dfrac{-1 + \sqrt{5}}{2}$

문제 2

EF	−4
G	1
H	5

문제 3

I	3

문제 2 $x^2 + 3x - 4 = (x+4)(x-1) = 0$ 의 해는

$$x = -4, \quad x = 1$$

$y = x^2 + 3x - 4$ 의 그래프는 x 축과 $(-4, 0)(1, 0)$ 에서 교차하므로 그래프가 x 축에서 잘라내는 선분의 길이는

$$1 - (-4) = 5$$

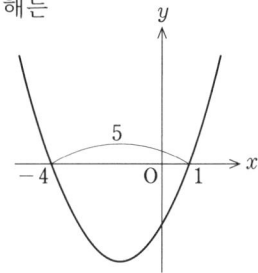

문제 3

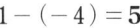

해법의 포인트

$a > 0$ 의 방정식 $ax^2 + bx + c = 0$ 이 양의 해 두 개를 갖는 조건

①   판별식 $D > 0$ 로 두 개의 해를 갖는다.

② $x = 0$ 일 때의 y 좌표 > 0

③   포물선의 꼭짓점의 x 좌표 > 0

방정식 $x^2 - 2ax + 2a + 3 = 0$ 이 서로 다른 두 양의 해를 가지려면,

$$y = x^2 - 2ax + 2a + 3$$
$$= (x-a)^2 - a^2 + 2a + 3$$

의 그래프가 그림과 같이 x 축의 양의 부분과 공유점을 두 개 가지면 된다.

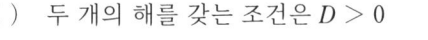

ⅰ) 두 개의 해를 갖는 조건은 $D > 0$

$$\frac{D}{4} = a^2 - (2a + 3) = a^2 - 2a - 3 > 0$$

$$a < -1, \ 3 < a \quad \cdots\cdots ①$$

ⅱ) $x = 0$ 일 때의 y 좌표 > 0

$$2a + 3 > 0 \quad \text{따라서} \quad a > -\frac{3}{2} \quad \cdots\cdots ②$$

ⅲ) 꼭짓점의 x 좌표 > 0

$$a > 0 \quad \cdots\cdots ③$$

①②③을 동시에 만족시키는 것은 $a > 3$

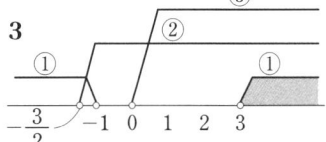

10 이차함수의 그래프와 접선, 정점통과

문제 1

10

문제 1

(1)	A	1
(2)	B	5
	C	3
(3)	D	3
	E	4

(1) 이차함수 $y = x^2 + 2(k-2)x + k^2$ 의 그래프가 x 축과 접하는 조건은 $D = 0$

$$D = 4(k-2)^2 - 4k^2 = -16k + 16 = 0$$

따라서 $k = 1$

(2) 그래프가 $y = 2x + 1$ 와 접할 때

$x^2 + 2(k-2)x + k^2 = 2x + 1$ ……①로 놓고,

$$x^2 + 2(k-3)x + k^2 - 1 = 0$$

이 식에서 $D = 0$ 이 된다. ◀── ①이 중근을 갖는다.

$$\frac{D}{4} = (k-3)^2 - (k^2 - 1)$$

$$= k^2 - 6k + 9 - k^2 + 1$$

$$= -6k + 10 = 0 \qquad k = \frac{5}{3}$$

(3) 방정식 $x^2 + 2(k-2)x + k^2 = 0$ 의 해는

$$x = \frac{-2(k-2) \pm \sqrt{D}}{2} = -k + 2 \pm \frac{\sqrt{D}}{2}$$ 에 의해

$$AB 의 선분의 길이 = \left(-k + 2 + \frac{\sqrt{D}}{2} \right) - \left(-k + 2 - \frac{\sqrt{D}}{2} \right)$$

$$= \sqrt{D} \geqq 2$$

따라서 $D \geqq 4$ ◀── 양변을 제곱

(1)에 의해 $D = -16k + 16$ 이므로

$$-16k + 16 \geqq 4$$

$$16k \leqq 12 \qquad k \leqq \frac{3}{4}$$

문제 2

FG	-2
H	3
I	4
J	1

문제 2 $C : y = x^2 + ax + 2a - 1$ 을 a 에 대하여 정리하면

$$y = x^2 - 1 + a(x + 2)$$

$x = -2$ 일 때는 a 가 어떤 값이어도 $a(x + 2) = 0$ 로

$y = x^2 - 1 = 3$ 이 된다.

따라서 a 의 값에 관계없이 $(-2, 3)$ 을 지나간다.

C 의 꼭짓점을 구한다.

$$y = \left(x^2 + ax + \frac{a^2}{4} \right) + 2a - 1 - \frac{a^2}{4}$$

$$= \left(x + \frac{a}{2} \right)^2 - \frac{a^2}{4} + 2a - 1$$

꼭짓점을 (X, Y) 로 한다.

$$X = -\frac{a}{2} \qquad Y = -\frac{a^2}{4} + 2a - 1$$

$$a = -2X$$

이것을 Y 의 식에 대입하면

$$Y = -\frac{1}{4}(-2X)^2 + 2(-2X) - 1$$

$$= -X^2 - 4X - 1$$

꼭짓점은 $y = -x^2 - 4x - 1$ 위에 있다.

실전문제

1

1		
	A	2
	B	7
	C	2
	D	4
	E	8
	F	2
	G	2
	H	0

1 $y = 2x^2 + 4ax + b$

$$= 2(x^2 + 2ax + a^2) + b - 2a^2$$

$$= 2(x+a)^2 - 2a^2 + b$$

로 변형 할 수 있고 꼭짓점은 $(-a, \ -2a^2 + b)$

꼭짓점을 x 축 방향으로 $2a$, y 축 방향으로 $1-2a$ 만큼 평행이동 하면

$$(a, \ -2a^2 - 2a + b + 1)$$

이 점을 꼭짓점으로 하고 이동한 후의 그래프는,

$$y = 2(x-a)^2 - 2a^2 - 2a + b + 1 \quad \cdots\cdots \text{⑦}$$

⑦는 점 $(0, 8)$ 을 지나므로

$$2a^2 - 2a^2 - 2a + b + 1 = -2a + b + 1 = 8$$

이로부터 $b = 2a + 7 \quad \cdots\cdots \text{④}$ ← $\boxed{b = \square \text{의 식으로 한다.}}$

④를 ⑦에 넣어 전개하면

$$y = 2(x-a)^2 - 2a^2 - 2a + 2a + 7 + 1$$

$$= 2(x^2 - 2ax + a^2) - 2a^2 - 2a + 2a + 8$$

$$= 2x^2 - 4ax + 8 \quad \cdots\cdots \text{①}$$

x 축에 접하는 그래프의 이차함수는 $y = 2(x-p)^2$ 로 나타낼 수 있다.

①을 변형하면

$$y = 2(x^2 - 2ax + a^2) - 2a^2 + 8$$

$$= 2(x-a)^2 - 2a^2 + 8$$

$-2a^2 + 8 = 0$ 일 때에 x 축에 접한다.

$a^2 = 4$ 에 의해 $a = \pm 2$

$a > 0$ 이므로 $a = 2$ $\quad y = 2(x-2)^2$

꼭짓점 = 접점이므로 접점은 $(2, 0)$ 이다.

2

2		
(1)	A	3
	B	1
	C	4
(2)	DE	−3
	F	6
	G	3
	HI	−6
(3)	J	6
	KLM	−10

2

해법의 포인트

교점을 구하는 법

$y = f(x)$ 와 $y = g(x)$ 의 그래프의 교점을 구하는 법

① $f(x) = g(x)$ 로 둔 방정식을 풀고 두 그래프의 교점의 x 좌표를 구한다.

② 교점의 x 좌표를 $f(x)$ 나 $g(x)$ 에 대입하여 교점의 y 좌표를 구한다.

(1) $G: y = ax^2 - 2x - 9a$

x 축에 관하여 대칭이동할 때는 G 의 y 를 $-y$ 로 바꾼다.

해 답

$$-y = ax^2 - 2x - 9a$$
$$y = -ax^2 + 2x + 9a \ \text{③}$$

y 축에 관하여 대칭이동할 때는 G 의 x 를 $-x$ 로 바꾼다 .
$$y = a(-x)^2 - 2(-x) - 9a$$
$$y = ax^2 + 2x - 9a \ \text{①}$$

원점에 관하여 대칭이동할 때는 G 의 x 를 $-x$ 로, y 를 $-y$ 로 바꾼다 .
$$-y = a(-x)^2 - 2(-x) - 9a = ax^2 + 2x - 9a$$
$$y = -ax^2 - 2x + 9a \ \text{④}$$

(2) 두 곡선의 교점을 구하기 위해
$$ax^2 - 2x - 9a = -ax^2 - 2x + 9a \ \text{로 둔다 .}$$
$$2ax^2 = 18a$$
G 는 이차함수이고 $a \neq 0$ 이므로 $x^2 = 9$
교점의 x 좌표는 $x = -3, \ x = 3$
$x = -3$ 을 G 에 대입하면 $y = 9a + 6 - 9a = 6$
　　교점은 $(-3, \ 6)$
$x = 3$ 을 G 에 대입하면 $y = 9a - 6 - 9a = -6$
　　교점은 $(3, \ -6)$

(3) $a = 1$ 일 때, G 는
$$y = x^2 - 2x - 9$$
$$= (x-1)^2 - 10$$
그래프는 그림과 같이 되고,
$-3 \leqq x \leqq 3$ 에 있어서 $x = -3$ 에서
최댓값을 취하고
　　최댓값 $= (-3-1)^2 - 10 = 6$
$x = 1$ 은 꼭짓점으로 그래프는 최소가
되고 최솟값은 -10

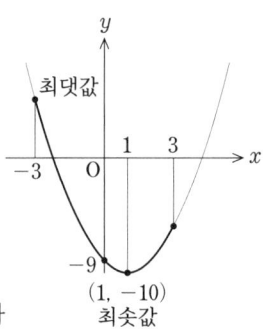

A	1
B	2
C	2
D	3
EF	-2
G	9
H	5
I	5
J	3
K	2
L	2
MN	-3

3　$2(y+1) = x(x-4)$　……①
$x - 4y + 1 \geqq 0$　……②
①은 $2y = x^2 - 4x - 2$
$$y = \frac{1}{2}(x^2 - 4x - 2) = \frac{1}{2}(x^2 - 4x + 4) - 3$$
$$= \frac{1}{2}(x-2)^2 - 3 \ \text{……㉠}$$
㉠를 ②에 대입하면
$$x - 4\left\{\frac{1}{2}(x-2)^2 - 3\right\} + 1 \geqq 0$$
$$-2x^2 + 9x + 5 \geqq 0 \ \text{……③}$$
$2x^2 - 9x - 5 \leqq 0$ ◄── -1 로 나누면 부등호의 방향이 바뀐다 .
이 부등식으로부터 x 의 범위를 구한다 .

해 답

$$(2x+1)(x-5) \leqq 0$$

x 의 범위는 $-\dfrac{1}{2} \leqq x \leqq 5$ 이지만

x 는 정수이므로 $0 \leqq x \leqq 5$

$0 \leqq x \leqq 5$ 에 있어서 ㉠의 그래프

를 그리면 y 는, $x=5$ 에서 최대가 되

고 최댓값 $\dfrac{3}{2}$ 을 취한다.

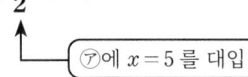 ㉠에 $x=5$ 를 대입

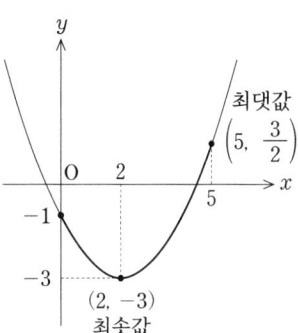

최댓값 $\left(5, \dfrac{3}{2}\right)$

(2, −3) 최솟값

꼭짓점

또한 $x=2$ 에서 최소가 되고 최솟값 -3 을 취한다.

4

(1) A   2
B   8
C   2
D   1
E   2
F   1

(2) GH   −1
I   4
J   1
K   2
L   1
M   1
N   5
O   4
P   1
Q   2

(3) RS   −1

4

(1)
$$\begin{aligned}
C : y &= -x^2 + 4ax + 4a^2 - 2a - 1 \\
&= -(x^2 - 4ax + 4a^2) + 4a^2 - 2a - 1 + 4a^2 \\
&= -(x-2a)^2 + 8a^2 - 2a - 1
\end{aligned}$$

C 의 꼭짓점은 $(2a,\ 8a^2 - 2a - 1)$ 뺐던 $4a^2$ 를 더한다.

꼭짓점의 좌표를 $(X,\ Y)$ 로 하면

$$X = 2a \quad \cdots\cdots ① \qquad Y = 8a^2 - 2a - 1 \quad \cdots\cdots ②$$

$a = \dfrac{1}{2} X$ 를 ②식에 대입하여 a 를 소거하면   ①을 변형

$$Y = 8\left(\frac{1}{2}X\right)^2 - 2\left(\frac{1}{2}X\right) - 1 = 2X^2 - X - 1$$

따라서 꼭짓점은 $y = 2x^2 - x - 1$ 위에 있다.

(2) 그래프는 위로 볼록하므로 꼭짓점의 y 좌표 $\geqq 0$ 라면 x 축과 공유점을
갖는다.   ②식

$$8a^2 - 2a - 1 \geqq 0$$
$$(4a+1)(2a-1) \geqq 0$$

$$a \leqq -\frac{1}{4} \qquad \frac{1}{2} \leqq a \qquad \longleftarrow \boxed{\substack{x\text{ 축과 공유점을 갖는}\\ a\text{ 의 범위}}}$$

$a = \dfrac{1}{2}$ 일 때, $8a^2 - 2a - 1 = 0$ 이 되고 꼭짓점이 x 축과 접한다.

꼭짓점의 x 좌표는 $x = 2a = 1$ 에 의해   ①식

   공유점은 $(1,\ 0)$

$f(x) = -x^2 + 4ax + 4a^2 - 2a - 1$ 로 두면

C 가 x 축의 양의 부분에서 공유점을 갖기 위한 조건은

ⅰ) $2a \leqq 0$ 즉 $a \leqq 0$ 일 때에는   축이 음 또는 y 축 일 때

$$f(0) = 4a^2 - 2a - 1 > 0$$

$4a^2 - 2a - 1 = 0$ 의 해는

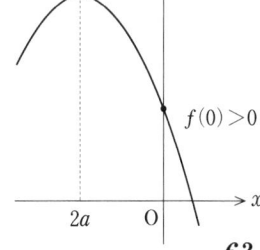

$f(0) > 0$

$2a$ O

해 답

$$a = \frac{1 \pm \sqrt{5}}{4}$$ 에 의해

부등식의 해는 $a < \frac{1-\sqrt{5}}{4}, \ \frac{1+\sqrt{5}}{4} < a$ 이지만

$a \leqq 0$ 에 의해 $a < \dfrac{1-\sqrt{5}}{4}$

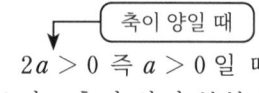
축이 양일 때

ii) $2a > 0$ 즉 $a > 0$ 일 때에
C 가 x 축의 양의 부분에서
공유점을 갖기 위한 조건은
꼭짓점의 y 좌표 $\geqq 0$ 이다.
(2)에 의해

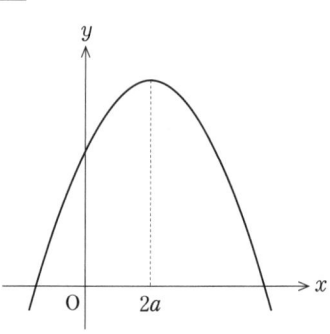

$a \leqq -\dfrac{1}{4}, \ \dfrac{1}{2} \leqq a$ 이지만

$a > 0$ 에 의해 $\dfrac{1}{2} \leqq a$

(3) $a < 0$ 일 때, 축이 음이므로
$0 \leqq x \leqq 1$ 의 범위에서는
$f(0) > f(1)$
최댓값과 최솟값의 차이가 5 이므로
$f(0) - f(1) = 1 - 4a = 5$
따라서 $a = -1$

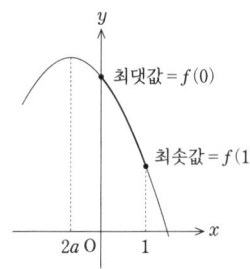

5
ABC -10
DE -5
F   0
G   1
H   2

5   ①을 풀면
$x^2 + (10 - a^2)x - 10a^2 \leqq 0$ ……①
$(x + 10)(x - a^2) \leqq 0$
$-10 \leqq x \leqq a^2$ ……①′   ⟵ $a^2 \geqq 1$
②를 풀면
$x^2 + 5ax \geqq 0$ ……②
$x(x + 5a) \geqq 0$
$x \leqq -5a \qquad 0 \leqq x$ ……②′   ⟵ $1 \leqq a$ 에 의해 $-5a < 0$
①②를 만족시키는 음의 실수가 존재하기 위해서는 ①′②′ 의
공통범위가 음에 존재하는 것이므로 $-10 \leqq -5a$
이것을 풀어 $a \leqq 2$
또한 조건 $1 \leqq a$ 과 합쳐서, $1 \leqq a \leqq 2$

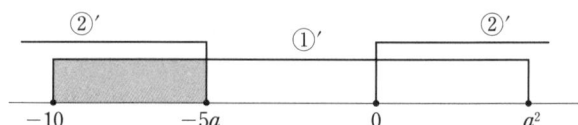

6

(1)	AB	-2
	C	3
	D	3
	E	4
(2)	F	1
	G	9
(3)	HIJ	-21

6

(1) $-1 \leqq -3x^2 + 7x + 5$ 를 풀면

$$3x^2 - 7x - 6 \leqq 0$$

$$(3x + 2)(x - 3) \leqq 0$$

$$-\frac{2}{3} \leqq x \leqq 3$$

x 는 정수이므로 $0 \leqq x \leqq 3$

y 가 -1 일 때에 ①의 부등식을 만족시키는 정수의 조합 (x, y) 는 $(0, -1)(1, -1)(2, -1)(3, -1)$ 의 **4** 조합

(2) $y = -3x^2 + 7x + 5 = -3\left(x^2 - \frac{7}{3}x\right) + 5$

$$= -3\left(x - \frac{7}{6}\right)^2 + 5 + 3\left(\frac{7}{6}\right)^2 \text{로 변형할 수 있고}$$

그래프의 축은 $x = \frac{7}{6}$ 이므로 $x = \frac{7}{6}$ 에서 y 는 최대가 된다.

$\frac{7}{6}$ 에 가장 가까운 정수는 $x = 1$ 이므로

$f(x) = -3x^2 + 7x + 5$ 로 놓으면

$$f(1) = -3 + 7 + 5 = 9$$

y 가 가장 커지는 정수의 조합 (x, y) 는, $(\mathbf{1}, \mathbf{9})$ 이다.

(3) 그림과 같이 $-2 \leqq x \leqq 4$ 의 범위에서 $y = -3x^2 + 7x + 5$ 의 그래프를 그려서 그래프보다 아래에 $y = a$ 가 되는 선을 그으면

$$a \leqq -3x^2 + 7x + 5 \quad \longleftarrow \boxed{\text{그래프가 } y = a \text{ 보다 위에 있다.}}$$

가 성립한다.

$$f(-2) = -3 \cdot (-2)^2 + 7 \cdot (-2) + 5 = -21$$

$$f(4) = -3 \cdot 4^2 + 7 \cdot 4 + 5 = -15$$

$-2 \leqq x \leqq 4$ 의 범위에서는

$a \leqq -21$ 라면 $a \leqq -3x^2 + 7x + 5$ 가 성립된다.

따라서 y 의 최댓값은 -21 이다.

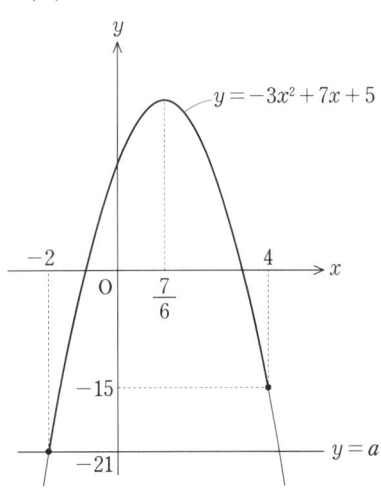

해 답

제 3 장   집합과 논리

기본문제

1

문제 1

(1) A   5

     B   2

     C   6

(2) D   1

     E   6

1 집합 (공통부분 · 합집합, 전체집합 · 여집합)

문제 1

해법의 포인트

그림을 그리며 생각한다 .

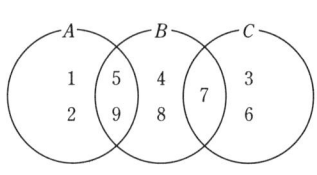

(1) $A \cap B = \{5, \ 9\}$ (⑤) ← 공통부분

    $A \cup B = \{1, \ 2, \ 4, \ 5, \ 7, \ 8, \ 9\}$ (②) ← 합집합

    $B \cap C = \{7\}$ (⑥)

(2) $(A \cap B) \cup C = \{5, \ 9\} \cup \{3, \ 6, \ 7\}$

                     $= \{3, \ 5, \ 6, \ 7, \ 9\}$ (①)

    $(A \cup B) \cap C = \{1, \ 2, \ 4, \ 5, \ 7, \ 8, \ 9\} \cap \{3, \ 6, \ 7\}$

                     $= \{7\}$ (⑥)

문제 2

    F   7

    G   0

    H   8

문제 2   그림을 그리면 오른쪽과 같다 .

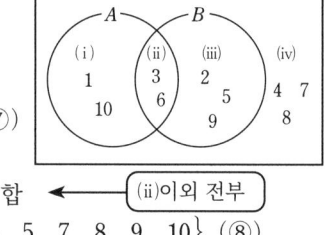

    $\overline{A}$ =(iii) 과 (iv)의 합집합

       $= \{2, \ 4, \ 5, \ 7, \ 8, \ 9\}$ (⑦)

    $A \cap \overline{B}$ =(i) $= \{1, \ 10\}$ (⓪)

    $\overline{A} \cup \overline{B} = \overline{A \cap B}$ =(ii)의 여집합 ← (ii)이외 전부

       $= \{1, \ 2, \ 4, \ 5, \ 7, \ 8, \ 9, \ 10\}$ (⑧)

2

문제 1

(1) AB   16

(2) CD   67

(3) EF   67

(4) GH   13

2 집합의 개수

문제 1

해법의 포인트

전체집합 $U = \{1$ 에서 100 까지의 자연수 $\}$

$A = \{2$ 로 나누어 떨어지는 수 $\}$

$B = \{3$ 으로 나누어 떨어지는 수 $\}$

$C = \{5$ 로 나누어 떨어지는 수 $\}$ 로 한다 .

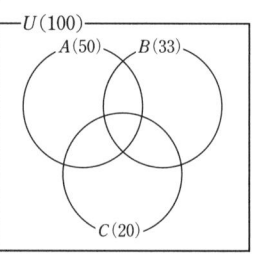

    $n(U) = 100$

    $n(A) = 50$

    $n(B) = 33$

    $n(C) = 20$

그림을 그리면 오른쪽과 같다 .

해 답

(1) 2와 3으로 나누어 떨어지는 수는 6으로 나누어 떨어지는 수이므로,

$$n(A \cap B) = \mathbf{16} \longleftarrow \boxed{100 \div 6 = 16.6 \cdots\cdots}$$

(2) $n(A \cup B) = n(A) + n(B) - n(A \cap B)$
$$= 50 + 33 - 16 = \mathbf{67} \longleftarrow \boxed{n(\text{A})\text{에도 } n(\text{B})\text{에도}\\ \text{포함되어 있으므로}}$$

(3) $n(\overline{B}) = n(U) - n(B) = 100 - 33 = \mathbf{67}$

(4) 구하는 것은 그림의 회색 부분의 요소의 개수이다.

$A \cap B \cap C$
$= \{30$으로 나누어 떨어지는 수$\}$
이므로,
$n(A \cap B \cap C) = 3$

$\boxed{100 \div 30 = 3.33 \cdots\cdots}$

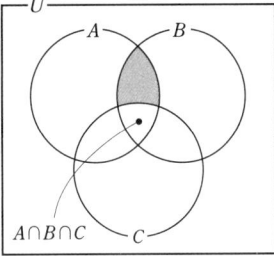

$n(A \cap B) - n(A \cap B \cap C) = 16 - 3 = \mathbf{13}$

문제 2

(1)	I	9
(2)	JK	19
(3)	LM	10
(4)	NO	27

문제 2

(1) $n(A \cap B) = n(A) + n(B) - n(A \cup B)$
$$= 17 + 28 - 36 = \mathbf{9}$$

(2) $n(\overline{A} \cap B)$
$= n(B) - n(A \cap B)$
$= 28 - 9 = \mathbf{19}$

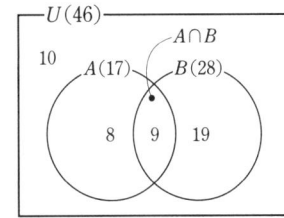

(3) $n(\overline{A \cup B})$
$= n(U) - n(A \cup B)$
$= 46 - 36 = \mathbf{10}$

(4) $n(A \cup \overline{B}) = n(A) + n(\overline{A \cup B}) = 17 + 10 = \mathbf{27}$

3

문제 1

	A	3

3 명제

문제 1

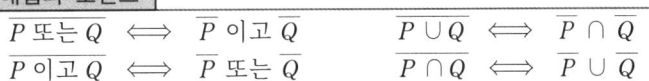

해법의 포인트

$\overline{P \text{ 또는 } Q} \iff \overline{P} \text{ 이고 } \overline{Q}$	$\overline{P \cup Q} \iff \overline{P} \cap \overline{Q}$
$\overline{P \text{ 이고 } Q} \iff \overline{P} \text{ 또는 } \overline{Q}$	$\overline{P \cap Q} \iff \overline{P} \cup \overline{Q}$

$x > a$의 부정은 $x \leqq a$, $x > b$의 부정은 $x \leqq b$
$x > a$ 또는 $x > b$의 부정은 $x \leqq a$이고 $x \leqq b$ (③)

해 답

문제 2

(1) B   1

(2) C   0

(3) D   1

4

문제 1

(1) A   1

(2) B   0

(3) C   2

문제 2

(1) D   1

(2) E   0

(3) F   3

(4) G   2

문제 2

(1) $|x| = 3$ 을 만족시키는 -3 을 대입하면

$$x^2 - 6x + 9 = 36 \neq 0 \quad \longleftarrow \boxed{\text{거짓}}$$

(2) $|x-1| < 1$ 에 의해, $-1 < x-1 < 1$,

$0 < x < 2$

이것은 오른쪽 그림과 같이 $x < 4$ 를 만족시키고 있다 . $\longleftarrow \boxed{\text{참}}$

(3) $a = 4$, $b = 0.5$ 일 때는 $a + b = 4.5 > 2$,

$ab = 2 > 1$ 을 만족시키지만 $a > 1$, $b > 1$ 은 아니다 . $\longleftarrow \boxed{\text{거짓}}$

4 필요조건 · 충분조건

해법의 포인트

· $\left. \begin{array}{l} p \longrightarrow q \\ p \longleftarrow\!\!\!\times q \end{array} \right\}$ ······ p 는 q 이기 위한 충분조건

· $\left. \begin{array}{l} p \longrightarrow\!\!\!\times q \\ p \longleftarrow q \end{array} \right\}$ ······ p 는 q 이기 위한 필요조건

· $\left. \begin{array}{l} p \longrightarrow q \\ p \longleftarrow q \end{array} \right\}$ ······ p 는 q 이기 위한 필요충분조건

($p \longrightarrow q$ 는 $p \Rightarrow q$ 가 참. $p \longrightarrow\!\!\!\times q$ 는 $p \Rightarrow q$ 가 거짓을 나타낸다 .)

문제 1

(1) $x = 0$ 이고 $y = 0$ $\Longleftrightarrow$ $x^2 + y^2 = 0$ (①)

(2) $x = 0$ 또는 $y = 0$ $\Longleftrightarrow$ $xy = 0$ (⓪)

(3) $x > 0$ 이고 $y > 0$ $\Longleftrightarrow$ $x + y > 0$ 이고 $xy > 0$ (②)

문제 2

(1) $a + b = 0 \longrightarrow\!\!\!\times a = 0$ 이고 $b = 0$ $\longleftarrow \boxed{a = 1 \quad b = -1}$

$a + b = 0 \longleftarrow a = 0$ 이고 $b = 0$

$a + b = 0$ 은, $a = 0$ 이고 $b = 0$ 이기 위한 **필요조건**이지만 충분

조건은 아니다 .(①)

(2) $a \geq 0 \longrightarrow \sqrt{a^2} = a$

$a \geq 0 \longleftarrow \sqrt{a^2} = a$

$a \geq 0$ 은, $\sqrt{a^2} = a$ 이기 위한 **필요충분조건**이다 .(⓪)

(3) $a > b \longrightarrow\!\!\!\times ac > bc$ $\longleftarrow \boxed{c < 0 \text{ 일때}}$

$a > b \longleftarrow\!\!\!\times ac > bc$ $\longleftarrow \boxed{c < 0 \text{ 일때}}$

$a > b$ 는 $ac > bc$ 이기 위한 필요조건도, 충분조건도 아니다 .(③)

해 답

(4) $a > 0$ 이고 $b > 0$ $\longrightarrow$ $\ominus$ $\longrightarrow$ $a+b > 0$

$a > 0$ 이고 $b > 0$ $\longleftarrow$ $\times$ $\longleftarrow$ $a+b > 0$ $\longleftarrow$ $\boxed{a=4 \quad b=-1}$

$a > 0$ 이고 $b > 0$ 은, $a+b > 0$ 이기 위한 **충분조건**이지만,
필요조건은 아니다 .(②)

실전문제

1

(1) A   1
    BC -3
(2) DE -1
    FG -1
(3) H   0
    I   2
    JK -3
    LM -1

1

(1) $A = \{1, \ 3, \ 6\} = \{1, \ 3, \ x^2 + 2x + 3\}$ 에 의해,
    $x^2 + 2x + 3 = 6$ $\longrightarrow$ $\boxed{x^2 + 2x - 3 = 0}$
    $(x-1)(x+3) = 0$
    $x = 1, \ x = -3$

(2) $2 \in B$ 에 의해, $x^2 + 2ax + a = 2$ $\cdots\cdots$①
    $B \subset A$ 에 의해, $x^2 + 2x + 3 = 2$ $\cdots\cdots$②
    ②에 의해, $x = -1$
    $x = -1$ 을 ①에 대입하여 $a = -1$

(3) $x^2 + 2ax + a = 4$ $\cdots\cdots$③
    $x^2 + (2a+1)x - 3 = 3$ $\cdots\cdots$④
    ③ − ④에 의해 $a - x = -2$ $x = a + 2$ 를 ③에 대입하여
    $(a+2)^2 + 2a(a+2) + a = 4$
    $a^2 + 4a + 4 + 2a^2 + 4a + a = 4$
    $3a^2 + 9a = 0$ $\longleftarrow$ $\boxed{3\text{으로 나눈다}.}$
    $a(a+3) = 0$ $a = 0, \ a = -3$
    $a = 0$ 일 때, $x = a + 2 = 2$ $(a, \ x) = (0, \ 2)$
    $a = -3$ 일 때, $x = a + 2 = -1$ $(a, \ x) = (-3, \ -1)$

2

(1) A   1
(2) B   3
    C   2
    D   1
    E   0
(3) FG   10
    HI   40
    JK   60

2

(1) 그림을 그려 숫자를 넣어 보면 오른쪽 그림
    과 같다 .(①)

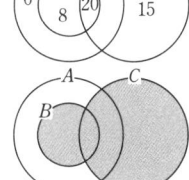

(2) 오른쪽 그림과 같이 $B \cup C$(회색 부분)와
    A 는, 포함관계가 없으므로 필요조건도 충
    분조건도 아니다 .(③)

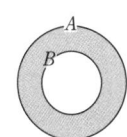

    그림과 같이 $A \cap \overline{B} \subset A$ 이므로 $x \in A \cap \overline{B}$ (회
    색 부분)는, $x \in A$ 이기 위한 **충분조건**이지만 필
    요조건은 아니다 .(②)

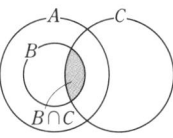

    $B \cap C$ 는 4 로도 5 로도 나누어 떨어지는
    수(20 , 40 , 60 , 80 , 100)로 모두 2 로 나
    누어 떨어진다 .

해 답

$A \supset (B \cap C)$ 이므로 $x \in A$ 는, $x \in B \cap C$ 이기 위한 **필요조건**이지만 충분조건은 아니다 .(①)

$B = A \cap B$ 이므로 $x \in B$ 는, $x \in A \cap B$ 의 **필요충분조건**이다 .(◎)

(3) $A \cap C$ 는 10 으로 나누어 떨어지는 자연수이므로
$n(A \cap C) = 100 \div 10 = \mathbf{10}$
$n(A \cap \overline{C}) = n(A) - n(A \cap C) = 50 - 10 = \mathbf{40}$
$n(\overline{B} \cap \overline{C}) = n(\overline{B \cup C}) = n(U) - n(B \cup C)$ 이다 .
$n(B \cup C) = n(B) + n(C) - n(B \cap C)$
$\qquad\qquad = 25 + 20 - 5 = 40$ ← 20 으로 나누어 떨어지는 자연수
$n(U) - n(B \cup C) = 100 - 40 = \mathbf{60}$

3

(1)	A	2
	B	1
(2)	C	4
	D	3
	E	7

3

(1) $p = $ 자연수 n 이 A 에 속한다 .
$q = n$ 이 2 로 나누어 떨어진다 .
$p \longrightarrow q$ $\qquad$ $p \longleftarrow\!\!\!\times q$
이므로 p 는 q 이기 위한 **충분조건**이지만 필요조건은 아니다 .(②)
$r = $ 자연수 n 이 B 에 속한다 .
$s = n$ 이 24 로 나누어 떨어진다 .
$r \longrightarrow\!\!\!\times s$ $\qquad$ $r \longleftarrow s$
이므로 r 은 s 이기 위한 **필요조건**이지만 충분조건은 아니다 .(①)

(2) C, D, E 를 그림으로 나타내면 다음과 같다 .

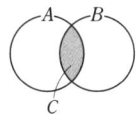 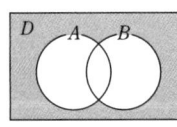 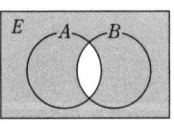

$C = A \cap B$ (④) $\qquad$ $D = \overline{A \cup B}$ (③) $\qquad$ $E = \overline{A \cap B}$ (⑦)

4

A	2
B	3
C	1
D	3
E	6
F	5
G	1
H	7

4 $n(A) = a$ 이므로 $n(A \cap \overline{B}) = \dfrac{1}{3}a$ 이다 .

그림을 그리면 오른쪽과 같다 .
그림에 의해서

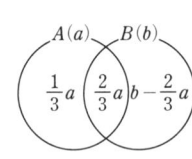

$$n(A \cap B) = a - \frac{1}{3}a = \frac{2}{3}a$$

$n(B) = b$ 이므로
$$n(A \cup B) = n(A) + n(B) - n(A \cap B)$$
$$= a + b - \frac{2}{3}a = \frac{1}{3}a + b$$

해 답

a 는 개수이며 자연수이므로 3 의 배수이다.

$1 < a < 14$ 로부터 $a = 3$, 6, 9, 12 이다.

또한 $n(U) > a + b$ 에 의해 $14 > a + b$

그림으로부터 $b > \dfrac{2}{3} a$ 에 의해 $14 > a + b > a + \dfrac{2}{3} a$

$$14 > \dfrac{5}{3} a \qquad 42 > 5a$$ ← 양변에 3 을 곱한다.

a 는 정수이므로 $8 \geqq a$

따라서 $a = 3$ 또는 $a = 6$

$a = 3$ 일 때, $a > b > \dfrac{2}{3} a$ 를 만족시키는 자연수 b 가 존재하지 않는다.

$a = 6$ 일 때, $a > b > \dfrac{2}{3} a$ 에 의해 $6 > b > 4$ 가 되고 $b = 5$

따라서 $a = \mathbf{6}$, $b = \mathbf{5}$

그림을 그리면 각 집합의 요소의 개수
는 오른쪽 그림과 같으며

$$n(\overline{A} \cap B) = \mathbf{1}$$
$$n(\overline{A \cup B}) = \mathbf{7}$$

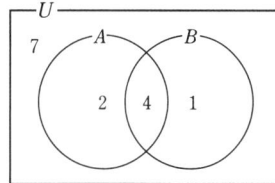

해 답

제 4 장　경우의 수와 확률

기본문제

1

문제 1

(1)　ABC　**216**

(2)　DEF　**120**

(3)　GH　　**10**

(4)　I J　　**36**

(5)　KLM　**189**

1 합의 법칙・곱의 법칙

문제 1

해법의 포인트

수형도

(4) 눈의 수의 합이 12 가 되는 눈이 나오는 방법 .

156	165
516	561
615	651

$$1—5—6 \quad \cdots\cdots \quad 6 가지 \leftarrow$$
$$2—4—6 \quad \cdots\cdots \quad 6 가지$$
$$5—5 \quad \cdots\cdots \quad 3 가지$$
$$3—3—6 \quad \cdots\cdots \quad 3 가지$$
$$4—5 \quad \cdots\cdots \quad 6 가지$$
$$4—4—4 \quad \cdots\cdots \quad 1 가지$$

(1)　각각의 주사위의 눈이 나오는 방법은 6 가지 . $6^3 = \mathbf{216}$(가지)

(2)　대 6 가지, 중은 대에서 나온 이외의 수이므로 5 가지, 소는 4 가지 .
$$6 \times 5 \times 4 = \mathbf{120}(가지) \quad (_6P_3 = 120)$$

(3)　합이 6 이 되는 눈의 수의 조합과 대, 중, 소의 눈이 나오는 방법은 다음과 같다 .

$(1,\ 1,\ 4) \cdots 3 가지 \quad (1,\ 2,\ 3) \cdots 3! = 6(가지)$

$(2,\ 2,\ 2) \cdots 1 가지 \quad 합계하여 3 + 6 + 1 = \mathbf{10}(가지)$

(4)　세 개의 눈의 수의 합이 6 의 배수가 되는 것은 6, 12, 18 의 세 가지 .

6 일 때는 (3)에 의해 10 가지 .

12 일 때는 위의 수형도에 의해 $6 \times 3 + 3 \times 2 + 1 = 25(가지)$.

18 일 때는 $(6,\ 6,\ 6)$ 의 한 가지 .

$$10 + 25 + 1 = \mathbf{36}(가지).$$

(5)　곱이 홀수가 되는 것은 세 가지 눈이 모두 홀수 $(1,\ 3,\ 5)$ 중 하나가 되는 경우로 $3^3 = 27(가지)$.

곱이 짝수가 되는 것은 $216 - 27 = \mathbf{189}(가지)$.

문제 2

(1)　NO　**18**

(2)　P　　**4**

(3)　QR　**10**

문제 2

해법의 포인트

정수 만드는 방법

제약이 있는 자리부터 생각한다 .

・가장 큰 자리에 0 이 오지 않는다.

・홀수 ⇨ 일의 자리가 홀수

・짝수 ⇨ 일의 자리가 짝수

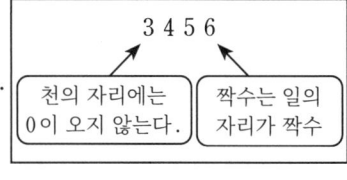

3 4 5 6

천의 자리에는 0 이 오지 않는다.

짝수는 일의 자리가 짝수

해 답

(1) 천의 자리에는 0 이 오지 않으므로, 천의 자리에 들어갈 수는
1, 2, 3 의 세 가지. 네 자리 정수는 $3 \times 3 \times 2 \times 1 = $ **18**(개)

(2) 천의 자리에는 0, 1 이 쓰이지 않으므로, 2 또는 3 이다.
천의 자리가 2 일 때, 2031, 2301 의 두 개
천의 자리가 3 일 때, 3021, 3201 의 두 개
합하여 $2 + 2 = $ **4**(개)

(3) 짝수가 되는 것은, 일의 자리가 0 또는 2 일 때이다.
ⅰ) 일의 자리가 0 일 때
천의 자리는 0 을 제외한 세 가지, 백의 자리는 두 가지, 십의 자리는 한 가지이므로 $3 \times 2 \times 1 = $ 6(개)
ⅱ) 일의 자리가 2 일 때
천의 자리는 2 와 0 을 제외한 두 가지, 백의 자리는 두 가지, 십의 자리는 한 가지이므로, $2 \times 2 \times 1 = $ 4(개)
$6 + 4 = $ **10**(개)

2

문제 1

(1) ABCD
        1296

(2) EFG **360**
    HI   **72**

(3) JK   **60**

2 순열

문제 1

(1) 어느 자리도 6 개의 숫자에서 고른다. $6^4 = $ **1296**(개)

(2) 같은 수를 한 번만 쓸 수 있는 경우는 $_6P_4 = $ **360**(개)
일의 자리와 천의 자리에 홀수가 올 경우는
| 홀 | | | 홀 |
양끝의 홀수의 배열 방법은 $_3P_2 = 3 \times 2 = 6$(가지)
사이의 수의 배열 방법은 $_4P_2 = 4 \times 3 = 12$(가지)
$6 \times 12 = $ **72**(개)

(3) 3000 이하의 수는 천의 자리가 1 또는 2 이다.
ⅰ) 1○○○일 때 짝수이므로 일의 자리는 2, 4, 6 의 세 가지.
백의 자리, 십의 자리는 $_4P_2 = 4 \times 3 = 12$(가지)
$3 \times 12 = 36$(개)
ⅱ) 2○○○일 때 일의 자리는 4, 6 의 두 가지.
백의 자리, 십의 자리는 $_4P_2 = 4 \times 3 = 12$(가지)
$2 \times 12 = 24$(개)
ⅰ)과 ⅱ)를 합하여, $36 + 24 = $ **60**(개)

문제 2

(1) LMNO
        1440

(2) PQR **720**

(3) STUV
        1440

문제 2

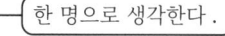 **해법의 포인트**

이웃하는 사람은 합하여 한 명으로 생각한다.
　　　　　　　　한 명으로 생각한다.
남　남　(여여여)　남　남　　①다섯 명의 나열 방법은 5! 가지
　　　　　　　　　　　　　②여자 세 명의 나열 방법은 3! 가지

해 답

(1) 남○○○○○남
　　양 끝의 남자의 나열 방법은 $_4P_2$ 가지 이므로,
$$_4P_2 \times {}_5P_5 = \mathbf{1440}(가지)$$

(2) 「해법의 포인트」와 같이 여자 세 명을 한 명으로 생각하면,
다섯 명의 나열 방법은 $_5P_5$ 가지 .
　　또한 세 명의 여자의 나열 방법은 $_3P_3$ 가지이므로
$$_5P_5 \times {}_3P_3 = \mathbf{720}(가지)$$

(3) ○남○남○남○남○
　　○에 여자가 한 명씩 들어가면 여자끼리 이웃하지 않는다 .
　　여자의 나열 방법은 다섯 개의 ○ 중에서 세 개에 들어가므로
$_5P_3$ 가지이고,
　　남자의 나열 방법은 $_4P_4$ 가지이므로
$$_5P_3 \times {}_4P_4 = \mathbf{1440}(가지)$$

3
문제 1
(1) ABC **120**
(2) DE **48**
(3) FG **24**
(4) HI **12**
(5) JK **12**

3 **원순열, 같은 것을 포함하는 순열**
문제 1
(1) 원순열이므로 $(n-1)! = 5! = \mathbf{120}(가지)$

(2) 부모를 한 묶음으로 하면 다섯 명의 원순열이 되므로 $4!$ (가지).
　　또한 부모의 나열 방법이 부모와 모부의 두 가지이므로,
$$4! \times 2 = \mathbf{48}(가지)$$

(3) 네 개의 빈 자리에 네 명이 앉으므로,
$$4! = \mathbf{24}(가지)$$

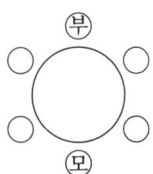

(4) 남성은 할아버지가 앉을 자리를 하나로 고정하
면 나머지 남성은 3 번, 5 번 자리에 앉고 그 앉는
방법은 두 가지 .
　　여성은 2, 4, 6 자리에 자유롭게 앉아도 되므
로, $3!$ (가지)이다 .
$$2 \times 3! = \mathbf{12}(가지)$$

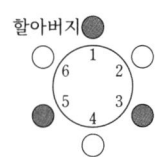

(5) 남자 또는 여자가 조부모의 각각의 이웃이라는 조건이 있으므
로 할머니는 2 번에는 앉을 수 없다 .
　ⅰ) 할머니가 4 번에 앉을 때
　　　어머니는 2 번 또는 6 번이고 각각 아이들이
　　　앉는 방법이 두 가지 이므로
$$2 \times 2 = \mathbf{4}(가지)$$

ii) 할머니가 5 번에 앉을 때

어머니는 2 번, 4 번, 6 번 어디에도 앉을 수 있다.

각각 아이들이 앉는 방법이 두 가지 이므로

$$3 \times 2 = 6(가지)$$

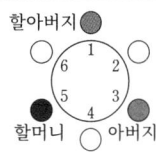

iii) 할머니가 6 번에 앉을 때

어머니가 앉을 수 있는 것은 4 번 뿐으로 아이가 앉을 수 있는 방법은 두 가지.

i) ii) iii)을 합하면,

$$4 + 6 + 2 = 12(가지)$$

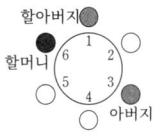

문제 2

(1)	LMN	**420**
(2)	OPQ	**300**
(3)	RS	**20**
(4)	TU	**72**

문제 2

(1) A 가 3 개, B 가 2 개 있으므로, $\dfrac{7!}{3!2!} = \mathbf{420}$(가지)

(2) B 가 이웃하는 나열 방법은 B 두 개를 한 문자로 생각하여

$$\frac{6!}{3!} = 120(가지)$$

B 가 이웃하지 않는 나열 방법 $= 420 - 120 = \mathbf{300}$(가지)

(3) B 를 양 끝에 놓고 나머지 AAACD 의 나열 방법은,

$$\frac{5!}{3!} = \mathbf{20}(가지)$$

(4) A 를 맨 앞에 놓고 A 가 서로 이웃하지 않도록 나열하면 다음 여섯 가지.

A ○ A ○ A ○ ○   A ○ A ○ ○ A ○   A ○ A ○ ○ ○ A

A ○ ○ A ○ A ○   A ○ ○ A ○ ○ A   A ○ ○ ○ A ○ A

각각에서 B, B, C, D 의 나열 방법을 생각하면

$$6 \times \frac{4!}{2!} = \mathbf{72}(가지)$$

4

문제 1

(1)	ABC	**210**
(2)	DE	**90**
(3)	FG	**15**
(4)	HIJ	**194**

4 조합

해법의 포인트

「적어도」라고 할 때는, 전체 − 여사건

문제 1

(1) 열 명에서 네 명을 뽑는다. $_{10}C_4 = \mathbf{210}$(가지)

(2) $_6C_2 \times _4C_2 = \mathbf{90}$(가지)

(3) A 와 B 이외의 남자 다섯명, 여자 세명에서 한 명씩 뽑는다.

$$_5C_1 \times _3C_1 = 5 \times 3 = \mathbf{15}(가지)$$

(4) 적어도 남녀 한 명은 뽑는 선택 방법 ＝ 전체의 선택 방법
     － (전원이 남자인 선택 방법 ＋ 전원이 여자인 선택 방법)
     전원이 남자인 선택 방법 ＋ 전원이 여자인 선택 방법
     $$= {}_6C_4 + {}_4C_4 = 15 + 1 = 16$$
     $$210 - 16 = \mathbf{194}(가지)$$

문제 2

(1)	KL	**35**
(2)	MN	**18**
(3)	OP	**31**

문제 2

(1) ${}_7C_3 = \mathbf{35}$(가지)

(2) 홀수는, 1, 3, 5, 7 의 네장, 짝수는 2, 4, 6 의 세 장이므로,
     $${}_4C_2 \times {}_3C_1 = \mathbf{18}(가지)$$

(3) 적어도 한 장이 짝수인 경우
     ＝ 모든 경우의 수 － 전부가 홀수인 경우의 수
     세 장 모두가 홀수인 경우는, ${}_4C_3 = 4$
     적어도 한 장이 짝수인 경우 ＝ $35 - 4 = \mathbf{31}$(가지)

⑤

문제 1

(1)	A	**2**
	B	**5**
	C	**1**
	DE	**10**
(2)	F	**1**
	G	**2**

⑤ 순열 · 조합과 확률

문제 1

(1) 다섯 명이 한 줄로 서는 나열 방법 ＝ 5 ! (가지)
     남자 두 명이 서로 이웃하는 나열 방법 ＝ 4 ! × 2(가지)

     남자 두 명이 서로 이웃할 확률 ＝ $\dfrac{4! \times 2}{5!} = \dfrac{\mathbf{2}}{\mathbf{5}}$

     남여여여남 로설 때, 양 끝의 남자 두명의 나열 방법은 두 가지로 여자 세 명의 나열 방법은 3 ! 가지 .

     남자가 양 끝에 올 확률 ＝ $\dfrac{2 \times 3!}{5!} = \dfrac{\mathbf{1}}{\mathbf{10}}$

(2) 다섯 명의 원순열의 모든 나열 방법 ＝ 4 ! (가지)
     서로 이웃하는 남자를 한 명으로 생각하면 네 명의 원순열이고 서로 이웃하는 남자의 순서는 두 가지이므로 경우의 수는 3 ! × 2 가지 .

     $$\dfrac{3! \times 2}{4!} = \dfrac{\mathbf{1}}{\mathbf{2}}$$

문제 2

(1)	H	**4**
	I	**9**
(2)	J	**1**
	K	**3**
	L	**1**
	M	**6**
(3)	N	**2**
	O	**7**

문제 2

(1) 공은 전부 아홉 개이고, 그 중 흰 공이 네 개 이므로, $\dfrac{\mathbf{4}}{\mathbf{9}}$

(2) 빨간 공 한 개와 흰 공 한 개일 확률 ＝ $\dfrac{{}_3C_1 \times {}_4C_1}{{}_9C_2} = \dfrac{12}{36} = \dfrac{\mathbf{1}}{\mathbf{3}}$

     두 개 모두 흰 공일 확률 ＝ $\dfrac{{}_4C_2}{{}_9C_2} = \dfrac{6}{36} = \dfrac{\mathbf{1}}{\mathbf{6}}$

해답

P	5
QR	21

(3) 세 개 모두 색이 다를 확률 $= \dfrac{{}_3C_1 \times {}_4C_1 \times {}_2C_1}{{}_9C_3} = \dfrac{24}{84} = \dfrac{\mathbf{2}}{\mathbf{7}}$

빨간 공이 들어있지 않은 경우는 흰 공 세 개, 흰 공 두 개와 빨간 공 한 개, 흰 공 한 개와 파란 공 두 개의 세 가지 .

ⅰ) 흰 공 세 개일 확률 $\dfrac{{}_4C_3}{{}_9C_3} = \dfrac{4}{84} = \dfrac{1}{21}$

ⅱ) 흰 공 두 개와 파란 공 한 개일 확률

$$\dfrac{{}_4C_2 \times {}_2C_1}{{}_9C_3} = \dfrac{12}{84} = \dfrac{3}{21}$$

ⅲ) 흰 공 한 개와 파란 공 두 개일 확률

$$\dfrac{{}_4C_1 \times {}_2C_2}{{}_9C_3} = \dfrac{4}{84} = \dfrac{1}{21}$$

세 개중에 빨간 공이 없을 확률 $= \dfrac{1}{21} + \dfrac{3}{21} + \dfrac{1}{21} = \dfrac{\mathbf{5}}{\mathbf{21}}$

6

문제 1

A	0
B	5
C	9

6 **배반사건과 확률의 덧셈정리**

문제 1 1 부터 9 까지의 숫자 중에서 3 의 배수 (3, 6, 9) 이면서
4 의 배수 (4, 8) 인 수는 없다 . $P(A \cap B) = 0$
이로부터, A 와 B 는 배반사건이므로 배반사건의 덧셈정리에 의해

$$P(A \cup B) = P(A) + P(B) = \dfrac{3}{9} + \dfrac{2}{9} = \dfrac{\mathbf{5}}{\mathbf{9}}$$

문제 2

(1) D	4
EF	25
G	1
H	4
(2) I	2
JK	25
LM	33
NOP	100
(3) Q	2
RS	25
TU	67
VWX	100

문제 2

해법의 포인트

확률과 집합
(3) $P(A \cap \overline{B}) = P(A) - P(A \cap B)$

$P(\overline{A} \cap \overline{B}) = P(\overline{A \cup B}) = 1 - P(A \cup B)$

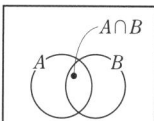

(1) 1 부터 100 까지의 숫자 중에서 6 의 배수는 16 개 있다 .

$$P(A) = \dfrac{16}{100} = \dfrac{\mathbf{4}}{\mathbf{25}} \qquad 마찬가지로, \quad P(B) = \dfrac{25}{100} = \dfrac{\mathbf{1}}{\mathbf{4}}$$

(2) $A \cap B$ 는 12 의 배수로 1 부터 100 까지의 숫자 중에서 8 개 있다 .

$$P(A \cap B) = \dfrac{8}{100} = \dfrac{\mathbf{2}}{\mathbf{25}}$$

확률의 덧셈정리에 의해
$$P(A \cup B) = P(A) + P(B) - P(A \cap B)$$
$$= \dfrac{4}{25} + \dfrac{1}{4} - \dfrac{2}{25} = \dfrac{16 + 25 - 8}{100} = \dfrac{\mathbf{33}}{\mathbf{100}}$$

해 답

7

문제 1

A	1
BC	25
D	4
EF	25

문제 2

(1)
G	9
HI	20

(2)
J	1
KL	20

8

문제 1

(1)
ABC	125
DEFG	
	3888

(2)
H	5
IJ	32

(3)
KLM	211
NOP	243

(3) $P(A \cap \overline{B}) = P(A) - P(A \cap B) = \dfrac{4}{25} - \dfrac{2}{25} = \dfrac{\mathbf{2}}{\mathbf{25}}$

$P(\overline{A} \cap \overline{B}) = P(\overline{A \cup B}) = 1 - P(A \cup B)$

$= 1 - \dfrac{33}{100} = \dfrac{\mathbf{67}}{\mathbf{100}}$

7 독립시행의 확률

문제 1   A, B 가 제비를 뽑는 것은 독립시행으로 당첨될 확률은 $\dfrac{1}{5}$,

당첨되지 않을 확률은 $\dfrac{4}{5}$ 이다.

A 도 B 도 당첨될 확률은 $\dfrac{1}{5} \times \dfrac{1}{5} = \dfrac{\mathbf{1}}{\mathbf{25}}$

A 가 당첨되지 않고, B 가 당첨될 확률은 $\dfrac{4}{5} \times \dfrac{1}{5} = \dfrac{\mathbf{4}}{\mathbf{25}}$

문제 2   A, B 가 공을 꺼내는 것은 독립시행이다.

(1)   두 개 모두 빨간 공일 확률은 $\dfrac{7}{10} \times \dfrac{3}{8} = \dfrac{21}{80}$

두 개 모두 흰 공일 확률은 $\dfrac{3}{10} \times \dfrac{5}{8} = \dfrac{15}{80}$

이것들은 서로 배반이다.

두 개 모두 같은 색일 확률은 $\dfrac{21}{80} + \dfrac{15}{80} = \dfrac{\mathbf{9}}{\mathbf{20}}$

(2)   A 가 빨간 공을 두 개 꺼낼 확률은 $\dfrac{_7C_2}{_{10}C_2} = \dfrac{7}{15}$

B 가 빨간 공을 두 개 꺼낼 확률은 $\dfrac{_3C_2}{_8C_2} = \dfrac{3}{28}$

네 개 모두 빨간 공일 확률은 $\dfrac{7}{15} \times \dfrac{3}{28} = \dfrac{\mathbf{1}}{\mathbf{20}}$

8 반복시행의 확률

문제 1

해법의 포인트

반복시행의 확률

(1) $_5C_3 \times \left(\dfrac{1}{6}\right)^3 \times \left(1 - \dfrac{1}{6}\right)^2$ ← 6 이외의 눈이 2 회 나왔을 확률

5 회 중에 6 의 눈이 몇 번 나왔는지

6 의 눈이 3 회 나왔을 확률

(1) 「해법의 포인트」에 의해,

$$_5C_3\left(\frac{1}{6}\right)^3\left(\frac{5}{6}\right)^2 = \frac{250}{7776} = \frac{125}{3888}$$

(2) 짝수가 나올 확률도 홀수가 나올 확률도 $\frac{1}{2}$ 이므로

$$_5C_4\left(\frac{1}{2}\right)^4\left(\frac{1}{2}\right) = \frac{5}{32}$$

(3) 3 의 배수 (3, 6) 이 1 회도 나오지 않을 여사건의 확률을 생각한다.
    여사건은 3, 6 이외의 네 개의 눈이 5 회 나올 확률이므로

$$1 - \left(\frac{4}{6}\right)^5 = 1 - \frac{32}{243} = \frac{211}{243}$$

문제 2

(1) Q   3
     RS   32
     TU   63
     VW   64
(2) X   1
     Y   8

문제 2

(1) 동전을 6 회 던져 앞면이 1 회 나올 확률은

$$_6C_1\left(\frac{1}{2}\right)\left(1-\frac{1}{2}\right)^5 = \frac{6}{64} = \frac{3}{32}$$

앞면이 적어도 1 회 나온다는 사건의 여사건은 「뒷면이 6 회 나온다」이다. 뒷면이 6 회 나올 확률은 $\left(1-\frac{1}{2}\right)^6 = \frac{1}{64}$

따라서 앞면이 적어도 1 회 나올 확률은 $1 - \frac{1}{64} = \frac{63}{64}$

(2) ○을 앞면, ×를 뒷면으로 하면 앞면이 연속 4 회 나오는 것은
     ○○○○××   ×○○○○×   ××○○○○의 세 가지와
     ○○○○×○   ○×○○○○의 두 가지.
     확률은

$$3 \times \left(\frac{1}{2}\right)^4\left(1-\frac{1}{2}\right)^2 + 2 \times \left(\frac{1}{2}\right)^5\left(1-\frac{1}{2}\right) = \frac{5}{64}$$

앞면이 연속 5 회 나오는 것은
     ○○○○○×   ×○○○○○   의 두 가지
확률은 $2 \times \left(\frac{1}{2}\right)^4\left(1-\frac{1}{2}\right)^2 = \frac{2}{64}$

앞면이 연속 6 회 나오는것은 한 가지로 확률은 $\frac{1}{64}$

합계하면 $\frac{5}{64} + \frac{2}{64} + \frac{1}{64} = \frac{1}{8}$

해 답

9

문제 1

A	1
BC	10
D	5
EF	11

문제 2

(1)	GH	13
	I J	24
	K	5
	LM	13
	N	8
	OP	39
(2)	Q	3
	RS	11

---

9 조건부 확률

문제 1

해법의 포인트

조건부 확률

$$P_A(B) = \frac{n(A \cap B)}{n(A)}$$

우변의 분자, 분모를 전사건 $n(U)$ 으로 나누면

$$P_A(B) = \frac{P(A \cap B)}{P(A)}$$

A 에 있어서

$A \cap B$ 의 비율

$n(A) = 50$ $n(B) = 11$

$A \cap B$ 는 18 의 배수이므로 $n(A \cap B) = 5$

2 의 배수가 나왔다면 그것이 9 의 배수가 될 확률이므로

$$P_A(B) = \frac{P(A \cap B)}{P(A)} = \frac{n(A \cap B)}{n(A)} = \frac{5}{50} = \frac{1}{10}$$

9 의 배수가 나왔다면 그것이 2 의 배수일 확률이므로,

$$P_B(A) = \frac{P(A \cap B)}{P(B)} = \frac{n(A \cap B)}{n(B)} = \frac{5}{11}$$

문제 2

(1) 빨간 공을 꺼내는 사건을 R 이라 하고 주사위의 눈이 나오는 방법으로 A, B, C 의 주머니를 고르는 사건을 A, B, C 라 하면

$$P(A) = P(B) = P(C) = \frac{1}{3}$$

빨간 공을 꺼낼 확률 $P(R)$ 은

$$P(R) = P(A \cap R) + P(B \cap R) + P(C \cap R)$$
$$= P(A)P_A(R) + P(B)P_B(R) + P(C)P_C(R)$$
$$= \frac{1}{3}\left(\frac{5}{8} + \frac{2}{6} + \frac{6}{9} \right) = \frac{13}{24}$$

꺼낸 공이 빨간 색이었던 경우의 주사위의 눈이 1 또는 2 로 A 주머니에서 빨간 공을 꺼낸 확률 $P_R(A)$ 를 구한다 .

A 주머니에서 빨간 공을 꺼낸 확률 $= P(A \cap R)$

$$= P(A)P_A(R) = \frac{1}{3} \times \frac{5}{8} = \frac{5}{24}$$

$$P_R(A) = \frac{P(A \cap R)}{P(R)} = \frac{5}{24} \times \frac{24}{13} = \frac{5}{13}$$

마찬가지로

$$P_R(B) = \frac{P(B \cap R)}{P(R)} = \frac{2}{18} \times \frac{24}{13} = \frac{8}{39}$$

$P(R) = \dfrac{13}{24}$

해 답

(2) 흰 공을 꺼내는 사건을 W 라 한다. R 과 W 는 배반이므로
흰 공을 꺼낼 확률은

$$P(W) = 1 - P(R) = 1 - \frac{13}{24} = \frac{11}{24}$$

A 주머니에서 흰 공을 꺼낸 확률은

$$P(A \cap W) = P(A)P_A(W) = \frac{1}{3} \times \frac{3}{8} = \frac{3}{24}$$

$$P_W(A) = \frac{P(A \cap W)}{P(W)} = \frac{3}{24} \times \frac{24}{11} = \frac{3}{11}$$

실전문제

1

(1) ABCDE
    10080
(2) FGHI
    1680
(3) JKL **720**
(4) MNO **360**
(5) P **6**
    QR **24**
    STU **288**

1

(1) R 과 I 가 두 개씩 있으므로

8 문자의 나열 방법은 $\dfrac{8!}{2! \times 2!} = \mathbf{10080}$(가지)

> R 과 I 가 두 개 씩 있다.

(2) P, O, T 의 순서가 정해져 있으므로, P 가 세 개 있다고 생각
하면 된다.

$$\frac{8!}{2! \times 2! \times 3!} = \frac{10080}{3!} = \mathbf{1680}(가지)$$

(3) 서로 이웃하는 두 개의 문자를 하나의 문자로 생각하면

P ⟨RR⟩ O ⟨II⟩ T Y

의 서로 다른 6 문자의 나열 방법이 된다.

$6! = \mathbf{720}$(가지)

(4) ⟨R⟩ IIPOTY ⟨R⟩ 양 끝 R 사이의 6 문자의 나열 방법이 된다.

$$\frac{6!}{2!} = \mathbf{360}(가지)$$

> I, I 가 같다.

(5) R, R, I, I 의 나열 방법은, $\dfrac{4!}{2!2!} = \mathbf{6}$(가지)

P, O, T, Y 의 나열 방법은, $4! = \mathbf{24}$(가지)

RRII 와 POTY 가 서로 이웃하지 않는 나열 방법은, ●에
RRII 가 들어간다고 하면

① ●P●O●T●Y   ② P●O●T●Y●

와 같이 두 가지의 조합이 있고 각각 문자의 순서가 바뀔 수 있으
므로 ◄ ── ①의 경우 6 × 24 가지

$2 \times 6 \times 24 = \mathbf{288}$(가지)

해 답

2

(1) AB   **27**

 C   **6**

 DE   **25**

(2) F   **3**

 G   **1**

 H   **7**

(3) I   **5**

 JK   **24**

2

(1) 홀수는 1, 3, 5 의 세 가지이므로 홀수인 경우의 수는 대・중・소 모두 세 가지이다 . 따라서 A 가 일어날 경우의 수는

$$3^3 = \mathbf{27}(가지)$$

 B 가 일어날 경우의 수는 $x = y = z$ 가 1, 2, 3, 4, 5, 6 의 **6**(가지)

 $x + y + z = 9$ 가 되는 세 가지의 눈의 수의 조합은

〔1, 2, 6〕〔1, 3, 5〕〔1, 4, 4〕

〔2, 2, 5〕〔2, 3, 4〕〔3, 3, 3〕

 이다 .

 〔1, 2, 6〕〔1, 3, 5〕〔2, 3, 4〕의 대・중・소의 눈이 나오는 방법은 각각 3 ! = 6(가지)

 〔1, 4, 4〕〔2, 2, 5〕의 대・중・소의 눈이 나오는 방법은 각각 세 가지 .

 〔3, 3, 3〕이 나오는 방법은 한 가지 .

 각각 합계하면, $6 \times 3 + 3 \times 2 + 1 = \mathbf{25}$(가지)

(2) $A \cap B$ 의 대・중・소의 눈이 나오는 방법은

〔1, 1, 1〕〔3, 3, 3〕〔5, 5, 5〕의 **3**(가지).

 $B \cap C$ 의 대・중・소의 눈이 나오는 방법은 〔3, 3, 3〕의 **1**(가지).

 $C \cap A$ 의 주사위의 눈의 조합은 〔1, 3, 5〕〔3, 3, 3〕로

 〔1, 3, 5〕는 대・중・소의 눈이 나오는 방법이 3 ! = 6(가지),

 〔3, 3, 3〕은 한 가지 .

 합계하여 $6 + 1 = \mathbf{7}$(가지)

(3) 전사건 $n(U) = 6^3 = 216$ 이다 .

$$n(A \cup C) = n(A) + n(C) - n(A \cap C)$$
$$= 27 + 25 - 7 = 45$$

$$P(A \cup C) = \frac{n(A \cup C)}{n(U)} = \frac{45}{216} = \mathbf{\frac{5}{24}}$$

3

(1) ABC   **189**

 DEF   **256**

(2) GH   **33**

 IJ   **64**

 K   **9**

 LM   **11**

3

(1) 세 번째 빨간 공이 나왔을 때에 흰 공이 나오는 횟수가 0 회 또는 1 회면 된다 .

 ⅰ) 세 번째 빨간 공이 나왔을 때에 흰 공이 0 회일 확률은

$$\left(\frac{3}{4}\right)^3 = \frac{27}{64}$$

 ⅱ) 세 번째 빨간 공이 나왔을 때에 흰 공이 1 회일 확률은

$$_3C_2 \left(\frac{3}{4}\right)^2 \left(\frac{1}{4}\right) \times \frac{3}{4} = \frac{81}{256}$$

$$\frac{27}{64} + \frac{81}{256} = \mathbf{\frac{189}{256}}$$

네 번째에 빨간 공이 나올 확률

해 답

(2) 세 번째 시행에서 게임이 종료되려면 (빨강, 빨강, 빨강)으로 3회 빨간 공이 나오거나 (빨강, 흰, 흰)(흰, 빨강, 흰)과 같이 두 번째까지 빨간 공과 흰 공이 1회씩 나오고 세 번째에 흰 공이 나오면 된다.

$$\left(\frac{3}{4}\right)^3 + {}_2C_1\,\frac{3}{4}\cdot\frac{1}{4}\times\frac{1}{4} = \frac{27}{64} + \frac{6}{64} = \frac{33}{64}$$

이때 A가 이길 확률은 (빨강, 빨강, 빨강)으로 3회 빨간 공이 나올 확률이므로

$$\frac{\dfrac{27}{64}}{\dfrac{33}{64}} = \frac{27}{33} = \frac{9}{11}$$

4

(1) ABC **625**

(2) DEF **120**

(3) GH **80**

(4) IJK **369**

4

(1) 네 개의 공은 각각 1 ~ 5의 어느 상자에 넣어도 되므로
$$5^4 = \mathbf{625}\,(가지)$$

(2) 네 개의 상자를 고르는 방법은 넣는 공이 서로 다르므로 순열을 생각한다.
$$_5\mathrm{P}_4 = \mathbf{120}\,(가지)$$

(3) 하나의 상자를 고르는 방법은 $_5\mathrm{P}_1$가지, 하나의 공을 고르는 방법은 $_4\mathrm{C}_1$가지로, 나머지 세 개의 공을 넣는 상자를 고르는 방법은 4가지.
$$_5\mathrm{P}_1 \times {}_4\mathrm{C}_1 \times 4 = 5 \times 4 \times 4 = \mathbf{80}\,(가지)$$
상자를 두 개 고른다고 생각하고, $_5\mathrm{P}_2 \times {}_4\mathrm{C}_1 = 80$으로 계산하여도 된다.

(4) 여사건은 「1번 상자에 공이 들어가지 않는다.」이다. 2번부터 5번의 네 개의 상자에 공을 넣는 방법은 $4^4 = 256\,(가지)$
$$625 - 256 = \mathbf{369}\,(가지)$$

5

A **8**

BC **45**

D **0**

E **1**

FGH **216**

I **7**

JK **12**

---

5 상자 A에서 0 카드를 꺼내면 곱은 0이 된다.

A에서 꺼낸 카드로 0이 들어가지 않는 수의 조합과 그 곱은
$$(2 \times 2 = 4)\quad(2 \times 3 = 6)\quad(3 \times 3 = 9)$$
이 되고 각각의 곱을 상자 B의 카드의 수 2, 3, 5를 곱하여 합계표를 작성하면 다음과 같다.

A \ B	2	3	5
4	8	12	20
6	12	18	30
9	18	27	45

12와 18은 두 개씩 있으므로 0 이외의 X 값은 7개가 되고 X가 취할 수 있는 값은 모두 **8**개, 최댓값은 **45**, 최솟값은 **0**이다.

45가 되는 것은 상자 A에서 3을 두 장, 상자 B에서 5를 꺼낸 경

해 답

우로 확률은

$$\frac{_2C_2}{_9C_2} \times \frac{1}{6} = \frac{1}{36} \times \frac{1}{6} = \frac{1}{216}$$

$X = 0$ 이 되는 것은 상자 A 에서 0 을 꺼내는 $(0, 0)(2, 0)$ $(3, 0)$ 의 세 가지의 경우로 확률은

$$\frac{_3C_2}{_9C_2} + \frac{_3C_1 \times _4C_1}{_9C_2} + \frac{_3C_1 \times _2C_1}{_9C_2} = \frac{3 + 12 + 6}{36} = \frac{7}{12}$$

$(0, 0)$ 일 때 $(2, 0)$ 일 때 $(3, 0)$ 일 때

해답

1

문제 1

(1)	A	3
(2)	B	0
(3)	C	5

문제 2

(1)	D	1
	E	2
	F	3
	G	4
	H	6
	I J	12
(2)	KL	16

2

(1)	AB	21
	CD	42
(2)	E	4
	F	6

제5장 정수의 성질

기본문제

1 약수와 배수

문제 1

해법의 포인트

배수의 판정법

2 7 1 3 ⑤ ← 일의 자리가 5 또는 0 → 5의 배수

각 자리의 수의 합

$2+7+1+3+5=18$ 3으로 나누어 떨어진다. → 3의 배수

9로 나누어 떨어진다. → 9의 배수

각 자리의 수의 합을 계산한다.

⓪ 18(3, 9의 배수)   ① 19   ② 17   ③ 21(3의 배수)

④ 18(3, 9의 배수)   ⑤ 14

(1)   ③은 3의 배수이지만 9의 배수는 아니다.

(2)   위의 「해법의 포인트」에 의해 5의 배수는 ⓪, ①, ⑤. 게다가 3의 배수인 것은 ⓪.

일의 자리부터

(3)   아래 두자리수가 ②는 64, ⑤는 80으로 4의 배수로 되어 있으므로, 4의 배수이다. 게다가 5의 배수인 것은 ⑤.

문제 2

(1)   1과 12도 약수에 포함되는 것에 주의한다.

$12=2^2 \times 3$

(2) $120=2^3 \times 3 \times 5$

120의 약수 $=2^a \times 3^b \times 5^c$ 로 나타나서,

a 는 0, 1, 2, 3의 네 가지 중 하나가 된다.

b 는 0, 1의 두 가지,

c 도 0, 1의 두 가지,

$2^0 \times 3^0 \times 5^0 = 1$ 이 되고 1도 약수

$4 \times 2 \times 2 = 16$ 개

2 소인수분해, 약수의 이용 (1)

(1)   소인수분해하면 $84=2^2 \times 3 \times 7$ 이므로

$m=3 \times 7=21$ 일 때, a 는 최소의 자연수가 된다.

$a=\sqrt{84m}=\sqrt{2^2 \cdot 3^2 \cdot 7^2}=2 \cdot 3 \cdot 7=42$

(2) $b=\sqrt{n^2+20}$ 의 양변을 제곱하면 $b^2=n^2+20$ 에 의해

n^2 을 이항하여 인수분해한다.

$(b+n)(b-n)=20$

n 은 자연수이므로

$b+n$, $b-n$ 은 20의 약수로 $b+n > b-n > 0$

해 답

이것을 만족시키는 $b+n$, $b-n$ 의 조합은

$(20,\ 1)(10,\ 2)(5,\ 4)$ 로

$$\begin{cases} b+n=20 \\ b-n=1 \end{cases} \qquad \begin{cases} b+n=10 \\ b-n=2 \end{cases} \qquad \begin{cases} b+n=5 \\ b-n=4 \end{cases}$$

$$2b=21 \qquad\qquad 2b=12 \qquad\qquad 2b=9$$

$$b \neq 자연수 \qquad b=6\ (자연수) \qquad b \neq 자연수$$

b, n 이 자연수가 되는 것은 $b+n=10$, $b-n=2$ 일 때로 방정식을 풀면, $n=4$, $b=6$

3

문제 1

(1)	A	3
	B	4
	C	7
	D	4
	E	2
	FG	-3
(2)	H	3
	I	2

문제 2

(1)	J	7
(2)	KL	14

---

3 약수의 이용(2)

문제 1

해법의 포인트

$(x-a)(y-b)=xy-bx-ay+ab$

(1) $xy-4x-3y+5=0$

$xy-4x-3y+12+5=12$

$(x-3)(y-4)+5=12$

$(x-3)(y-4)=7$

$(x-3)(y-4)$ 은 7 의 약수로 이것을 만족시키는 조합은

$(x-3,\ y-4)=(1,\ 7)(7,\ 1)(-1,\ -7)(-7,\ -1)$

의 4 조합

$\boxed{x=4}\quad \boxed{x=10}\quad \boxed{x=2}\quad \boxed{x=-4}$

x 의 절댓값이 가장 작아지는 것은 $(-1,\ -7)$ 의 조합으로

$x-3=-1 \qquad x=2$

$y-4=-7 \qquad y=-3$

(2) $xy-3x+2y-1=0$

$xy-3x+2y-6+5=0$

$(x+2)(y-3)=-5$

$(x+2)(y-3)$ 은 -5 의 약수로 그 조합은

$(x+2,\ y-3)=(5,\ -1)(-5,\ 1)(1,\ -5)(-1,\ 5)$

의 4 조합

x 는 자연수이므로 $x+2 \geqq 3$ 이다. 이것을 만족시키는 것은

$(x+2,\ y-3)=(5,\ -1)$

$x+2=5 \quad x=3,\ y-3=-1 \quad y=2$

문제 2

해법의 포인트

계승의 약수

$10 \times \cdots = 2 \times 5 \times \cdots$

$30!$ 을 소인수분해하면

$30!=2^m \cdot 5^n \cdot \cdots = 10^n \cdot 2^{m-n} \cdot \cdots \quad (m>n)$

n 이 끝에 연속하는 0 의 개수 ◀── $\boxed{5^n$ 를 생각하면 된다. $}$

(1) 「해법의 포인트」처럼 하여 n 을 구한다.

1 부터 30 까지의 수에서 5 의 배수의 개수는 $30 \div 5 = 6$ 개

$5^2 (= 25)$ 의 배수가 1 개 있고 25 는 5 의 배수로서도 세어지고 있으므로 $6 + 1 = 7$ 에 의해 $30! = (2 \cdot 5)^7 \cdot p$ 이 되고 끝에 나열하는 0 의 개수는 **7** 개이다.

(2) $6 = 2 \cdot 3$ 로 1 부터 30 까지의 숫자 중 2 의 배수는 3 의 배수보다 많다.

3 의 배수의 개수는 $30 \div 3 = 10$ 개

$3^2 = 9$ 의 배수는 3 개

$3^3 = 27$ 의 배수는 1 개로, $10 + 3 + 1 = 14$ 에 의해

$$30! = (2 \cdot 3)^{14} \cdot q$$

30! 는 6^{14} 으로 나누어 떨어진다.

6^n 으로 나누어 떨어질 때 최대의 n 은 **14** 이다.

해 답

4		
	A	3
	B	2
	C	7
	D	2
	E	3
	F	5
	G	2
	H	2
	IJ	36
	K	3
	L	3
	M	1
	N	1
	OPQR	
		7560

4 최대공약수, 최소공배수(1)

해법의 포인트

최대공약수와 최소공배수를 구하는 방법

① 최대공약수

$504 = 2^3 \cdot 3^2 \cdot 7$

$540 = 2^2 \cdot 3^3 \cdot 5$

$2^2 \cdot 3^2$ ◀── 지수가 작은 쪽을 곱한다.

② 최소공배수

$504 = 2^3 \cdot 3^2 \cdot 7$

$540 = 2^2 \cdot 3^3 \cdot 5$

$2^3 \cdot 3^3 \cdot 5 \cdot 7$ ◀── 지수가 큰 쪽을 곱한다.

$504 = 2^3 \cdot 3^2 \cdot 7$

$540 = 2^2 \cdot 3^3 \cdot 5$

504 와 540 의

최대공약수는 $2^2 \cdot 3^2 = 36$

최소공배수는 $2^3 \cdot 3^3 \cdot 5^1 \cdot 7^1 = 7560$

5		
(1)	AB	12
	CDE	180
	FG	36
	HI	60
(2)	J	6
	KLM	144
	NO	18
	PQ	48

5 최대공약수, 최소공배수(2)

(1) 최대공약수가 12 이므로 $a = 12a'$, $b = 12b'$ 로 놓는다. a', b' 는 서로소인 자연수로, $a < b$ 에 의해 $a' < b'$ 이다.

최소공배수는 $12a'b' = 180$ 에 의해, $a'b' = 15$

조건을 만족시키는 a', b' 의 조합은

$(a', b') = (1, 15)(3, 5)$ 이므로 a, b 의 조합은

$$(a, b) = (12, 180)(36, 60)$$

(2) 최대공약수를 g, 최소공배수를 l 이라고 하면 $ab = gl = 864$

$l = 144$ 에 의해 $g = 6$ 이 되고 $a = 6a'$, $b = 6b'$ 로 놓는다.

해 답

또한 $l = 6a'b' = 144$ 에 의해 $a'b' = 24$

a', b' 는 서로소인 자연수로 $a' < b'$ 를 만족시킨다.

a', b' 의 조합은

$(a', b') = (1, 24)(3, 8)$

따라서 $(a, b) = (\mathbf{6, 144})(\mathbf{18, 48})$

6

문제 1

    A   4

6 정수의 나눗셈의 몫·나머지

문제 1

해법의 포인트

나머지의 계산

a 를 5 로 나누면 나머지가 3 이 될 때,

a^2 를 5 로 나눈 나머지 $= 3^2$ 을 5 로 나눈 나머지 $= 4$

위의 「해법의 포인트」에 의해 $a^2 - b$ 가 5 로 나누어 떨어지므로

$4 - b$ 는 5 로 나누어 떨어진다. $4 - b = 5m$

$b = 4 - 5m$ 에 의해 b 를 5 로 나누면 **4** 남는다.

문제 2

    B   2

문제 2 $2^2 + 2 + 2 = 8$ $8 = 6 + 2$ 에 의해 $n^2 + n + 2$ 를 6 으로 나눈 나머지는 **2**

문제 3

(1) C   1

(2) D   1

(3) E   4

문제 3

(1) $7 = 6 \times 1 + 1$

7^{10} 을 6 으로 나눈 나머지 $= 1^{10}$ 을 6 으로 나눈 나머지 $= \mathbf{1}$

(2) $3^2 = 8 \times 1 + 1$ $3^{10} = (3^2)^5$

$(3^2)^5$ 을 8 로 나눈 나머지 $= 1^5$ 을 8 로 나눈 나머지 $= \mathbf{1}$

(3) $4^3 = 7 \times 9 + 1$ $4^{10} = (4^3)^3 \cdot 4$

4^{10} 을 7 로 나눈 나머지 $= 1^3 \cdot 4$ 를 7 로 나눈 나머지

$= 4$ 를 7 로 나눈 나머지 $= \mathbf{4}$

7

문제 1

    AB   17

7 유클리드 호제법과 부정방정식

문제 1 $3961 = 1615 \cdot 2 + 731$ 3961 과 1615 의 최대공약수

          $1615 = 731 \cdot 2 + 153$ $= 1615$ 와 731 의 최대공약수

          $731 = 153 \cdot 4 + 119$ $= 731$ 과 153 의 최대공약수

          $153 = 119 \cdot 1 + 34$ $= 153$ 과 119 의 최대공약수

          $119 = 34 \cdot 3 + 17$ $= 119$ 와 34 의 최대공약수

          $34 = 17 \cdot 2$ $= 34$ 와 17 의 최대공약수

    3961 과 1615 의 최대공약수 $= 34$ 와 17 의 최대공약수 $= \mathbf{17}$

문제 2

(1) C   7

    DE -4

문제 2

(1) 유클리드 호제법을 사용하여

        $19 = 11 \cdot 1 + 8$ $\Longleftrightarrow$ $19 - 11 \cdot 1 = 8$ ……①

(2) FGH -19

I　　　7

JK　　11

L　　　4

(3) M　　2

N　　　4

O　　　3

P　　　3

Q　　　2

$$11 = 8 \cdot 1 + 3 \iff 11 - 8 \cdot 1 = 3 \quad \cdots\cdots ②$$
$$8 = 3 \cdot 2 + 2 \iff 8 - 3 \cdot 2 = 2 \quad \cdots\cdots ③$$
$$3 = 2 \cdot 1 + 1 \iff 3 - 2 \cdot 1 = 1 \quad \cdots\cdots ④$$

③을 ④에 대입하면

$$3 - (8 - 3 \cdot 2) \cdot 1 = 3 \cdot 3 - 8 \cdot 1 = 1$$

②를 대입하면,

$$(11 - 8 \cdot 1) \cdot 3 - 8 \cdot 1 = 11 \cdot 3 - 8 \cdot 4 = 1$$

①을 대입하면

$$11 \cdot 3 - (19 - 11 \cdot 1) \cdot 4 = 1$$
$$11 \cdot 7 - 19 \cdot 4 = 1$$
$$11 \cdot 7 + 19 \cdot (-4) = 1$$

( ) 를 벗겨 3과 8 로 정리
$$3 + 3 \cdot 2 - 8 \cdot 1$$
$$= 3 \cdot 3 - 8 \cdot 1$$

11과 8로 정리

11과 19로 정리

$11x + 19y = 1$ 을 만족시키는 정리 중 하나의 조합은 $x = \boldsymbol{7}$　$y = \boldsymbol{-4}$

(2)　$11x + 19y = 1 \quad \cdots\cdots ⑤$

(1)에서 구한 x, y 를 대입하여

$$11 \cdot 7 + 19(-4) = 1 \quad \cdots\cdots ⑥$$

⑤ $-$ ⑥에 의해

$$11(x - 7) = -19(y + 4)$$

11 과 19 는 서로소이므로 $-(x - 7)$ 는 19 의 배수,

$y + 4$ 는 11 의 배수이다. k 를 정수로 하면

$$x - 7 = -19k \qquad y + 4 = 11k$$

로 나타낼 수 있다.

$$x = \boldsymbol{-19k + 7} \quad y = \boldsymbol{11k - 4}$$

(3)　$x = \boldsymbol{3}$, $y = \boldsymbol{2}$ 로 부정방정식을 만족시킨다.

$$3x - 4y = 1 \quad \cdots\cdots ⑦$$
$$3 \cdot 3 - 4 \cdot 2 = 1 \quad \cdots\cdots ⑧$$

⑦ $-$ ⑧에 의해

$$3(x - 3) = 4(y - 2)$$

$x - 3$ 은 4 의 배수, $y - 2$ 는 3 의 배수이다.

k 를 정수로 하면

$x - 3 = 4k$, 　$y - 2 = 3k$ 로 나타낼 수 있고

$$x = \boldsymbol{4k + 3} \quad y = \boldsymbol{3k + 2}$$

8
(1) AB　　13
CD　　68
(2) EF　　53
GHI　　109
JKLM
　　　1005

8 부정방정식의 응용

(1)　구하는 자연수를 n 이라 하면 $n = 11x + 2$, $n = 5y + 3$ 로 나타난다.

방정식 $11x + 2 = 5y + 3$ 의 정수해를 구한다.

$11x + 2 = 5y + 3$ 을 변형하여

$$11x - 5y = 1 \quad \cdots\cdots ①$$

이 되고 $x = 1$, $y = 2$ 가 정수해의 하나이다.

$$11 \cdot 1 - 5 \cdot 2 = 1 \quad \cdots\cdots ②$$

① $-$ ②에 의해

해 답

$$11(x-1)=5(y-2)$$

11과 5는 서로소이므로 ①을 만족시키는 정수해는

$x-1=5k$, $y-2=11k$ 로 둔다(k는 정수).

$$x=5k+1 \qquad y=11k+2$$
$$n=11x+2=11(5k+1)+2=55k+13$$

100 이하의 것은 $k=0$일 때 $n=\mathbf{13}$, $k=1$일 때 $n=\mathbf{68}$

$k=2$로는 세 자릿수가 된다.

(2) 구하는 자연수를 n이라 하면 $n=7x+4$, $n=8y+5$로 나타난다.

부정방정식 $7x+4=8y+5$를 푼다. 변형하면

$$7x-8y=1 \quad \cdots\cdots①$$

①을 만족시키는 정수해는 $x=7$, $y=6$ 이므로

$$7\cdot7-8\cdot6=1 \quad \cdots\cdots②$$

①－②에 의해 $7(x-7)=8(y-6)$

7과 8은 서로소이므로

$x-7=8k$, $y-6=7k$ (k는 정수)로 둔다.

이로부터

$$x=8k+7 \qquad y=7k+6$$
$$n=7x+4=7(8k+7)+4=56k+53$$

n은 자연수이므로 $k=0$일 때 최소로 $n=\mathbf{53}$

$k=1$일 때, $56\cdot1+53=\mathbf{109}$로 세 자릿수가 된다.

$k=17$일 때, $56\cdot17+53=\mathbf{1005}$로 네 자릿수가 된다.

---

⑨

(1) AB   **27**

(2) CDE   **585**

(3) FGHI

        1233

(4) JKLMN

        11111

(5) OPQR

        2022

(6) STUV

        3641

⑨ 밑의 변환

(1) $1\cdot2^4+1\cdot2^3+1\cdot2+1=\mathbf{27}$

(2) $4\cdot5^3+3\cdot5^2+2\cdot5=\mathbf{585}$

(3) $5\cdot6^3+4\cdot6^2+1\cdot6+3=\mathbf{1233}$

(4)

```
2) 31
2) 15 …… 1
2)  7 …… 1
2)  3 …… 1
2)  1 …… 1
    0 …… 1
```
$\mathbf{11111}_{(2)}$

(5)

```
5) 262
5)  52 …… 2
5)  10 …… 2
5)   2 …… 0
     0 …… 2
```
$\mathbf{2022}_{(5)}$

(6)
$$
\begin{array}{r|r}
7\,) & 1352 \\
7\,) & 193 \quad \cdots\cdots \; 1 \\
7\,) & 27 \quad \cdots\cdots \; 4 \\
7\,) & 3 \quad \cdots\cdots \; 6 \\
\hline
& 0 \quad \cdots\cdots \; 3
\end{array}
\qquad \mathbf{3641}_{(7)}
$$

10

(1) ABCD
　　　　6875

(2) EFG **456**

(3) H　　**5**
　　I　　**9**

10 n 진법의 소수

(1) $1 \cdot \dfrac{1}{2} + 1 \cdot \dfrac{1}{2^3} + 1 \cdot \dfrac{1}{2^4} = \dfrac{11}{16} = 0.\mathbf{6875}$

(2) $2 \cdot \dfrac{1}{5} + 1 \cdot \dfrac{1}{5^2} + 2 \cdot \dfrac{1}{5^3} = \dfrac{57}{125} = 0.\mathbf{456}$

(3) $1 \cdot \dfrac{1}{3} + 2 \cdot \dfrac{1}{3^2} = \dfrac{\mathbf{5}}{\mathbf{9}}$

11

(1) ABCDE
　　　　10111

(2) FGHIJKL
　　1000001

11 2 진법의 계산

(1)
$$
\begin{array}{r}
1010 \\
+\ \ 1101 \\
\hline
\mathbf{10111}
\end{array}
$$

(2)
$$
\begin{array}{r}
1101 \\
\times \ \ \ 101 \\
\hline
1101 \\
11010 \\
\hline
\mathbf{1000001}
\end{array}
$$

실전문제

1

A	2
B	8
CD	35
E	9
F	9
G	2
H	8
IJ	35
K	1
L	5
MN	11
OP	35

1

$b = 3a + 2$ 에 의해 $a = \dfrac{b-2}{3}$

이것을 $2a^2 + 3$ 에 대입한다.

$$
2a^2 + 3 = 2\left(\dfrac{b-2}{3}\right)^2 + 3
$$

$$
= \dfrac{2b^2 - 8b + 35}{9} \quad \cdots\cdots ①
$$

b 는 $2a^2 + 3$ 의 약수이므로, 자연수 c 를 사용하면,

$$
\dfrac{2b^2 - 8b + 35}{9} = bc \quad \longleftarrow \boxed{2a^2 + 3 = bc}
$$

로 나타낼 수 있다. 따라서

$$
2b^2 - 8b + 35 = 9bc
$$

$$
b(9c - 2b + 8) = 35 \quad \longleftarrow \boxed{b \text{ 에 대해서 정리한다.}}
$$

이로부터 b 는 35 의 약수이다.

또한 $a \geqq 1$ 이므로, $b \geqq 5$

$\boxed{a \text{ 는 자연수}}$

35 의 양의 약수 (1, 5, 7, 35) 중에서

$b \geqq 5$ 에 해당하는 것은 $b = 5,\ b = 7,\ b = 35$ 이다.

하지만 $b = 7$ 에서는 a 는 자연수가 되지 않으므로

$b=5$ 또는 $b=35$ 이다 .

$\qquad b=\mathbf{5}$ 일 때 , $a=\mathbf{1}$ ← $\boxed{5=3a+2}$

$\qquad b=\mathbf{35}$ 일 때 , $a=\mathbf{11}$ ← $\boxed{35=3a+2}$

2

A	6
B	4
C	1
D	1
E	4
FG	-3
H	2
I	3
JK	12
LM	18

2 $a=6p$, $b=6q$ 일 때 , a, b 의 최소공배수 l 는

$\qquad l=\mathbf{6}\,pq$ 이다 .

등식 ①에 , 이것들을 대입하면

$\qquad 24p-6q=6pq-6$

6 으로 나누어 정리하여

$\qquad pq-4p+q-1=0$

$\qquad (p+1)(q-4)+3=0$ ← $\boxed{pq-4p+q-4}$

$\qquad (p+1)(q-4)=\mathbf{-3}$

$p+1$, $q-4$ 는 -3 의 약수이다 . 또한 a, b 가 자연수인 것으로 부터 , $p+1>1$ 에 의해   ← $\boxed{p>0}$

$\qquad p+1=3 \quad q-4=-1$

이것을 풀어 $p=\mathbf{2}$, $q=\mathbf{3}$, $a=\mathbf{12}$, $b=\mathbf{18}$

3

(1)	A	3
	B	2
	CD	11
	EF	24
(2)	GH	22
	IJK	132
(3)	L	6
	MNO	113
(4)	PQR	792

3

(1) $a=792=2^3\cdot3^2\cdot11$

소인수분해의 지수에서 약수의 개수는

$\qquad 4\cdot3\cdot2=\mathbf{24}$(개)

(2) $\sqrt{am}$ 가 최소의 자연수가 되려면

$\qquad am=(2^3\cdot3^2\cdot11)m=(2^2\cdot3\cdot11)^2$ ← $\boxed{2^4\cdot3^2\cdot11^2}$

$\qquad m=2\cdot11=\mathbf{22}$

$m=22k^2$ 일 때

$\qquad \sqrt{am}=2^2\cdot3\cdot11k=\mathbf{132}\,k$

(3) $132k-7l=1$ ······①을 푼다 .

유클리드 호제법을 사용하여

$\qquad 132=7\cdot18+6 \iff 132-7\cdot18=6$ ······②

$\qquad 7=6\cdot1+1 \iff 7-6\cdot1=1$ ······③

②를 ③에 대입하여

$\qquad 7-(132-7\cdot18)\cdot1=1$ ← $\boxed{7+7\cdot18-132\cdot1=1}$

$\qquad 7\cdot19-132\cdot1=1$

$\qquad 132\cdot(-1)-7\cdot(-19)=1$ ······④   ← $\boxed{①에 맞춘다 .}$

부정방정식의 정수해의 한 조합은 $k=-1$, $l=-19$ 이므로

①$-$④에 의해

$\qquad 132(k+1)-7(l+19)=0$

$\qquad 132(k+1)=7(l+19)$

132 와 7 은 서로소이므로 p 를 정수로 하면

$\qquad k+1=7p \quad k=7p-1$

$$l+19=132\,p \quad l=132\,p-19$$
자연수 k 가 최소가 되는 것은 $p=1$ 일 때로
$$k=\mathbf{6} \qquad l=\mathbf{113}$$

(4) (1)에 의해 $\sqrt{am}=132\,k$ 는 $k=6$ 일 때, 7 로 나누면 1 이 남는 최소의 자연수가 되고 $\sqrt{am}=792$ 이다. $a=792$ 이므로
$$m=\mathbf{792}$$
($m=22\,k^2$ 에 $k=6$ 을 대입하여도 된다.)

4

(1)	A	**7**
	B	**9**
(2)	C	**4**
	D	**5**

4

(1) 부정방정식 $85x-66y=1$ ······①
을, 유클리드 호제법을 사용하여 풀면
$$85=66\cdot 1+19 \iff 85-66\cdot 1=19 \quad \text{······②}$$
$$66=19\cdot 3+9 \iff 66-19\cdot 3=9 \quad \text{······③}$$
$$19=9\cdot 2+1 \iff 19-9\cdot 2=1 \quad \text{······④}$$
④에 ③을 대입하여
$$19-(\underbrace{66-19\cdot 3}_{③})\cdot 2=19\cdot 7-66\cdot 2=1$$

이것에 ②를 대입하여
$$(\underbrace{85-66\cdot 1}_{②})\cdot 7-66\cdot 2=85\cdot 7-66\cdot 9=1 \quad \text{······⑤}$$

①－⑤에 의해,
$$85(x-7)-66(y-9)=0$$
$$85(x-7)=66(y-9)$$
85 와 66 은 서로소인 것으로부터 $x-7$ 은 66 의 배수
$y-9$ 는 85 의 배수이다.
정수 k 를 사용하여 $x-7=66k$, $y-9=85k$ 로 나타낼 수 있고
$$x=66k+7, \quad y=85k+9$$
x 의 절댓값이 최소가 되는 것은 $k=0$ 일 때로
$$x=\mathbf{7}, \quad y=\mathbf{9}$$

(2) ⑤를 10 배하여
$$85\cdot 70-66\cdot 90=10 \quad \text{······⑥}$$
$85x-66y=10$ 에서 ⑥을 빼면
$85(x-70)=66(y-90)$ 이 된다.
85 와 66 은 서로소인 것에서 $x-70$ 은 66 의 배수, $y-90$ 은
85 의 배수이다.
정수 l 을 사용하여
$$x-70=66l, \quad y-90=85l$$
$$x=66l+70, \quad y=85l+90$$
x 의 절댓값이 최소가 되는 것은 $l=-1$ 일 때로
$$x=\mathbf{4}, \quad y=\mathbf{5}$$

5

(1) AB   **21**

    CDE   **111**

(2) F   **1**

    G   **3**

    H   **5**

（FGH는 순서 무관 ）

5

(1) $10101_{(2)}$ 를 10진법으로 나타내면
$$1 \cdot 2^4 + 1 \cdot 2^2 + 1 = 16 + 4 + 1 = \mathbf{21}$$
4진법으로 나타내면 $2^2 = 4$
$$1 \cdot (2^2)^2 + 1 \cdot 2^2 + 1 = 1 \cdot 4^2 + 1 \cdot 4 + 1 = \mathbf{111}_{(4)}$$

(2) ⓪ $0.1_{(6)} = 1 \cdot \dfrac{1}{6} = \dfrac{1}{6} = 0.166\cdots\cdots$

   ① $0.3_{(6)} = 3 \cdot \dfrac{1}{6} = \dfrac{3}{6} = 0.5$

   ② $0.4_{(6)} = 4 \cdot \dfrac{1}{6} = \dfrac{4}{6} = \dfrac{2}{3} = 0.666\cdots\cdots$

   ③ $0.13_{(6)} = 1 \cdot \dfrac{1}{6} + 3 \cdot \dfrac{1}{6^2} = \dfrac{1}{6} + \dfrac{1}{12} = \dfrac{1}{4} = 0.25$

   ④ $0.33_{(6)} = 3 \cdot \dfrac{1}{6} + 3 \cdot \dfrac{1}{6^2}$
$$= \dfrac{1}{2} + \dfrac{1}{12} = \dfrac{7}{12} = 0.5833\cdots\cdots$$

   ⑤ $0.43_{(6)} = 4 \cdot \dfrac{1}{6} + 3 \cdot \dfrac{1}{6^2} = \dfrac{2}{3} + \dfrac{1}{12} = \dfrac{3}{4} = 0.75$

제 6 장   도형과 계량

기본문제

1

A	2
B	5
C	2
D	3
E	5
F	3
G	5
H	2

1 삼각비 (1)

해법의 포인트

피타고라스의 정리

$\angle A = 90°$ 인 직각삼각형 ABC 에 있어서

$$a^2 = b^2 + c^2$$

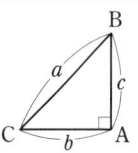

피타고라스의 정리에 의해 $AH^2 = AB^2 - BH^2 = 36 - 16 = 20$

$$AH = \sqrt{20} = 2\sqrt{5}$$

이등변 삼각형에 의해 $\angle B = \angle C$

$$\cos B = \cos C = \frac{BH}{AB} = \frac{4}{6} = \frac{2}{3}$$

$$\sin B = \sin C = \frac{AH}{AB} = \frac{2\sqrt{5}}{6} = \frac{\sqrt{5}}{3}$$

$$\tan B = \tan C = \frac{AH}{BH} = \frac{2\sqrt{5}}{4} = \frac{\sqrt{5}}{2}$$

2

A	1
B	2
CD	30
EF	60
G	2
H	3
I J	30
KL	75
M	2
N	6
O	2
P	2
Q	6
R	2
S	4

2 삼각비 (2)

해법의 포인트

삼각형의 내각과 외각

① 삼각형의 내각의 합은 $180°$

$$\angle A + \angle B + \angle C = 180°$$

② 삼각형의 두 내각의 합은
다른 한 각의 외각과 같다.

$$\angle A + \angle B = \angle ACD$$

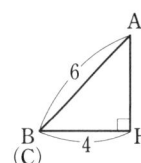

$$\sin \angle ADC = \frac{2}{4} = \frac{1}{2}$$

이로부터 $\angle ADC = 30°$ ($\angle ADC < 90°$ 이므로, $150°$ 가 아니다.)

$$\angle DAC = 180° - (90° + 30°) = 60° \longleftarrow$$ 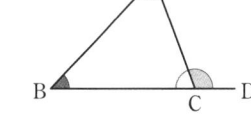 해법의 포인트①

$\cos 30° = \dfrac{\sqrt{3}}{2}$ 에 의해 $DC = 4 \times \cos 30° = 2\sqrt{3}$

$\triangle ABD$ 에 있어서, $\angle ABD = \angle BAD$

$\underset{\sim\sim\sim\sim\sim\sim\sim\sim}{\angle ABD + \angle BAD} = \angle ADC = 30°$ 에 의해 $\angle BAD = 15°$

해법의 포인트②

$$\angle BAC = \angle BAD + \angle DAC = 15° + 60° = 75°$$

$$BC = 4 + 2\sqrt{3}$$

피타고라스의 정리에 의해

$$AB^2 = BC^2 + AC^2 = (4 + 2\sqrt{3})^2 + 4$$
$$= 8(4 + 2\sqrt{3})$$

해 답

$4 + 2\sqrt{3} = (1 + \sqrt{3})^2$ 에 의해

$$\begin{aligned} AB &= \sqrt{8(4 + 2\sqrt{3})} \\ &= 2\sqrt{2}\sqrt{(1 + \sqrt{3})^2} \\ &= 2\sqrt{2}(1 + \sqrt{3}) \\ &= \boldsymbol{2\sqrt{6} + 2\sqrt{2}} \end{aligned}$$

이중근호를 벗기는 방법은 해답해설 제 1 장 (p.42) 참조

분모의 유리화는 해답해설 제 1 장 (p.42) 참조

$$\cos 75° = \frac{AC}{AB} = \frac{2}{2(\sqrt{6} + \sqrt{2})} = \frac{\cancel{2}(\sqrt{6} - \sqrt{2})}{\cancel{2}(6 - 2)}$$

$$= \frac{\sqrt{6} - \sqrt{2}}{4}$$

3

문제 1

(1) A   **3**
     B   **2**
     C   **3**
     D   **6**

(2) E   **0**

(3) F   **0**

(4) GH   **−2**

3 삼각비의 확장

문제 1

(1) $\sin 120° = \dfrac{\sqrt{3}}{2}$, $\cos 135° = -\dfrac{\sqrt{2}}{2}$,

$\tan 150° = -\dfrac{1}{\sqrt{3}} = -\dfrac{\sqrt{3}}{3}$

준식 $= \dfrac{\sqrt{3}}{2} + \dfrac{\sqrt{2}}{2} - \dfrac{\sqrt{3}}{3} = \dfrac{\boldsymbol{3\sqrt{2} + \sqrt{3}}}{\boldsymbol{6}}$

(2) $\sin 100° = \sin(90° + 10°) = \cos 10°$
$\cos 170° = \cos(180° - 10°) = -\cos 10°$
$\tan 140° = \tan(180° - 40°) = -\tan 40°$
준식 $= \cos 10° - \cos 10° + \tan 40° - \tan 40° = \boldsymbol{0}$

(3) $\sin 70° = \sin(90° - 20°) = \cos 20°$
$\cos 110° = \cos(90° + 20°) = -\sin 20°$
준식 $= \sin 20° \cos 20° + \cos 20°(-\sin 20°) = \boldsymbol{0}$

(4) $\tan 105° = \tan(90° + 15°) = -\dfrac{1}{\tan 15°}$

$\tan 50° = \tan(90° - 40°) = \dfrac{1}{\tan 40°}$

준식 $= \tan 15°\left(-\dfrac{1}{\tan 15°}\right) - \tan 40°\dfrac{1}{\tan 40°} = \boldsymbol{-2}$

문제 2

   IJ   **30**

   KLM   **150**

   NO   **60**

   PQR   **135**

문제 2 $\sin \theta = \dfrac{1}{2}$ 일 때,

$\theta = \boldsymbol{30°}$ 또는 $\boldsymbol{150°}$

$-\dfrac{\sqrt{2}}{2} \leqq \cos \theta \leqq \dfrac{1}{2}$ 에 의해

$\boldsymbol{60° \leqq \theta \leqq 135°}$

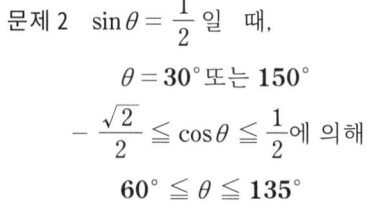

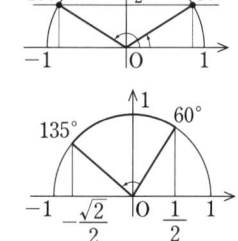

4

문제 1

(1)	A	5
	BC	13
	D	5
	EF	12
(2)	G	—
	H	7
	I	4
	JK	−3
	L	7
	M	7

문제 2

	NO	−3
	P	8
	Q	7
	R	2

5

문제 1

	AB	45
	C	6
	D	6
	E	3

---

4 삼각비의 상호관계

문제 1

(1) $\sin^2\theta = 1 - \cos^2\theta = 1 - \dfrac{144}{169} = \dfrac{25}{169}$

$\sin\theta \geqq 0$ 에 의해, $\sin\theta = \sqrt{\dfrac{25}{169}} = \dfrac{5}{13}$ $\tan\theta = \dfrac{\sin\theta}{\cos\theta} = \dfrac{5}{12}$

$\boxed{90° < \theta < 180°}$

(2) θ은 둔각이므로, $\cos\theta < 0$

$\cos^2\theta = 1 - \sin^2\theta = 1 - \dfrac{9}{16} = \dfrac{7}{16}$ $\cos\theta = -\dfrac{\sqrt{7}}{4}$

$\tan\theta = -\dfrac{3}{\sqrt{7}} = -\dfrac{3\sqrt{7}}{7}$

문제 2

해법의 포인트

$\sin^2\theta + \cos^2\theta = 1$ 을 이용

$(\sin\theta + \cos\theta)^2 = \sin^2\theta + 2\sin\theta\cos\theta + \cos^2\theta$
$= 1 + 2\sin\theta\cos\theta$

「해법의 포인트」에 의해

$(\sin\theta + \cos\theta)^2 = 1 + 2\sin\theta\cos\theta = \dfrac{1}{4}$

$2\sin\theta\cos\theta = \dfrac{1}{4} - 1 = -\dfrac{3}{4}$

$\sin\theta\cos\theta = -\dfrac{3}{8}$

$0° < \theta < 180°$에 의해, $\sin\theta > 0$ 이므로, $\cos\theta < 0$
따라서, $\sin\theta - \cos\theta > 0$

$(\sin\theta - \cos\theta)^2 = \sin^2\theta - 2\sin\theta\cos\theta + \cos^2\theta$
$= 1 - 2\sin\theta\cos\theta = \dfrac{7}{4}$

$\sin\theta - \cos\theta = \dfrac{\sqrt{7}}{2}$

5 사인 정리

해법의 포인트

사인 정리의 변형

$2R = \dfrac{a}{\sin A}$ $a = 2R\sin A$ $\sin A = \dfrac{a}{2R}$

문제 1 $B = 180° - (60° + 75°) = 45°$ $\sin B = \sin 45° = \dfrac{1}{\sqrt{2}}$

해 답

사인 정리에 의해

$$2R = \frac{6\sqrt{2}}{\sin 45°} = 6\sqrt{2} \cdot \sqrt{2} = 12 \qquad R = \mathbf{6}$$

$\boxed{\dfrac{b}{\sin B}}$

$$\sin A = \sin 60° = \frac{\sqrt{3}}{2}$$

$$a = 2R\sin A = 12 \cdot \frac{\sqrt{3}}{2} = \mathbf{6\sqrt{3}}$$

문제 2	
FG	10
H	3
I	3
JK	45
LM	10
N	6
O	3

문제 2 $\quad 2R = \dfrac{10}{\sin 120°} = 10 \cdot \dfrac{2}{\sqrt{3}} = \dfrac{20\sqrt{3}}{3} \qquad R = \dfrac{\mathbf{10\sqrt{3}}}{\mathbf{3}}$

$\boxed{\dfrac{a}{\sin A}}$

$$C = 180° - (120° + 15°) = \mathbf{45°}$$

$$c = 2R\sin 45° = \frac{20\sqrt{3}}{3} \cdot \frac{\sqrt{2}}{2} = \frac{\mathbf{10\sqrt{6}}}{\mathbf{3}}$$

$\boxed{2R\sin C}$

문제 3	
P	3
Q	3
R	1
S	3

문제 3 $\quad \cos^2 B = \dfrac{6}{9} = \dfrac{2}{3} \qquad \sin B > 0$ 에 의해

$$\sin B = \sqrt{1 - \frac{2}{3}} = \frac{1}{\sqrt{3}}$$

사인정리를 이용하여 $\qquad \boxed{\sin^2 B = 1 - \cos^2 B}$

$$2R = \frac{b}{\sin B} = \frac{\text{AC}}{\sin B} = 6 \cdot \sqrt{3} = 6\sqrt{3}$$

$\boxed{\dfrac{1}{\sin B}}$

$$R = \mathbf{3\sqrt{3}}$$

$$\sin C = \frac{c}{2R} = \frac{\text{AB}}{2R} = \frac{2\sqrt{3}}{6\sqrt{3}} = \frac{\mathbf{1}}{\mathbf{3}}$$

6	
문제 1	
A	−
B	2
C	2
D	5

6 코사인 정리

문제 1 $\quad \cos C = \cos 135° = -\cos 45° = -\dfrac{\sqrt{2}}{2}$

$$c^2 = a^2 + b^2 - 2ab\cos C$$

$$= 1 + 2 - 2 \cdot 1 \cdot \sqrt{2}\left(-\frac{\sqrt{2}}{2}\right) = 5 \qquad c = \mathbf{\sqrt{5}}$$

문제 2	
E	3
FG	40
H	8
IJ	−1
K	7

문제 2 코사인 정리에 의해 $\text{AB}^2 + \text{AC}^2 - 2\,\text{AB} \cdot \text{AC} \cdot \cos A = \text{BC}^2$

$\text{AC} = x$ 로 놓으면

$$9 + x^2 - 2 \cdot 3 \cdot x \cdot \cos 60° = 49$$

$\cos 60° = \dfrac{1}{2}$ 이므로 $9 + x^2 - 3x = 49$

$$x^2 - 3x - 40 = (x - 8)(x + 5) = 0$$

$x > 0$ 에 의해 $x = 8 \qquad \text{AC} = \mathbf{8}$

$$\cos B = \frac{\text{AB}^2 + \text{BC}^2 - \text{AC}^2}{2\,\text{AB} \cdot \text{BC}} = \frac{9 + 49 - 64}{42} = -\frac{\mathbf{1}}{\mathbf{7}}$$

7

(1) A   2

(2) B   4

(3) C   0

      D   5

    (C, D 는 순서무관)

(4) E   1

7 삼각형의 형상 결정

해법의 포인트

변의 식으로 고친다

$$a^2 + b^2 = c^2 \iff \angle C \text{ 가 } 90° \text{ 인 직각삼각형}$$

$$a - b = 0 \iff BC = CA \text{ 인 이등변삼각형}$$

(1) $2R = \dfrac{a}{\sin A}$ 에 의해, $\sin A = \dfrac{a}{2R}$ 이므로

$a \sin A + b \sin B = c \sin C$ 는

$$\dfrac{a^2}{2R} + \dfrac{b^2}{2R} = \dfrac{c^2}{2R} \quad \longleftarrow \boxed{\text{양변에 } 2R \text{ 을 곱한다 .}}$$

$$a^2 + b^2 = c^2 \qquad \angle C \text{ 가 } 90° \text{ 인 직각삼각형 (②)}$$

$$\boxed{c = AB \text{ 가 빗변}}$$

(2) $\cos A = \dfrac{b^2 + c^2 - a^2}{2bc} \qquad \cos B = \dfrac{c^2 + a^2 - b^2}{2ca}$

$a \cos B = b \cos A$ 에 위의 식을 넣으면

$$a \cdot \dfrac{a^2 + c^2 - b^2}{2ac} = b \cdot \dfrac{b^2 + c^2 - a^2}{2bc}$$

양변에 $2c$ 를 곱하여

$$a^2 + c^2 - b^2 = b^2 + c^2 - a^2$$

$$a^2 = b^2 \qquad BC = CA \text{ 인 이등변삼각형 (④)}$$

(3) $b \cos B = c \cos C$ 를 변의 식으로 고치면

$$b \cdot \dfrac{a^2 + c^2 - b^2}{2ac} = c \cdot \dfrac{a^2 + b^2 - c^2}{2ab}$$

양변에 $2abc$ 를 곱하여

$$b^2 (a^2 + c^2 - b^2) = c^2 (a^2 + b^2 - c^2)$$

$$a^2 b^2 - a^2 c^2 - b^4 + c^4 = 0$$

$$a^2 (b^2 - c^2) - \underbrace{(b^4 - c^4)} = 0$$

$$\boxed{(b^2 - c^2)(b^2 + c^2)}$$

$$\{ a^2 - (b^2 + c^2) \} (b^2 - c^2) = 0$$

$$a^2 = b^2 + c^2, \ \text{또는} \ b^2 = c^2$$

$a^2 = b^2 + c^2$ 일 때, $\angle A = 90°$ 인 직각삼각형 (⓪)

$b^2 = c^2$ 일 때, $AB = CA$ 인 이등변삼각형 (⑤)

(4) $\cos A \sin B = \sin C$ 를 변의 식으로 고치면

$$\dfrac{b^2 + c^2 - a^2}{2bc} \cdot \dfrac{b}{2R} = \dfrac{c}{2R}$$

양변에 $4Rbc$ 를 곱하여

$$b(b^2 + c^2 - a^2) = 2bc^2$$

$$b^3 = a^2 b + bc^2$$

$b \neq 0$ 에 의해 양변을 b 로 나누면 $b^2 = a^2 + c^2$

$$\angle B = 90° \text{ 인 직각삼각형 (①)}$$

해 답

8

A	1
B	8
C	3
D	7
E	8
FG	15
H	7
I	4
J	7
K	2
L	8
M	7
N	7

9

AB	34
CD	30
EF	89
GH	80
IJ	−1
K	2
L	7
MN	15
O	3
P	4
QR	10
S	3
TU	55
V	3
W	4

8 삼각형의 넓이

$$\cos A = \frac{AB^2 + CA^2 - BC^2}{2\,AB \cdot CA} = \frac{25 + 16 - 36}{2 \cdot 5 \cdot 4} = \frac{1}{8}$$

$$\sin A = \sqrt{1 - \left(\frac{1}{8}\right)^2} = \frac{3\sqrt{7}}{8}$$

이로부터 S 는

$$S = \frac{1}{2} \cdot AB \cdot CA \cdot \sin A = \frac{1}{2} \cdot 5 \cdot 4 \cdot \frac{3\sqrt{7}}{8} = \frac{15\sqrt{7}}{4}$$

내접원의 반지름 r 을 사용한 삼각형의 넓이의 식은

$$S = \frac{1}{2}(AB + BC + CA)r = \frac{1}{2}(5 + 6 + 4)r$$

$\frac{15\sqrt{7}}{4} = \frac{15}{2}r$ 에 의해 $r = \dfrac{\sqrt{7}}{2}$

$$2R = \frac{BC}{\sin A} = 6 \cdot \frac{8}{3\sqrt{7}} = \frac{16\sqrt{7}}{7} \qquad R = \frac{8\sqrt{7}}{7}$$

9 원에 내접하는 사각형의 넓이

해법의 포인트

원에 내접하는 사각형
· 서로 마주보는 내각의 합은 180°
$$\angle A + \angle C = 180°$$
$$\cos A = \cos(180° - C) = -\cos C$$
$$\sin A = \sin(180° - C) = \sin C$$

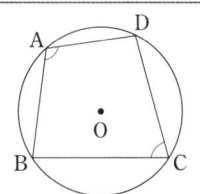

사각형 ABCD 는 원에 내접하고 있으므로 $\cos B = -\cos D$

△ACD 에 있어서 코사인 정리에 의해

$\angle B + \angle D = 180°$

$$AC^2 = AD^2 + CD^2 - 2\,AD \cdot CD \cos D$$
$$= 25 + 9 - 30 \cos D = 34 - 30 \cos D$$

△ABC 에 있어서

$$AC^2 = AB^2 + BC^2 - 2\,AB \cdot BC \cos B$$
$$= AB^2 + BC^2 + 2\,AB \cdot BC \cos D$$
$$= 25 + 64 + 2 \cdot 5 \cdot 8 \cos D = 89 + 80 \cos D$$

$34 - 30\cos D = 89 + 80\cos D$ 를 풀어

$$110\cos D = -89 + 34 = -55$$

$$\cos D = -\frac{1}{2}$$

따라서 $AC^2 = 89 + 80\cos D = 89 - 40 = 49$ $\qquad AC = 7$

$\cos D = -\dfrac{1}{2}$ 에 의해 $\angle D = 120°$, $\angle B = 180° - 120° = 60°$

$$\sin D = \sin 120° = \frac{\sqrt{3}}{2} \qquad \sin B = \sin 60° = \frac{\sqrt{3}}{2}$$

$$\triangle \text{ACD 의 넓이 } S_1 = \frac{1}{2} \text{CD} \cdot \text{DA} \cdot \sin D$$

$$= \frac{1}{2} \cdot 3 \cdot 5 \cdot \frac{\sqrt{3}}{2} = \boldsymbol{\frac{15\sqrt{3}}{4}}$$

$$\triangle \text{ABC 의 넓이 } S_2 = \frac{1}{2} \text{AB} \cdot \text{BC} \cdot \sin B$$

$$= \frac{1}{2} \cdot 5 \cdot 8 \cdot \frac{\sqrt{3}}{2} = \boldsymbol{10\sqrt{3}}$$

사각형 ABCD 의 넓이 $S = \dfrac{15\sqrt{3}}{4} + 10\sqrt{3} = \boldsymbol{\dfrac{55\sqrt{3}}{4}}$

A	1
B	2
CD	60
E	6
F	3
GH	49
I	7
J	3
K	3
L	7
M	6
N	3
OP	14
Q	2

⑩ 공간도형으로의 응용

해법의 포인트

주목하는 평면도형을 꺼내어 그림을 그린다.

$$\cos A = \frac{\text{AB}^2 + \text{AC}^2 - \text{BC}^2}{2\,\text{AB} \cdot \text{AC}}$$

$$= \frac{3^2 + 8^2 - 7^2}{2 \cdot 3 \cdot 8}$$

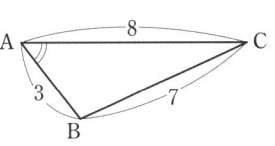

위의 식에 의해 $\cos A = \dfrac{9 + 64 - 49}{48} = \boldsymbol{\dfrac{1}{2}}$

따라서 $A = \boldsymbol{60°}$

$$\sin A = \sin 60° = \frac{\sqrt{3}}{2}$$

$$\triangle \text{ABC 의 넓이 } S = \frac{1}{2} \cdot \text{AB} \cdot \text{AC} \cdot \sin A$$

$$= \frac{1}{2} \cdot 3 \cdot 8 \cdot \frac{\sqrt{3}}{2} = \boldsymbol{6\sqrt{3}}$$

$\text{OH} \perp \text{AH}$ 이므로, $\triangle \text{OAH}$ 에 있어서 피타고라스
의 정리에 의해

$$\text{AH}^2 + \text{OH}^2 = \text{OA}^2 = 49$$

$$\text{AH}^2 = \boldsymbol{49 - \text{OH}^2}$$

$\triangle \text{OBH}$, $\triangle \text{OCH}$ 에 대하여도 마찬가지로

$$\text{AH} = \text{BH} = \text{CH}$$

이로부터 AH 는 $\triangle \text{ABC}$ 의 외접원의 반지름 R 이다.

따라서, $2R = \dfrac{7}{\sin A} = 7 \cdot \dfrac{2}{\sqrt{3}} = \dfrac{14}{\sqrt{3}}$에 의해,

$$\text{AH} = R = \frac{7}{\sqrt{3}} = \boldsymbol{\frac{7\sqrt{3}}{3}}$$

$$\text{OH}^2 = 49 - \text{AH}^2 = 49 - \frac{49}{3} = \frac{98}{3}$$

$$\text{OH} = \frac{7\sqrt{2}}{\sqrt{3}} = \boldsymbol{\frac{7\sqrt{6}}{3}}$$

사면체 OABC 의 넓이 $V = \dfrac{1}{3}Sh = \dfrac{1}{3}S \cdot \mathrm{OH} = \dfrac{1}{3} \cdot 6\sqrt{3} \cdot \dfrac{7\sqrt{6}}{3}$

$$= \mathbf{14\sqrt{2}}$$

실전문제

$\boxed{\cos^2\theta + \sin^2\theta = 1 \text{ 을 } \cos^2\theta \text{ 으로 나눈 것}}$

$\boxed{1}$ $1 + \tan^2\theta = \dfrac{1}{\cos^2\theta}$ 을 사용하여,

$$\dfrac{1}{\cos^2\angle \mathrm{CAD}} = 1 + \tan^2\angle \mathrm{CAD} = 1 + \dfrac{9}{16} = \dfrac{25}{16}$$

$\tan\angle \mathrm{CAD} > 0$ 에 의해 $0° < \angle \mathrm{CAD} < 90°$ 이므로,

$$\cos\angle \mathrm{CAD} = \dfrac{\mathbf{4}}{\mathbf{5}}$$

$\triangle \mathrm{ADC}$ 에 코사인 정리를 사용하여

$$\mathrm{CD}^2 = \mathrm{AC}^2 + \mathrm{AD}^2 - 2\,\mathrm{AC} \cdot \mathrm{AD}\cos\angle \mathrm{CAD}$$

$$= 9 + 25 - 2 \cdot 3 \cdot 5 \cdot \dfrac{4}{5} = 10$$

$$\mathrm{CD} = \sqrt{10}$$

또한 $\sin^2\angle \mathrm{CAD} = 1 - \cos^2\angle \mathrm{CAD} = 1 - \dfrac{16}{25} = \dfrac{9}{25}$

따라서 $\sin\angle \mathrm{CAD} = \dfrac{3}{5}$

이로부터 $\triangle \mathrm{ADC}$ 의 넓이을 구한다.

$$\triangle \mathrm{ADC} \text{ 의 넓이} = \dfrac{1}{2}\mathrm{AC} \cdot \mathrm{AD} \cdot \sin\angle \mathrm{CAD}$$

$$= \dfrac{1}{2} \cdot 3 \cdot 5 \cdot \dfrac{3}{5} = \dfrac{\mathbf{9}}{\mathbf{2}}$$

또한, $\triangle \mathrm{ADC}$ 의 외접원은, AB 를 지름으로하는 원이므로 그 반지름 R 로 하면, $\mathrm{AB} = 2R$ $\longleftarrow$ $\boxed{\mathrm{AB} \text{ 는 지름}}$

$$\mathrm{AB} = 2R = \dfrac{\mathrm{CD}}{\sin\angle \mathrm{CAD}} = \sqrt{10} \cdot \dfrac{5}{3} = \dfrac{\mathbf{5\sqrt{10}}}{\mathbf{3}}$$

$\angle \mathrm{ADB}$ 는 지름 AB 에 대한 원주각이므로

$$\angle \mathrm{ADB} = 90°$$

이로부터 $\triangle \mathrm{ABD}$ 는 $\angle \mathrm{D} = 90°$ 의 직각삼각형이므로

$$\mathrm{BD}^2 = \mathrm{AB}^2 - \mathrm{AD}^2 = \dfrac{250}{9} - 25 = \dfrac{25}{9} \qquad \mathrm{BD} = \dfrac{\mathbf{5}}{\mathbf{3}}$$

$$\triangle \mathrm{ABD} \text{ 의 넓이} = \dfrac{1}{2}\mathrm{AD} \cdot \mathrm{BD} = \dfrac{1}{2} \cdot 5 \cdot \dfrac{5}{3} = \dfrac{\mathbf{25}}{\mathbf{6}}$$

사각형 ABDC 의 넓이 $S = \triangle \mathrm{ADC} + \triangle \mathrm{ABD}$

$$= \dfrac{9}{2} + \dfrac{25}{6} = \dfrac{\mathbf{26}}{\mathbf{3}}$$

해 답

$\boxed{1}$

A	4
B	5
CD	10
E	9
F	2
G	5
HI	10
J	3
K	5
L	3
MN	25
O	6
PQ	26
R	3

2

ABC	120
DE	15
F	3
G	4
HI	15
J	8
KL	35
M	8

2 $\cos A = \dfrac{AB^2 + AC^2 - BC^2}{2\,AB \cdot AC} = \dfrac{9 + 25 - 49}{30} = -\dfrac{1}{2}$

따라서 $\angle A = \mathbf{120°}$

$\sin A = \sin 120° = \dfrac{\sqrt{3}}{2}$

$\triangle ABC$ 의 넓이 $S = \dfrac{1}{2}\,AB \cdot AC \cdot \sin A$

$= \dfrac{1}{2} \cdot 3 \cdot 5 \cdot \dfrac{\sqrt{3}}{2} = \dfrac{\mathbf{15\sqrt{3}}}{\mathbf{4}}$

AD 를 x 로 놓으면

$\triangle ABC = \triangle ABD + \triangle ACD$

$\dfrac{1}{2} \cdot 3 \cdot 5 \cdot \sin 120° = \dfrac{1}{2} \cdot 3 \cdot x \cdot \sin 60° + \dfrac{1}{2} \cdot x \cdot 5 \cdot \sin 60°$

$\sin 120° = \sin 60°$ 이므로, 위의 식은 $15 = 3x + 5x$ 이다.

$x = \dfrac{15}{8}$ $AD = \dfrac{\mathbf{15}}{\mathbf{8}}$

$\triangle ACD$ 에 있어서 코사인 정리에 의해

$CD^2 = AC^2 + AD^2 - 2\,AC \cdot AD \cos 60°$

$= 25 + \dfrac{225}{64} - 2 \cdot 5 \cdot \dfrac{15}{8} \cdot \dfrac{1}{2} = 25 + \dfrac{225}{64} - \dfrac{75}{8} = \dfrac{1225}{64}$

$CD = \dfrac{\mathbf{35}}{\mathbf{8}}$

【**별해**】 AD 는 $\angle A$ 의 이등분선이므로

$BD : CD = AB : AC = 3 : 5$ ◀── 제 7 장 참조

$CD = 7 \times \dfrac{5}{8} = \dfrac{35}{8}$

3

A	7
BCD	120
EF	15
GHI	161
J	3
K	4

3 $\triangle ABC$ 에 코사인 정리를 사용하여

$AB^2 = BC^2 + AC^2 - 2\,AC \cdot BC \cos \angle ACB$

$= 64 + 169 - 2 \cdot 8 \cdot 13 \cdot \dfrac{23}{26} = 49$

$AB = \mathbf{7}$

게다가

$\cos \angle ABC = \dfrac{AB^2 + BC^2 - AC^2}{2\,AB \cdot BC} = \dfrac{49 + 64 - 169}{2 \cdot 7 \cdot 8} = -\dfrac{1}{2}$

따라서 $\angle ABC = \mathbf{120°}$

사각형 $ABCD$ 는 원에 내접하고 있으므로

$\angle ADC = 180° - \angle ABC = 60°$

$\cos \angle ACB = \cos \angle ACD$ 에 의해 $\angle ACB = \angle ACD$

또한 $DA = AB = 7$ 이므로 $\triangle ACD$ 에 있어서 코사인 정리에 의해

$AD^2 + CD^2 - 2\,AD \cdot CD \cos \angle ADC = AC^2$

해 답

CD 를 x 로 놓으면

$$49 + x^2 - 7x = 169 \qquad \underbrace{x^2 - 7x - 120 = 0}$$

$$(x-15)(x+8) = 0 \qquad x = 15$$

$$\boxed{-15 \times 8 = -120, \ -15 + 8 = -7}$$

CD $= \mathbf{15}$

사각형 ABCD 의 넓이 S 는

$$S = \triangle \text{ABC} + \triangle \text{ACD}$$

$$= \frac{1}{2}(7 \cdot 8 \cdot \sin 120° + 7 \cdot 15 \cdot \sin 60°) = \frac{\sqrt{3}}{4}(56 + 105)$$

$$= \frac{\mathbf{161\sqrt{3}}}{\mathbf{4}}$$

4

(1)	A	**4**
	BC	**10**
	D	**3**
	EF	**10**
	GH	**12**
	I JK	**100**
	LM	**17**
	N	**9**
(2)	OP	**36**
	QR	**17**
	ST	**19**
	UV	**17**

4

해법의 포인트

밑변이 공통인 삼각형의 넓이비

$$\triangle \text{ABC} : \triangle \text{PBC} = \text{AD} : \text{PD}$$
$$\triangle \text{PAB} : \triangle \text{PAC} = \text{BD} : \text{CD}$$

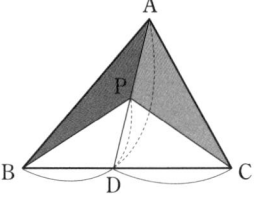

(1) $\triangle$ABC 의 넓이 S 는 삼각비를 사용한 공식으로 구하면

$\sin A = \sqrt{1 - \cos^2 A} = \sqrt{1 - \dfrac{9}{25}} = \dfrac{4}{5}$ 에 의해

$$S = \frac{1}{2} \text{AB} \cdot \text{AC} \sin A = \frac{1}{2} \cdot c \cdot 10 \cdot \frac{4}{5} = \mathbf{4}c$$

S 를 내접원의 반지름 r 을 사용한 공식으로 구하면

$$S = \frac{1}{2}(\text{AB} + \text{BC} + \text{CA})r = \frac{1}{2}(c + a + 10) \cdot 2$$

$$= a + c + \mathbf{10}$$

$4c = a + c + 10$ 에 의해, $a = \mathbf{3}c - \mathbf{10}$

$\triangle$ABC 에 있어서 코사인 정리에 의해

$$\text{BC}^2 = \text{AB}^2 + \text{AC}^2 - 2\,\text{AB} \cdot \text{AC} \cos A$$

$$a^2 = c^2 + 100 + 12c = c^2 + \mathbf{12}c + \mathbf{100}$$

이것에 $a = 3c - 10$ 을 대입하여

$$(3c - 10)^2 = c^2 + 12c + 100$$

$$8c^2 - 72c = 0 \quad \longleftarrow \boxed{8 \text{로 나눈다.}}$$

$$c(c - 9) = 0 \quad \longleftarrow \boxed{c \neq 0}$$

$$c = \mathbf{9}, \quad a = 3c - 10 = \mathbf{17}$$

(2) (1)에 의해 $S = 4c = 36$

△OBC 에 있어서 O 에서 BC 로 내린 수직선의 길이가 r 이므로

$$S' = \frac{1}{2} \times BC \times r$$

$$= \frac{1}{2} \cdot 17 \cdot 2 = 17$$

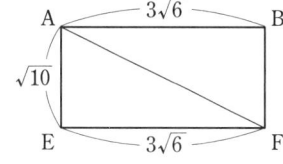

$$S : S' = \mathbf{36} : \mathbf{17}$$

$$AD : OD = \triangle ABC : \triangle OBC = 36 : 17$$

$$AO : OD = (AD - OD) : OD = 36 - 17 : 17 = \mathbf{19} : \mathbf{17}$$

5	
A	**8**
BC	**10**
DE	**12**
F	**1**
G	**8**
H I	**15**
J	**7**
KL	**15**
M	**6**
N	**3**
OP	**42**
Q	**7**

5 피타고라스의 정리에 의해

직사각형 AEFB 에 있어서

$$AF^2 = AE^2 + EF^2$$

$$= 10 + 54 = 64$$

$$AF = \mathbf{8}$$

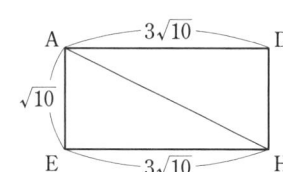

직사각형 AEHD 에 있어서

$$AH^2 = AE^2 + EH^2$$

$$= 10 + 90 = 100$$

$$AH = \mathbf{10}$$

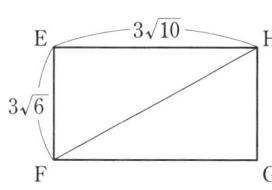

직사각형 EFGH 에 있어서

$$FH^2 = EF^2 + EH^2$$

$$= 54 + 90 = 144$$

$$FH = \mathbf{12}$$

△AFH 에 있어서 코사인 정리에 의해

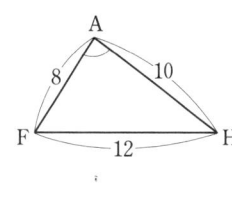

$$\cos \angle FAH = \frac{AF^2 + AH^2 - FH^2}{2\,AF \cdot AH}$$

$$= \frac{8^2 + 10^2 - 12^2}{2 \cdot 8 \cdot 10}$$

$$= \frac{64 + 100 - 144}{2 \cdot 8 \cdot 10}$$

$$= \frac{20}{160} = \frac{\mathbf{1}}{\mathbf{8}}$$

이로부터

$$\sin^2 \angle FAH = 1 - \cos^2 \angle FAH = \frac{63}{64}$$

$$\sin \angle FAH = \frac{3\sqrt{7}}{8}$$

$$\triangle \text{AFH 의 넓이 } S = \frac{1}{2}\,\text{AF} \cdot \text{AH}\sin \angle \text{FAH}$$

$$= \frac{1}{2} \cdot 8 \cdot 10 \cdot \frac{3\sqrt{7}}{8} = \mathbf{15\sqrt{7}}$$

사면체 EAFH 의 부피 $V = \dfrac{1}{3} \times \triangle \text{AFE 의 넓이} \times \text{EH}$

$$= \frac{1}{3} \left(\frac{1}{2}\,\text{AE} \times \text{FE} \right) \times \text{EH}$$

$$= \frac{1}{6}\, (\sqrt{10} \cdot 3\sqrt{6}\,) \cdot 3\sqrt{10}$$

$$= \mathbf{15\sqrt{6}}$$

또한 점 E 부터 $\triangle \text{AFH}$ 로 내린 수직선의 길이를 h 라 하면

$V = \dfrac{1}{3}\,Sh$ 이다.

$$\text{사면체 EAFH 의 부피 } V = \frac{1}{3} \cdot 15\sqrt{7} \cdot h = 5\sqrt{7}\,h$$

$5\sqrt{7}\,h = 15\sqrt{6}$ 에 의해

$$h = \frac{\mathbf{3\sqrt{42}}}{\mathbf{7}}$$

제 7 장   도형의 성질
기본문제

1
(1) A   3
B   2
C   8
DE   25
F   3
G   5
(2) HI   33
JK   25
L   6
M   5

2
A   3
B   2
CD   24
E   5
F   3
G   2
HI   16

1 삼각형과 평행선
해법의 포인트

삼각형의 변과 평행선

DE // BC

$\Longrightarrow$ $\triangle ADE \circlearrowleft \triangle ABC$

$$\frac{AD}{AB} = \frac{AE}{AC} = \frac{DE}{BC}$$

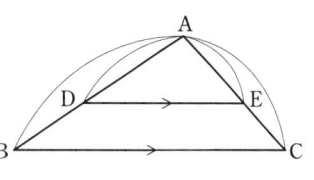

(1) BE // DF 에 의해

$$AF : FE = AD : DB = \mathbf{3} : \mathbf{2}$$

$$FE : EC = \frac{2}{5} AE : \frac{5}{4} AE = \mathbf{8} : \mathbf{25}$$

$$DF : BE = AD : AB = \mathbf{3} : \mathbf{5}$$

CE + EF

(2) $DF : GE = CF : CE = 25 + 8 : 25 = \mathbf{33} : \mathbf{25}$

$DF : BE = 3 : 5 = 33 : 55$ $DF : BE : GE = 33 : 55 : 25$

BE − GE

따라서, $BG : GE = 55 - 25 : 25 = 30 : 25 = \mathbf{6} : \mathbf{5}$

2 삼각형의 각의 이등분선
해법의 포인트

내각과 외각의 이등분선

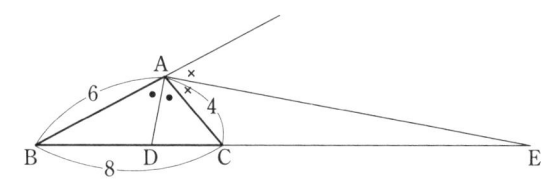

$$AB : AC = BD : CD = BE : CE = 6 : 4 = 3 : 2$$

AD 는 ∠ A 의 이등분선이므로,

$$BD : CD = AB : AC = \mathbf{3} : \mathbf{2}$$

$$BD = 8 \times \frac{3}{5} = \frac{\mathbf{24}}{\mathbf{5}}$$

AE 는 ∠ A 의 외각의 이등분선이므로,

$$BE : CE = 8 + CE : CE = \mathbf{3} : \mathbf{2}$$

따라서 CE = **16**

해 답

3

문제 1

AB	35
CDE	130

문제 2

FGH	130
IJ	30

문제 3

KL	40
MN	40
OPQ	130

4

(1)	A	4
	B	2
(2)	C	1
	D	2
	E	1
	F	3
	G	1
	H	6

3 삼각형의 외심, 내심, 중심

해법의 포인트

외심

$\triangle$OAB, $\triangle$OBC, $\triangle$OCA 는
이등변삼각형이므로,

$$\angle OAB = \angle OBA$$
$$\angle OBC = \angle OCB$$
$$\angle OCA = \angle OAC$$

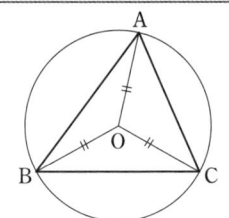

문제 1 $\angle OBA = \angle OAB$ $\angle OCA = \angle OAC$ より,

$$\angle A = 30° + x = 65° \qquad x = \mathbf{35°}$$

$\triangle$OAB 에 있어서

$$\angle AOB = 180° - 30° \times 2 = 120°$$

$\triangle$OAC 에 있어서

$$\angle AOC = 180° - 35° \times 2 = 110°$$

$$y = 360° - 120° - 110° = \mathbf{130°}$$

문제 2   I 는 세 개의 각의 이등분선이 교차
한 점이므로 그림과 같으며

$$2y = 180° - (\angle A + \angle B)$$
$$= 180° - (80° + 40°)$$
$$= 60°$$
$$y = \mathbf{30°}$$

$\triangle$IBC 에 있어서

$$x = 180° - (20° + 30°) = \mathbf{130°}$$

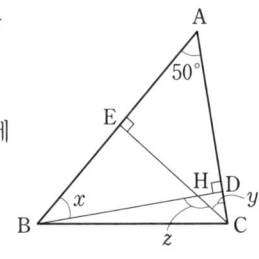

문제 3   H 는 수심이므로 $\triangle$ABD, $\triangle$ACE 는
직각삼각형.

$$x = y = 90° - 50° = \mathbf{40°}$$

$\triangle$CHD 가 직각삼각형, z 는 $\triangle$CHD 에
있어서 $\angle$H 의 외각이므로

$$z = 90° + y = 90° + 40°$$
$$= \mathbf{130°}$$

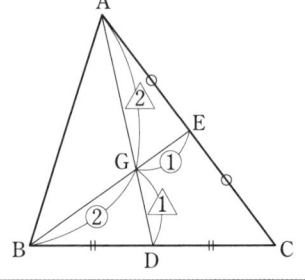

4 삼각형의 중심

해법의 포인트

삼각형의 중심

$$BD = DC$$
$$CE = EA$$
$$AG : GD = 2 : 1$$
$$BG : GE = 2 : 1$$

해 답

(1) 「해법의 포인트」에 의해

$$DC = BD = 4$$

$$GE = \frac{1}{2} BG = 2$$

(2) $BD = DC$ 에 의해 넓이는 $\triangle GBD = \triangle GDC$,

$\triangle GBD + \triangle GDC = \triangle GBC$ 에 의해

$$\triangle GBD : \triangle GBC = 1 : 2$$

(1)에 의해 $BG : GE = 2 : 1$

$$BG : BE = 2 : 3$$

$$\triangle GBC : \triangle EBC = 2 : 3$$ ← $\triangle GBD : \triangle GBC : \triangle EBC$ $= 1 : 2 : 3$

$$\triangle GBD : \triangle EBC = 1 : 3$$

$CE = EA$ 에 의해

$$\triangle EBC : \triangle ABC = 1 : 2$$

또한 $\triangle GBD : \triangle EBC = 1 : 3$ ← $\triangle GBD : \triangle EBC : \triangle ABC$ $= 1 : 3 : 6$

따라서 $\triangle GBD : \triangle ABC = 1 : 6$

5

A	4
B	1
C	3
D	2

5 메넬라우스의 정리

해법의 포인트

메넬라우스의 정리, 체바의 정리의 암기법

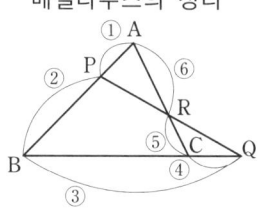

$$\frac{A P^①}{P Ⓑ②} \cdot \frac{Ⓑ Q^③}{Q Ⓒ④} \cdot \frac{Ⓒ R^⑤}{R A^⑥} = 1$$

A, B, C 의 순서로 삼각형을 한바퀴 돈다.

메넬라우스의 정리   체바의 정리

$\triangle ABC$ 와 직선 PQR 에서 메넬라우스의 정리를 사용하여

$$\frac{AP}{PⒷ} \cdot \frac{ⒷR}{RⒸ} \cdot \frac{ⒸQ}{QA} = 1 \text{ 에 의해, } \frac{3}{5} \cdot \frac{BR}{RC} \cdot \frac{1}{3} = 1$$

$$BR : RC = 5 : 1$$

따라서 $BC : CR = 4 : 1$

$\triangle PBR$ 과 직선 AQC 로 메넬라우스의 정리를 사용하여

$$\frac{PA}{AⒷ} \cdot \frac{ⒷC}{CⓇ} \cdot \frac{ⓇQ}{QP} = 1 \text{ 에 의해 } \frac{3}{8} \cdot \frac{4}{1} \cdot \frac{RQ}{QP} = 1$$

$$\frac{RQ}{QP} = \frac{2}{3} \qquad PQ : QR = 3 : 2$$

6

A	2
B	3

7

(1)	ABC	220
	DEF	110
(2)	GH	95
	I J	25
(3)	KL	20
	MN	50

6 체바의 정리

△ABC 에 체바의 정리를 사용하여

$$\frac{AP}{PB} \cdot \frac{BR}{RC} \cdot \frac{CQ}{QA} = 1$$ 에 의해

$$\frac{2}{1} \cdot \frac{BR}{RC} \cdot \frac{3}{4} = 1 \qquad \frac{BR}{RC} = \frac{2}{3}$$

$$BR : RC = \mathbf{2} : \mathbf{3}$$

7 원의 성질과 각의 크기

해법의 포인트

지름의 원주각

지름 위에 선 원주각은 $90°$

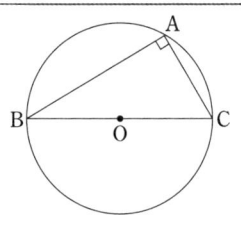

중심각은 원주각의 두 배

(1) $x = 360° - 2 \times 70° = \mathbf{220°}$

$y = 180° - 70° = \mathbf{110°}$

원에 내접하는 사각형의
마주보는 각의 합은 $180°$

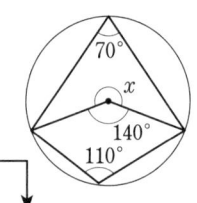

(2) 사각형 ABCD 는 원에 내접하므로 $x = 180° - 85° = \mathbf{95°}$

$y = 180° - (85° + 70°)$

$= \mathbf{25°}$

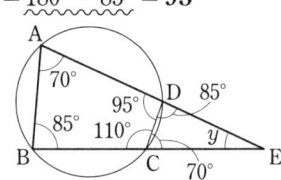

(3) BC 와 원주와의 교점을 D 라고 하면
접현 정리에 의해 $\angle ADB = 70°$
BD 가 지름인 것으로부터
$\qquad \angle BAD = 90°$
△ABD 에 있어서
$\angle B = 180° - (\angle A + \angle D)$ 에 의해
$\qquad x = 180° - (90° + 70°) = \mathbf{20°}$
△ABC 에 있어서
$\angle B + \angle C = 70°$ 에 의해
$\qquad \angle C = 70° - \angle B = 70° - 20°$
$\qquad\qquad = \mathbf{50°}$

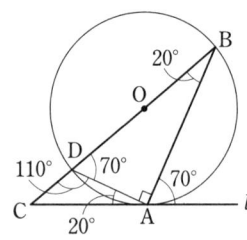

8

문제 1

(1) A   9

(2) B   5

    C   2

문제 2

    D   6

    EF   23

    GH   27

    IJ   10

    K   2

9

(1) A   2

    B   6

(2) C   4

8 방멱의 정리

문제 1

(1) 방멱의 정리 $PA \cdot PB = PC \cdot PD$ 에 의해

$$PA \cdot 8 = 4 \cdot 2 \qquad PA = 1$$
$$AB = \mathbf{9}$$

(2) 방멱의 정리 $PA \cdot PB = PC^2$ 에 의해

$$2 \cdot PB = 3^2 \qquad PB = \frac{9}{2}$$
$$AB = PB - PA = \frac{9}{2} - 2 = \mathbf{\frac{5}{2}}$$

문제 2 방멱의 정리에 의해 $BD \cdot CD = AD^2$ 이므로

$$AD^2 = 9 \cdot 4 = 36 \qquad AD = \mathbf{6}$$

△BAD 에 코사인 정리를 사용하여

$$\cos\theta = \frac{BD^2 + AD^2 - AB^2}{2BD \cdot AD} = \frac{81 + 36 - 25}{2 \cdot 9 \cdot 6} = \mathbf{\frac{23}{27}}$$

$$\boxed{\sin^2\theta + \cos^2\theta = 1}$$

$$\sin^2\theta = 1 - \left(\frac{23}{27}\right)^2 = \frac{200}{729} \qquad \sin\theta = \frac{10\sqrt{2}}{27}$$

$$\boxed{S = \frac{1}{2}ab\sin\theta}$$

$$\triangle BAD = \frac{1}{2} \cdot 6 \cdot 9 \cdot \frac{10\sqrt{2}}{27} = \mathbf{10\sqrt{2}}$$

9 두 원의 공통 접선

해법의 포인트

공통 접선의 길이

△OO′B′ 는 직각삼각형이므로

피타고라스의 정리를 사용하여 $OO'^2 = OB'^2 + O'B'^2 \qquad AB = OB'$

(1) 공통외접선   (2) 공통내접선

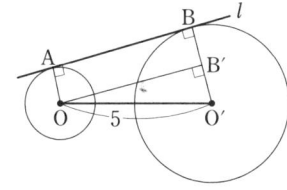 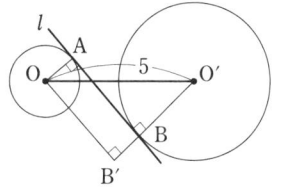

「해법의 포인트」의 그림의 O 에서 직선 O′B 로 내린 수선의 발을 B′ 라고 한다.

$AB =$ 직각삼각형 OB′O′ 의 변 OB′

$$\boxed{OO'^2}$$

(1) $(OB')^2 = 5^2 - (2-1)^2 = 24$

$$AB = OB' = \mathbf{2\sqrt{6}} \quad \boxed{O'B'^2}$$

 해 답

$$(2)\quad (OB')^2 = 5^2 - (2+1)^2 = 16$$

$$AB = OB' = 4 \quad \longleftarrow \boxed{O'B'^2}$$

10

(1)	AB	60
(2)	CD	45
(3)	EF	30
(4)	GH	60
(5)	IJ	45

10 직선·평면의 위치 관계

해법의 포인트

직선·평면이 이루는 각

두 직선이 이루는 각…두 직선이 같은 평면으로 오도록 평행이동 한다.
두 평면이 이루는 각…두 평면의 교차선에 수직인 두 직선이 이루는 각을 두 평면이 이루는 각이라고 한다.

(1)   FH // BD 에 의해 AC 와 FH 가 이루는 각
은 AC 와 BD 가 이루는 각과 같으므로, **60°**

$$\boxed{\triangle OAB \text{ 는 정삼각형}} \longrightarrow$$

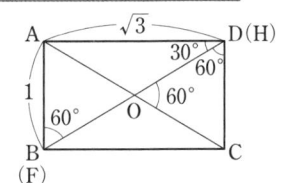

(2)   DG // AF 에 의해 AB 와 DG 가 이루는 각은
AB 와 AF 가 이루는 각과 같으므로, **45°**

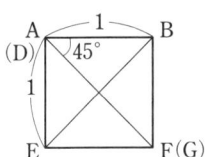

(3)   EH // FG 에 의해 BG 와 EH 가 이루는 각
은 BG 와 FG 가 이루는 각과 같으므로, **30°**

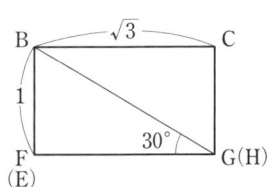

(4)   두 평면의 교차선은 CG 로 AC ⊥ CG, CD ⊥ CG
AC 와 CD 가 이루는 각 ∠ACD = **60°**

(5)   두 평면의 교차선은 AD 로 GD ⊥ AD, CD ⊥ AD
GD 와 CD 가 이루는 각 ∠GDC = **45°**

11

A	2
B	2
C	3
D	2
E	4
F	3
G	4
H	3

11 정다면체

해법의 포인트

정다면체

정다면체	면의 형태	면의 수	꼭짓점의 수	변의 수
정사면체	정삼각형	4	4	6
정육면체	정사각형	6	8	12
정팔면체	정삼각형	8	6	12
정십이면체	정오각형	12	20	30
정이십면체	정삼각형	20	12	30

해 답

내부에 생기는 정다면체는 꼭짓점의 수가 6 이므로 정팔면체이다 . (②)

정육면체를 정팔면체의 네 꼭짓점이 있는 높이로 자르면 단면은 오른쪽 그림과 같이 되어 있으므로 정팔면체의 한 변의 길이는 $\sqrt{2}$.

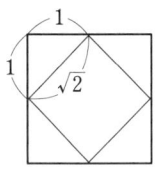

정팔면체의 면은 정삼각형이므로 넓이는,

$$S = \frac{1}{2} \sqrt{2} \cdot \sqrt{2} \cdot \frac{\sqrt{3}}{2} = \frac{\sqrt{3}}{2}$$

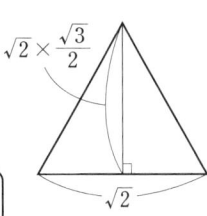

$S = \frac{1}{2} \cdot \sqrt{2} \cdot \sqrt{2} \sin 60°$ 로 구하여도 된다 .

면이 8 개 있으므로 표면적은

$$8 \times \frac{\sqrt{3}}{2} = 4\sqrt{3}$$

정팔면체는 두 개의 사각뿔이 합쳐진 형태이므로 먼저 하나의 사각뿔의 부피를 구한다 .

밑 면의 정사각형의 넓이 $= \sqrt{2} \cdot \sqrt{2} = 2$

사각뿔의 높이는 정육면체의 높이의 $\frac{1}{2}$ 이므로

높이 $= 1$

각뿔의 부피 $= \frac{1}{3} \times$ 바닥 넓이 $\times$ 높이

사각뿔의 부피 $= \frac{1}{3} \cdot 2 \cdot 1 = \frac{2}{3}$

정팔면체의 부피 $V = 2 \times \frac{2}{3} = \frac{4}{3}$

실전문제

1

(1) A   2
     B   4
     C   3
(2) D   2
     E   6
     F   4
     G   6
     H   8
     I   3
     JK   10
     L   3

1

(1) 원에 내접하는 사각형의 성질에 의해

$\angle EDC = \angle EBA$, $\angle ECD = \angle EAB$

이로부터 $\triangle EAB \backsim \triangle ECD$ (②)

대응하는 변의 길이에 의해

$EA : AB = EC : CD = 5 : 2$

$\therefore EA = 10$ ← $EA : 4 = 5 : 2$

따라서 $ED = 10 - 6 = 4$

$EB : AB = ED : CD = 4 : 2$ 에 의해

$EB = 8$

따라서 $BC = 8 - 5 = 3$

(2) (1)과 마찬가지로 $\triangle FBC \backsim \triangle FDA$

$FB : BC = FD : DA$ 에 의해

$x : BC = y + 2 : 6$

$FC : CB = FA : AD$ 에 의해

$$y : BC = x + 4 : 6$$

BC, CB 에 3 을 넣어

$$2x = y + 2, \quad 2y = x + 4$$

이것을 풀어 $x = \dfrac{8}{3}, \ y = \dfrac{10}{3}$

2

(1) A   **3**

     B   **3**

     C   **3**

     D   **3**

     EF   **30**

     GHI   **120**

(2) JK   **27**

     L   **3**

     M   **2**

2

(1) 방멱의 정리에 의해

$$BD^2 = AD \cdot CD = 9 \cdot 3 = 27$$

$$BD = \sqrt{27} = 3\sqrt{3}$$

△ABD 와 △BCD 에 있어서 접현 정리에 의해

∠DAB = ∠DBC   ∠D 는 공통이므로

$$\triangle ABD \backsim \triangle BCD$$

△BCD 가 CB = CD 인 이등변삼각형에 의해

△ABD 는, BA = BD = $3\sqrt{3}$ 인 이등변삼각형이다.

△ABC 에 있어서 변의 길이에 주목하면

$$AB : BC : CA = 3\sqrt{3} : 3 : 6 = \sqrt{3} : 1 : 2$$

$CA^2 = AB^2 + BC^2$ 에 의해 △ABC 는 ∠B = 90° 인 직각삼각형이다.

∠B = 90° 에 의해 AC 는 원 O 의 지름이므로

$$2R = 6 \qquad R = 3$$

> 지름에 대한 원주각은 90°

△ABC 에 있어서

$$\sin \angle CAB = \frac{BC}{AC} = \frac{1}{2} \qquad \angle CAB = 30°$$

따라서 ∠BAD = **30°**

$$\angle ACB = 180° - (30° + 90°)$$

$$= 60°$$

$$\angle BCD = 180° - 60° = \mathbf{120°}$$

(2) AC 는 지름이므로 ∠DAE = 90°

> 접선과 지름은 90°로 교차한다.

$$\angle BAE = 90° - \angle CAB = 90° - 30° = 60°$$

$$\angle ABE = 180° - \angle ABD = 180° - 120° = 60°$$

△AEB 는 정삼각형

$$AE = AB = 3\sqrt{3}$$

△ADE 의 넓이 $= \dfrac{1}{2} AE \times AD = \dfrac{1}{2} \cdot 3\sqrt{3} \cdot 9$

$$= \frac{27\sqrt{3}}{2}$$

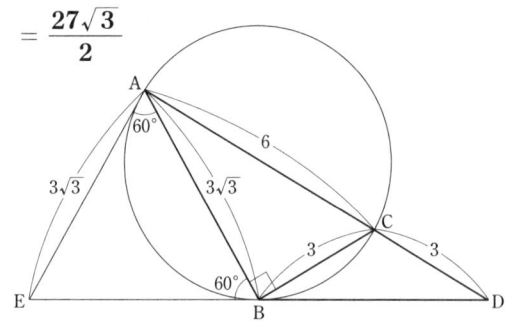

3

A	9
B	3
C	2
D	6
EF	18
G	2
H	4
I	3
J	3
K	6
L	2

3 밑 면의 변의 길이가 6 인 정삼각형 BCD 의 넓이는

$$\triangle BCD = \frac{1}{2} \cdot 6 \cdot 3\sqrt{3} = \mathbf{9\sqrt{3}}$$

A 에서 $\triangle$ BCD 로내린 수직선 AH 의 길이를 구한다.

$$AB = 6$$

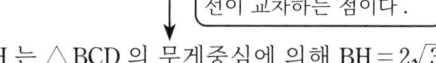

위의 그림에서 세 변의 중선이 교차하는 점이다.

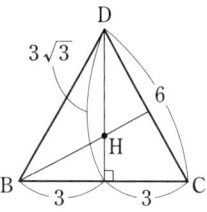

H 는 $\triangle$ BCD 의 무게중심에 의해 $BH = 2\sqrt{3}$

$$AH^2 = AB^2 - BH^2 = 36 - 12 = 24$$

$$AH = \mathbf{2\sqrt{6}}$$

정사면체의 부피 V

$$= \frac{1}{3} \times \triangle BCD 의 넓이 \times AH$$

$$= \frac{1}{3} \cdot 9\sqrt{3} \cdot 2\sqrt{6} = \mathbf{18\sqrt{2}}$$

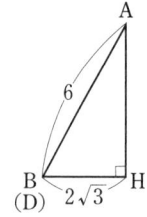

정사면체 A − BCD 의 부피는 네 개의 합동인 삼각뿔 O − ABC, O − ACD, O − ABD, O − BCD 의 부피 V_1 의 합이 된다.

$$V = \mathbf{4} \times V_1$$

네 면을 밑변으로 하는 네 개의 삼각뿔이 있다.

구의 반지름을 r 이라 하고 O − BCD 의 부피 V_1 을 구한다.

밑 면은 사면체 A − BCD 의 밑 면과 같은 $\triangle$ BCD 이므로 바닥 넓이 $= 9\sqrt{3}$, 높이 $= r$ 로

$$V_1 = \frac{1}{3} \cdot 9\sqrt{3} \cdot r = \mathbf{3\sqrt{3}} \, r$$

$V = 4 \times V_1$ 에 의해

$$18\sqrt{2} = 4 \times 3\sqrt{3} \, r = 12\sqrt{3} \, r$$

$$r = \frac{18\sqrt{2}}{12\sqrt{3}} = \frac{3\sqrt{2}}{2\sqrt{3}} = \frac{3\sqrt{2} \cdot \sqrt{3}}{2 \cdot 3}$$

$$= \frac{\sqrt{6}}{2}$$

저자 : 다나베 리쓰코

사이타마대학 공학부 생화학과 졸업 .
외어비즈니스전문학교 일본어과에서 15 년 동안 일본어와 화학·생물의 일본유학시험 대비 수업을 담당하고 많은 유학생을 지도·격려하여 희망하는 대학에 진학시킨 실적을 보유 .
현재는 초등학교부터 대학 입시까지의 수학·화학·생물의 교재 집필과 편집에 종사하고 있다 .「알기 쉽고, 군더더기 없이, 재미있게 배울 수 있는 참고서·문제집」을 목표로 밤낮 분투중 !

번역본 감수 : 최 인 규 (영인에듀 일본입시연구소장)

일본유학시험 대비 개념서 하이레벨 수학 코스1 별책 한국어 본문 번역본·해답해설

발 행 일 : 2020년 9월 10일(초판1쇄)
　　　　　　2026년 1월 10일(초판2쇄)
저 　 자 : 다나베 리쓰코
발 행 인 : 송 부 영
발 행 처 : (주)해외교육사업단
출 판 등 록 : 제16-1456호
주 　 소 : 서울특별시 서초구 강남대로 381, (두산709호)
전 　 화 : 02-736-1010
이 메 일 : song@hed.co.kr
홈 페 이 지 : www.hedgroup.co.kr

*이 도서의 국립중앙도서관 출판예정도서목록(CIP)은 서지정보유통지원시스템 홈페이지(http://seoji.nl.go.kr)와 국가자료종합목록 구축시스템(http://kolis-net.nl.go.kr)에서 이용하실 수 있습니다. (CIP 제어번호: CIP2020035880)

글로벌 인재육성, 1984년설립 ──────

(주)해외교육사업단